Schuldnerberatung

Ulf Groth ist Diplom-Sozialarbeiter und Geschäftsführer des Diakonischen Werkes Norden. Er ist Initiator der ersten Schuldnerberatungsstelle in Niedersachsen und Autor verschiedener Zeitschriftenartikel zu aktuellen Themen der Sozialarbeit.

Ulf Groth

Schuldnerberatung

Praktischer Leitfaden für die Sozialarbeit

Campus Verlag
Frankfurt/New York

Sonderband der Reihe ›Demokratie und Rechtsstaat‹

Herausgegeben von
Frank Benseler (Paderborn)
Theo Rasehorn (Bonn/Frankfurt)
Udo Reifner (Hamburg)

CIP-Titelaufnahme der Deutschen Bibliothek

Groth, Ulf:
Schuldnerberatung : prakt. Leitf. für d. Sozialarbeit /
Ulf Groth. – 6. Auflage. – Frankfurt/Main ;
New York : Campus Verlag, 1988
  (Sonderband der Reihe »Demokratie und Rechtsstaat«)
  ISBN 3-593-33394-5

6. Auflage 1988

Das Werk einschließlich aller seiner Teile ist urheberrechtlich geschützt. Jede Verwertung ist ohne Zustimmung des Verlags unzulässig. Das gilt insbesondere für Vervielfältigungen, Übersetzungen, Mikroverfilmungen und die Einspeicherung und Verarbeitung in elektronischen Systemen.
Copyright © 1984 Campus Verlag, GmbH, Frankfurt/Main
Umschlaggestaltung: Atelier Warminski, Büdingen
Satz: L. Huhn, Maintal
Druck und Bindung: Druckhaus Beltz, Hemsbach
Printed in Germany

Vorwort

Im Jahre 1980 wurde beim Diakonischen Werk in Norden eine spezielle Schuldnerberatungsstelle eingerichtet, die auf vorliegende Erfahrungen der ersten derartigen Einrichtung in Ludwigshafen/Rh. zurückgreifen konnte. Die dortigen Erkenntnisse wurden konsequent weiterentwickelt; so entstand ein interdisziplinäres Arbeitskonzept: Ein Mitarbeiter mit kaufmännischer Ausbildung und ein Sozialarbeiter führen gemeinsam die Schuldnerberatung durch. Notwendig werdende juristische Hilfe wird von niedergelassenen Rechtsanwälten oder ggf. von den Verbraucherzentralen gegeben. Diese interdisziplinäre Arbeitsweise hat sich bewährt; vielen in Not geratenen Schuldnern konnte umfassend geholfen werden.

Mir ist dabei deutlich geworden, daß die Sozialarbeit für die in Zukunft zu bewältigenden Probleme immer stärker interdisziplinäre Arbeitsformen und eine enge Zusammenarbeit mit anderen Berufsgruppen suchen muß.

Viele Kolleginnen und Kollegen in der Sozialarbeit machen einerseits die Erfahrung, daß immer mehr »schuldenbedingtes Elend« zu beobachten ist und andererseits ihr vorhandenes Handlungswissen nicht ausreicht, um sachgerecht helfen zu können, da die Ausbildung hier weitgehend der Praxis hinterherhinkt. Auf die daher immer wieder auftretenden Anfragen aus der Praxis versucht dieses Buch eine Antwort zu geben; es sollen das nötige methodische »Know-how« und die wichtigsten Grundkenntnisse für die Schuldnerberatung vermittelt werden. Für Ergänzungen und Anregungen bin ich sehr dankbar.

Ein Buch mit vielen rechtlichen Hinweisen, verfaßt von einem Nichtjuristen, wäre undenkbar ohne die Mithilfe und Unterstützung von versierten Juristen. Hierfür danke ich besonders Herrn Prof. Dr. Udo Reifner (Hochschule für Wirtschaft und Politik, Hamburg),

Herrn Günter Hörmann (Zentrum für europäische Rechtspolitik, Bremen) und Frau Assessorin Uta B. Biertümpfel. Mein Dank gilt auch dem Schuldnerberater Herrn Dipl.-Kaufmann Horst G. Bellgardt, Ludwigshafen. Außerdem erfuhr ich anregende Unterstützung und Aufmunterung durch die Dipl.-Sozialarbeiter Ingeborg Jelting und Rolf Schulz. Für die zügige und ordentliche Niederschrift des Manuskriptes gilt mein Dank den Damen Marlies Schäfer und Ursula Warfsmann.

Ulf Groth

Inhalt

Abkürzungen 9

1 Einführung 13

1.1 Schuldnerberatung – Aufgabe der Sozialarbeit 13
1.2 Ursachen von Überschuldung 16

2 Voraussetzungen 20

2.1 Rechtliche Absicherung der Schuldnerberatung 20
2.2 Formalien für die Schuldnerberatung 25

3 Grundlagenwissen 32

3.1 Mahnverfahren 32
3.2 Zwangsvollstreckung und Vollstreckungsschutz 40
3.3 Schuldengruppen und Gläubigerstruktur 51
    3.3.1 Primärschulden 52
    3.3.2 Versicherungsschulden 60
    3.3.3 Bankenschulden 65
    3.3.4 Versandhausschulden und sonstige Schulden 80
    3.3.5 Unterhaltsschulden 89
    3.3.6 Hausschulden 90

4 Sanierung ... 93

- 4.1 Ablauf einer Schuldenregulierung ... 93
- 4.2 Prüfung rechtlicher Grundlagen ... 97
- 4.3 Sanierungsmöglichkeiten ... 108
  - 4.3.1 Einzelregulierung ... 110
  - 4.3.2 Fonds-Modelle ... 112
- 4.4 Praktische Tips für Sanierungen ... 116
  - 4.4.1 Ratenzahlungen und Ratenvergleiche ... 119
  - 4.4.2 Umschuldungen und Vergleichsverhandlungen ... 122
  - 4.4.3 Sonstige Möglichkeiten ... 127
  - 4.4.4 Grenzen der Schuldnerberatung ... 133
- 4.5 Prävention in der Schuldnerberatung ... 135

5 Anhang ... 142

- 5.1 Sammlung von Gesetzestexten ... 142
  - 5.1.1 RBerG (Auszug) ... 142
  - 5.1.2 GewO (Auszug) ... 144
  - 5.1.3 UWG (Auszug) ... 144
  - 5.1.4 StGB (Auszug) ... 145
  - 5.1.5 SGB I (Auszug) ... 146
  - 5.1.6 Tabellen zu § 850 c ZPO (Pfändungstabellen) ... 148
- 5.2 Urteilssammlung ... 154
  - 5.2.1 Schwerpunktzinstabelle ... 157
- 5.3 Formulare und Musterschreiben ... 160
  - 5.3.1 Formulierungshilfen ... 167
- 5.4 Nützliche Adressen ... 168
- 5.5 Weiterführende Literatur ... 173

Anmerkungen ... 175

Literatur ... 181

Sachregister ... 184

Abkürzungen

AbzG	Abzahlungsgesetz
AFG	Arbeitsförderungsgesetz
AGB-Gesetz	Gesetz zur Regelung des Rechts der Allgemeinen Geschäftsbedingungen
ALG	Arbeitslosengeld
ALHi	Arbeitslosenhilfe
Anm.	Anmerkung
AO	Abgabenordnung
Art.	Artikel
BAG	Bundesarbeitsgericht
BAK	Bundesaufsichtsamt für das Kreditwesen
BerHG	Beratungshilfegesetz
Beschl.	Beschluß
BfG	Bank für Gemeinwirtschaft
BGB	Bürgerliches Gesetzbuch
BGBl.	Bundesgesetzblatt
BGH	Bundesgerichtshof
BGHZ	Entscheidungen des Bundesgerichtshofes in Zivilsachen
BKG	Bankenfachverband Konsumenten- und gewerbliche Spezialkredite e.V.
BRAGO	Bundesrechtsanwaltsgebührenordnung
BRD	Bundesrepublik Deutschland
BSHG	Bundessozialhilfegesetz
BVerfGE	Entscheidungen des Bundesverfassungsgerichtes
BVerfG	Bundesverfassungsgericht
EFN	Evangelischer Fachverband für Nichtseßhaftenhilfe
EKD	Evangelische Kirche in Deutschland
EV	Eidesstattliche Versicherung

FLF	Finanzierung-Leasing-Factoring (Zeitschrift)
GewO	Gewerbeordnung
GEZ	Gebühreneinzugszentrale der Rundfunkanstalten Deutschlands
GG	Grundgesetz
GKG	Gerichtskostengesetz
i.d.R.	in der Regel
i.S.d.	im Sinne des
ISS	Institut für Sozialarbeit und Sozialpädagogik, Frankfurt
i.S.v.	im Sinne von
i.V.m.	in Verbindung mit
Komm.	Kommentar
KSchG	Kündigungsschutzgesetz
KWG	Kreditwesengesetz
LG	Landgericht
LSG	Landessozialgericht
MDR	Monatsschrift des Deutschen Rechts
NJW	Neue Juristische Wochenschrift
OLG	Oberlandesgericht
OVG	Oberverwaltungsgericht
p.a.	per anno
p.M.	pro Monat
RA, RAe	Rechtsanwalt, Rechtsanwälte
RBerG	Rechtsberatungsgesetz
Rdnr.	Randnummer
RPflG	Rechtspflegergesetz
S	Satz
SCHUFA	Schutzgemeinschaft für Allgemeine Kreditsicherung
SGB	Sozialgesetzbuch
SKF	Sozialdienst Katholischer Frauen
SKM	Sozialdienst Katholischer Männer
SPZ	Schwerpunktzins
TW	Teilzahlungswirtschaft (Zeitschrift)
U.G.	Ulf Groth
Urt.	Urteil
UVG	Unterhaltsvorschußgesetz
UWG	Gesetz gegen den unlauteren Wettbewerb

VwVG	Verwaltungsvollstreckungsgesetz
VZ	Verbraucherzentrale
ZIP	Zeitschrift für Wirtschaftsrecht und Insolvenzpraxis
ZPO	Zivilprozeßordnung
ZRP	Zeitschrift für Rechtspolitik
Zs.	Zeitschrift
ZVG	Zwangsversteigerungsgesetz

1 Einführung

1.1 Schuldnerberatung - Aufgabe der Sozialarbeit

Die Anzahl der materiell bedingten Lebenskrisen ist heute weitaus höher als gemeinhin angenommen. Immer mehr Haushalte haben unter einem großen finanziellen Druck zu leiden. Vielfach gerät das ganze Familiengefüge infolge der Geldsorgen durcheinander. Häufig sind tiefgreifende Eheprobleme oder gar Scheidungen maßgeblich auf unüberwindbar scheinende finanzielle Probleme mit zurückzuführen. »Wenn nach einer Umfrage etwa 70 % der Gespräche der Ehepartner sich um Geldsorgen drehen; wenn Rückfalltäter bei Vermögensdelikten immer wieder vor Gericht beteuern, ihnen sei angesichts drückender Schuldenlast keine andere Wahl geblieben; wenn Überschuldung als eine der wichtigsten Selbstmordursachen gilt, dann sind dies die Symptome sozialer Abhängigkeit, die als Angst im Alltag von den Menschen antizipiert wird.«[1] Die in den letzten Jahren immens wachsende Verbraucherüberschuldung muß vor dem Hintergrund der zunehmenden Armut in unserem Lande gesehen werden. Hierzu bedurfte es nicht erst der von *Heiner Geißler* 1976 aufgeworfenen »neuen sozialen Frage«, die in der Aussage gipfelte, es gäbe eine »neue Armut«. Die Praktiker vor Ort haben schon lange bemerkt, daß die materiellen Sorgen und die daraus resultierenden Probleme in der Beratungsarbeit zunehmen. Wenn ein Privatmann aufgenommene Schulden nicht ordnungsgemäß zurückzahlen kann, so ist dies heute meist ein Ausdruck seiner Armut.

Definition Schuldnerberatung

Schuldnerberatung als spezialisierte soziale Hilfestellung soll der heute insbesondere angesichts der Arbeitslosigkeit vermehrt auftretenden

Verschuldung von Familien und auch Einzelpersonen gerecht werden und deren Folgen beseitigen bzw. mildern. Schuldnerberatung versteht sich als integrierter Bestandteil der verschiedenen bestehenden sozialen Beratungsdienste. Der Schwerpunkt der Arbeit liegt im finanziellen und hauswirtschaftlichen sowie psychosozialen und pädagogisch-präventiven Bereich. Es wird überall dort geholfen, wo finanzielle Sorgen und aussichtlos erscheinende Überschuldung zum Mittelpunkt einer Familienproblematik geworden sind.

Schuldnerberatung ist dabei im Grunde für die Sozialarbeit nichts Neues. Die Arbeit mit und für arme Menschen, die meist zu Unrecht als sozial Schwache betitelt werden, obwohl sie doch ausschließlich »materiell-finanziell schwache Menschen« sind, ist seit jeher eine Aufgabe der Sozialarbeit gewesen. Wenn sich jetzt eine spezialisierte Schuldnerberatung im Rahmen der Sozialarbeit zu entwickeln beginnt, so ist dies einerseits als Reaktion auf die verstärkte Nachfrage zu verstehen und andererseits als begrüßenswerte Rückbesinnung auf ureigenste Aufgaben der Sozialarbeit. Aufgrund gesamtgesellschaftlicher Entwicklungen, insbesondere des drastischen Ansteigens der Arbeitslosigkeit und einer ständigen Zunahme der Lebenshaltungskosten, ist es heute unabdingbar, daß sich die Sozialarbeit speziell dieses Bereiches annimmt. Angesichts realistischer Zukunftsprognosen kann man sogar davon ausgehen, daß diesem Bereich der Sozialarbeit künftig leider eine große Bedeutung zukommen wird.

Es ist heute zu beobachten, daß viele psychologisch ausgerichtete Beratungsangebote nur unzureichend auf diese materiellen Schwierigkeiten einzugehen vermögen. Vielfach ist gerade bei dieser Beratungsarbeit eine große Hilflosigkeit all diesen finanziellen Problemgebieten gegenüber festzustellen. So kann es vielfach nicht gelingen, den oftmals determinierten, schuldenbedingten Problemabläufen beizukommen und rechtzeitig gezielte Hilfe anzubieten. Dabei liegt es auf der Hand, daß ich jemanden, der nichts zu Essen hat, der aus seiner Wohnung ausgewiesen werden soll und der wöchentlich Besuch vom Gerichtsvollzieher bekommt, nicht therapieren kann. Für diesen Klienten muß zunächst einmal die materielle Lebensgrundlage gesichert werden, bevor er überhaupt »therapiefähig« ist. Schuldnerberatung muß daher begriffen werden als Teil der Sozialberatung, da es hier darum geht, eben diese materielle Lebensgrundlage zu sichern. Dabei kann die

Schuldnerberatung nicht in erster Linie als rein kaufmännische oder wirtschaftliche Beratung verstanden werden. Sie ist ein ganzheitliches Hilfeangebot, das die psychosoziale Begleitung und auch pädagogisch-präventive Maßnahmen mit einschließt. **Schuldnerberatung ist Sozialarbeit.** Sie gehört hinein in das Netz der sozialen Beratungsstellen. Angesichts ihrer grundlegenden Bedeutung verdient es die Schuldnerberatung, gleichrangig neben anderen Beratungsangeboten wie Suchtberatung, Ehe- und Lebensberatung, Sozialberatung etc. genannt zu werden.

Immer mehr Menschen werden künftig Hilfestellungen bei der Beseitigung von materiellen Alltagssorgen benötigen. Die Schuldnerberatung ist ein »Imperativ«[2], sie ist daher heute schon eine aus der Sozialarbeit nicht mehr wegzudenkende spezielle Arbeitsform, die mit dazu beitragen kann, das Abrutschen in die Armut zu verhindern.[3]

Innovativ betrachtet muß es aber auch darum gehen, zu grundlegenden und strukturellen Änderungen zu kommen, welche die Verbraucherüberschuldung von vornherein eindämmen. Hierfür sind sicherlich kollektive Maßnahmen nötig. Eine »Sozialarbeit durch Verbraucherschutz« (*Reifner*) scheint hier ein wirkungsvoller und möglicher Ansatz zu sein. Gerade an diesem Punkt zeichnen sich interessante und sinnvolle Kooperationsmöglichkeiten zwischen Dienststellen der Sozialarbeit und den Verbraucherverbänden ab.[4] Es wird aber auch deutlich, daß sich die Sozialarbeit mit dem Aufgreifen der Schuldnerberatung auf ein neues Arbeitsfeld begibt, das zunächst einmal außerhalb des üblichen bisher in der Sozialarbeit vorfindlichen Bezugsrahmens liegt. Der regelmäßige Kontakt mit Wirtschaftsunternehmen, Banken, Rechtsabteilungen etc. gehörte bislang nicht zum alltäglichen Geschäft der Sozialarbeit. Hier werden zwangsläufig Änderungen eintreten. Darauf muß sich die Sozialarbeit einstellen. Hierfür ist es unbedingt erforderlich, daß die Praktiker in diesem zukunftsorientierten Bereich der Sozialarbeit über ein ausreichendes Handlungswissen verfügen. »Vertrauensvolle Zusammenarbeit zwischen Sozialarbeit und Kreditgeber ist sicher nötig, sie ist aber nur möglich auf der Grundlage, daß nicht eine Seite ohnmächtig ist.«[5] Dem versucht das vorliegende Buch in bescheidenem Rahmen entgegenzuwirken.

1.2 Ursachen von Überschuldung

Definition Überschuldung

In der Schuldnerberatung wird man es leider fast immer mit überschuldeten Klienten zu tun haben. **Überschuldung** liegt dann vor, wenn nach Abzug der fixen Lebenshaltungskosten (Miete, Energie, Versicherungen etc. zzgl. Ernährung) der verbleibende Rest des monatlichen Einkommens für zu zahlende Raten nicht ausreicht. Oder kurz: Die zu leistenden monatlichen Gesamtausgaben sind höher als die Einnahmen. Verschuldet ist jemand dann, wenn er z.B. einen Kredit aufgenommen hat, den er aber ordnungsgemäß tilgen kann. Diese Situation ist also nicht bedenklich. Der Begriff Verschuldung muß zunächst einmal wertfrei gebraucht werden. 48 % aller Haushalte in der BRD sind im Konsumentenkredit verschuldet.[6] Diese Kredite sind häufig aufgenommen worden, um langlebige Konsumgüter anzuschaffen (so werden z.B. 41 % aller PKW und 30 % aller Möbel auf Kredit gekauft[7]).

Die Zunahme der Überschuldung von privaten Haushalten ist heute zu einem gesamtgesellschaftlichen Phänomen geworden, deren Gründe und Ursachen nicht mehr individualisiert werden können. Man kann heute einige große Ursachenkomplexe feststellen:

1. Die zunehmende Arbeitslosigkeit:
In fast 60 % der Fälle, in denen Kreditinstitute ein Darlehen kündigen müssen, war Arbeitslosigkeit der Grund für den eingetretenen und vorausgegangenen Zahlungsverzug.[8] Ähnlich verhält es sich auch bei Zahlungsverzug gegenüber anderen Gläubigergruppen.

2. Die geringen frei verfügbaren Einkommensanteile
   weiter Bevölkerungskreise:
Es kommt heute nicht selten vor, daß z.B. ein Vier-Personen-Haushalt nach Abzug der fixen Lebenshaltungskosten deutlich unter DM 100,- monatlich für Anschaffungen und Unvorhergesehenes frei verfügbar hat! Notwendiger Konsum, z.B. für Bekleidung, Schuhe etc., kann allenfalls über den Versandhandel auf Abzahlungsbasis befriedigt werden. Hierfür fallen natürlich Zinsen an, der Einkauf wird teurer; **die Armen zahlen mehr**. Unvorhergesehene Ausgaben, z.B. die notwendige Reparatur einer Waschmaschine, kann bei so einem Haushalt zu

einem finanziellen Abenteuer werden. Hierdurch wird aber auch deutlich, daß heute viele Haushalte nur noch durch die sozialstaatlich garantierten Subventionen in Form des Kindergeldes und des Wohngeldes existenzfähig sind!

3. Die Zunahme des bargeldlosen Zahlungsverkehrs:
Gerade Personen mit niedrigem Bildungsniveau haben enorme Schwierigkeiten mit bargeldlosen Zahlungsabläufen. Vielfach sind sie nicht in der Lage, einen Kontoauszug zu durchschauen. Zudem fehlt beim bargeldlosen Bezahlen der direkte Bezug zum Geldausgeben. Dies führt oftmals zu einer Überschätzung der eigenen finanziellen Möglichkeiten und bewirkt eine Unübersichtlichkeit der eigenen finanziellen Lage.[9]

4. Monatliche Einkommensschwankungen:
Insbesondere Arbeiterhaushalte sind hiervon besonders betroffen. Zum Teil enorme Einkommensschwankungen bei Arbeitern im Baugewerbe zwischen Sommer- und Wintermonaten erschweren eine solide private Haushaltsplanung und erhöhen das Risiko einer Überschuldung. Angestellte und Beamte mit einem gleichbleibenden Einkommen stellen auch weitaus seltener das Klientel in der Schuldnerberatung als Arbeiter und Arbeitslose.[10]

5. Unvorhergesehene Ereignisse:
Hierzu gehört der Einkommensrückgang durch Arbeitsaufgabe der mitverdienenden Ehefrau, z.B. wegen der Geburt eines Kindes. Aber auch finanzielle Engpässe infolge von Unfall oder Krankheit, oder auch aufgrund persönlicher Krisen, z.B. wegen einer Ehescheidung können zur Überschuldung führen. Da, wie beschrieben, heute viele Haushalte nicht in der Lage sind, finanzielle Rücklagen zu bilden, um solche individuellen Notlagen zu überbrücken, ist in vielen Fällen Überschuldung vorprogrammiert. Das viel beschworene Netz der sozialen Sicherung greift in solchen Situationen nicht.

Natürlich dürfen auch an dieser Stelle die Auswirkungen von reißerischen Werbeaussagen nicht unerwähnt bleiben. Kreditinstitute[11] verwenden ebenso wie z.B. Versandhäuser (»... jetzt vor Weihnachten bestellen, aber erst ab Februar zahlen« ...) Werbeslogans, die insbesondere Personenkreise mit niedriger formaler Ausbildung bei ihren finanziellen Dispositionen deutlich beeinflussen. Auf die Bedeutung der Werbung für das Konsumverhalten der Verbraucher soll hier aber nicht eingegangen werden.

Sozialisationsbedingte Defizite im Bereich der privaten Haushaltsführung sind neben gesamtgesellschaftlichen Ursachen für die Überschuldung privater Haushalte allerdings auch zu nennen. Die allgemeinbildenden Schulen mit ihren wirklichkeitsfremden Lehrplänen weisen an diesem Punkt ein erhebliches Defizit auf. Aufgabe der Schuldnerberatung ist es somit auch, durch ihre pädagogisch-präventive Ausrichtung, diese Defizite auszugleichen. Aber es muß auch nachhaltig bei den Kultusbehörden darauf gedrängt werden, daß in den Bereichen Geld und Kredit die Lehrpläne lebenspraktischer ausgerichtet werden. Allerdings wäre hier die alleinige Verwendung der von den Banken herausgegebenen Materialien (z.B. von der KKB-Bank verteilte Broschüren zum Thema »Umgang mit Geld«) bedenklich.[12]

Die Zunahme der Überschuldung von immer größer werdenden Bevölkerungsteilen darf nicht isoliert betrachtet werden.

Armutsproblem

Sie ist zu sehen vor dem Hintergrund der zunehmenden Armut in unserem Land. Obwohl das Bruttosozialprodukt steigt, ist nicht zu übersehen, daß immer mehr Menschen von Armut betroffen sind. Es ist eine immer größer werdende Schere zwischen Armen und Reichen zu beobachten. Wir haben eine »Amerikanisierung« unserer sozialen Verhältnisse. Überschuldung ist i.d.R. ein Ausdruck von Armut. Sie ist vielfach ein entscheidendes Stadium für den weiteren sozialen Abstieg. So lassen sich denn auch vielfach Kausalzusammenhänge zwischen Verschuldung, die derart determiniert ist, daß Überschuldung nicht ausbleiben kann, und sozialem Abstieg aufzeigen. Ein Beispiel:

Für einen Möbelkauf hat ein Schuldner DM 8.000- bei der Sparkasse aufgenommen. Für eine Waschmaschinenanschaffung u.a. braucht er einige Zeit später nochmals DM 2.000,-. Die Sparkasse lehnt diesen Kreditwunsch ab. Der Schuldner kommt, angelockt durch eine eingängige Werbeaussage, zu einer Teilzahlungsbank. Diese will ihm das Geld unter der Voraussetzung geben, daß umgeschuldet wird, der erste Kredit also mit übernommen wird. Nach der Umschuldung lasten auf dem Schuldner DM 14.000,-; die monatliche Rate ist deutlich höher als vorher. Dadurch verkleinert sich der monatlich frei-verfügbare Einkommensanteil, so daß der Schuldner fortan bestimmte notwendige Konsumgüter nur noch auf Raten bei einem Versandhaus erwerben kann. Im Winterhalbjahr wird der Schuldner kürzere Zeit arbeitslos. Er kann seinen Verpflichtungen nicht mehr nachkommen, sein Kredit wird gekündigt, Verzugszinsen berechnet – die Ökonomie des Haushaltes bricht zusammen!

2 Voraussetzungen

2.1 Rechtliche Absicherung der Schuldnerberatung

Es tauchen immer wieder Fragen hinsichtlich der rechtlichen Absicherung von Schuldnerberatung auf. Verstöße gegen das Rechtsberatungsgesetz (RBerG, im Anhang S. 142) werden vermutet. Daher ist es unumgänglich, auf diese Frage hier ausführlich einzugehen.

In den »Grundsätzen des Bundesministers der Justiz vom 24.2.1969 über die Rechtsberatung durch Verbände der freien Wohlfahrtspflege« ist ausdrücklich vermerkt, daß eine Hilfeleistung »bei der Besorgung und Zusammenstellung von Unterlagen«, sowie die »Abfassung von Eingaben« und »Aufklärung über rechtliche Möglichkeiten« für Wohlfahrtsverbände erlaubt sind, »wenn eine sachgerechte und ordnungsgemäße Hilfe dies erfordert.«[13] Da es sich bei der Schuldnerberatung um eine ganzheitliche Sozialberatung handelt, gehört eine Beratung in bestimmten rechtlichen Fragen, die wiederum eine Vorprüfung und Unterlagenzusammenstellung voraussetzt, unbedingt zur »sachgerechten und ordnungsgemäßen Hilfe«.

Rechtliche Grundlage für die Schuldnerberatung bildet demnach bislang **§ 8 II BSHG**. Die Beratung in »sonstigen sozialen Angelegenheiten« (§ 8 II, S 1 BSHG) im Rahmen der »persönlichen Hilfe« wird heute nach übereinstimmender Auffassung als eine allgemeine, umfassende Lebensberatung verstanden.[14]

Schuldnerberatung ist »persönliche Hilfe«

Der Begriff »sonstige soziale Angelegenheiten« ist im Interesse des Hilfesuchenden weit auszulegen. Dies entspricht der Sichtweise der vorerwähnten »Grundsätze«. Der Terminus »persönliche Hilfe« steht als

Inbegriff aller Hilfen, die im Rahmen des BSHG gewährt werden, und nicht Geld- oder Sachleistungen sind. Somit ist eine in die Sozialarbeit integrierte Schuldnerberatung als eine Beratung in sonstigen sozialen Angelegenheiten zu sehen, da die Situation der Überschuldung tiefgreifende soziale Probleme aufwerfen kann.[15] Die Verbände der freien Wohlfahrtspflege können in demselben Umfang wie die Träger der Sozialhilfe Beratung durchführen.[16] Auf die Beratung in sonstigen sozialen Angelegenheiten, die durch Verbände der freien Wohlfahrtspflege wahrgenommen wird (z.B. Schuldnerberatung), hat der Sozialhilfeträger Ratsuchende sogar hinzuweisen (§ 8 II, S 2 BSHG). Bleibt zu untersuchen, ob eine Einschränkung der Beratungstätigkeit im Hinblick auf das **RBerG** besteht. Es ist weithin unbestritten, daß Schuldnerberatung rechtsberatende und rechtsbesorgende Tätigkeiten beinhaltet.[17] Die rechtliche Beratung im Rahmen der persönlichen Hilfe dient dem Ziel, eine anormale Lage des Hilfesuchenden auszugleichen.[18] Gem. Art. 1 § 1 RBerG ist die geschäftsmäßige Besorgung fremder Rechtsangelegenheiten, einschl. der Rechtsberatung, egal ob haupt- oder nebenberuflicher (auch ehrenamtlicher), ob entgeltlicher oder unentgeltlicher Art, erlaubnispflichtig. An die Erteilung einer solchen Erlaubnis werden strenge Maßstäbe gelegt. Von der Erlaubnispflicht i.S.d. Art. 1 § 1 RBerG, ist gem. Art. 1 § 3 Nr. 1 RBerG »die Rechtsberatung und Rechtsbetreuung, die von Behörden ..., von Körperschaften des öffentlichen Rechts... im Rahmen ihrer Zuständigkeit ausgeübt wird«, ausgenommen. »Angestellte, die bei Personen oder Stellen der in den §§ 1, 3 ... bezeichneten Art beschäftigt sind, (können) im Rahmen dieses Anstellungsverhältnisses Rechtsangelegenheiten erledigen« (Art. 1 § 6 I Nr. 2 RBerG).

Demnach steht außer Frage, daß Sozialarbeiter, die z.B. bei einem Allgemeinen Sozialen Dienst eines Landkreises oder einer Stadt, also bei einer Behörde angestellt sind, Schuldnerberatung mit der notwendigen Abwicklung rechtlicher Angelegenheiten im Rahmen der Sozialarbeit durchführen können. Wie zuvor beschrieben, handeln sie »im Rahmen ihrer Zuständigkeit«, bzw. im Rahmen der Zuständigkeit des Anstellungsträgers, da Schuldnerberatung Sozialarbeit ist.

Wie verhält es sich nun mit Mitarbeitern, die bei **freien Wohlfahrtsverbänden** angestellt sind? Hier ist zunächst zu unterscheiden zwischen den kirchlichen Wohlfahrtsverbänden (Deutscher Caritasverband, Diakonisches Werk mit ihren jeweiligen Fachverbänden und die Zentrale Wohlfahrtsstelle der Juden in Deutschland) und den übrigen Wohlfahrtsverbänden (Arbeiterwohlfahrt, Deutsches Rotes Kreuz, Deutscher Paritätischer Wohlfahrtsverband). Gem. Art. 140 GG i.V.m. Art. 137 V Weimarer Reichsverfassung (WRV) sind Kirchen und anerkannte Religionsgemeinschaften (z.B. die Ev. Kirche in Deutschland [EKD] und ihre Gliedkirchen) Körperschaften des öffentlichen Rechts. Sie fallen somit ebenfalls unter die Ausnahmeregelung gem. Art. 1 § 3 Nr. 1 RBerG. »Gem. Art. 140 GG i.V.m. Art. 137 WRV sind alle der Kirche in bestimmter Weise zugeordneten Einrichtungen ohne Rücksicht auf ihre Rechtsform Objekte, bei deren Ordnung und Verwaltung die Kirche grundsätzlich frei ist, wenn sie (die Einrichtungen) nach kirchlichem Selbstverständnis ihrem Zweck oder ihrer Aufgabe entsprechend berufen sind, ein Stück Auftrag der Kirche in dieser Welt wahrzunehmen und zu erfüllen.«[19] In diesem Sinne ist etwa das Diakonische Werk eine kirchliche Einrichtung[20] und partizipiert somit am öffentlich-rechtlichen Status der Ev. Kirche. Die kirchlichen Wohlfahrtsverbände fallen also auch, egal in welcher Rechtsform sie organisiert sind, wegen ihrer Zugehörigkeit zur Kirche als einer Körperschaft des öffentlichen Rechts unter Art. 1 § 3 Nr. 1 RBerG. »Rechtsbetreuung«[21] im Rahmen der Schuldnerberatung bei den kirchlichen Wohlfahrtsverbänden ist also rechtlich ebenso abgesichert wie bei Behörden, da diese Arbeit selbstredend im Rahmen der kirchlichen Sozialarbeit geleistet wird. Die Schuldnerberatung eines kirchlichen Wohlfahrtsverbandes liegt im verfassungsrechtlich gebilligten, selbst gesteckten Zuständigkeitsrahmen der Kirche als Körperschaft des öffentlichen Rechts und ist somit gem. Art. 1 § 3 Nr. 1 RBerG erlaubnisfrei.

Wie verhält es sich nun aber mit den anderen Wohlfahrtsverbänden, die keinen Status im oben beschriebenen Sinne genießen? *Müller-Dietz*[22] vertritt nachhaltig die Ansicht, daß das Merkmal der »Geschäftsmäßigkeit« (Art. 1 § 1 RBerG) für weitere Ausnahmeregelungen maßgebend ist. Geschäftsmäßig darf nicht gleichgesetzt werden mit »gewerbsmäßig«. Die Geschäftsmäßigkeit i.S.d. RBerG setzt eine *selbständige Betätigung* unbedingt voraus.[23] »Wer als Angestellter weisungsgebunden eine Rechtsangelegenheit erledigt, handelt selbst nicht geschäftsmäßig....«.[24] Daraus folgt, daß eine rechtsberatende Tätigkeit während einer Schuldnerberatung im Rahmen eines beruflichen Abhängigkeitsverhältnisses (etwa einem ordentlichen Angestelltenverhältnis) nicht unter dem Verbot des RBerG liegt und somit erlaubnisfrei ist.[25] Es bleibt aber selbstverständlich die Prämisse zu beachten, daß die rechtsbesorgende Tätigkeit »im Rahmen der Zuständigkeit« der anstellenden Organisation bleibt (eine Beratung in Fragen des Straßenverkehrsrechtes wird hier nicht darunter fallen). Falls der Zuständigkeitsrahmen einmal überschritten werden sollte, wäre ein weisungsgebundener Angestellter auch geschützt; der Vorwurf eines Verstoßes gegen das RBerG würde seinen Anstellungsträger treffen. Somit sind auch Sozialarbeiter und andere Mitarbeiter bei nicht kirchlichen Wohlfahrtsverbänden rechtlich abgesichert, um im Rahmen des § 8 BSHG Schuldnerberatung durchzuführen.

Wenngleich es diese rechtlichen Absicherungsmöglichkeiten für die Schuldnerberatung heute gibt, müssen sie doch als unbefriedigend bezeichnet werden. Es muß die rechtspolitische Forderung erhoben werden, bei der längst überfälligen RBerG-Novellierung die rechtsbesorgenden Tätigkeiten, speziell für die freien Wohlfahrtsverbände, eindeutig und einheitlich zu regeln. Es ist dabei zu denken an eine ähnliche Regelung, wie sie bei der letzten kleinen Änderung im Jahre 1980 für die öffentlich geförderten Verbraucherzentralen geschaffen wurde. Seinerzeit wurde als neue Nr. 8 zu Art. 1 § 3 RBerG aufgenommen:

»... die außergerichtliche Besorgung von Rechtsangelegenheiten von Verbrauchern durch für ein Bundesland errichtete, mit öffentlichen Mitteln geförderte Verbraucherzentralen im Rahmen ihres Aufgabenbereiches.« (BGBl. I, S. 1503)

Mit einer ähnlich gestalteten Einfügung im RBerG könnte die rechtliche Absicherung dieses unbestritten wichtigen Aufgabengebietes der Schuldnerberatung innerhalb der Arbeit von freien Wohlfahrtsverbänden eindeutig geklärt werden und zu noch mehr Rechtssicherheit für alle Beteiligten beitragen.

Genausowenig wie Schuldnerberatung in ihrer gesamten Komplexität eine Aufgabe für die Anwaltschaft ist, genausowenig wird durch eine Schuldnerberatung die Tätigkeit von Anwälten überflüssig.

Zusammenarbeit mit Rechtsanwälten

Vielmehr werden seitens der Schuldnerberatung immer dann Rechtsanwälte eingeschaltet, wenn die Möglichkeiten und Maßnahmen der Schuldnerberatung nicht zu dem gewünschten Erfolg führen, bzw. eine prozessuale Geltendmachung von Rechten des Schuldners angezeigt ist. Selbstverständlich kann auch die Rechtshilfe bei Vorprüfungen durch Rechtsanwälte gern in Anspruch genommen werden. Hierfür bietet sich das seit 1980 in Kraft befindliche **Beratungshilfegesetz** (BerHG) geradezu an. Die Mehrheit des Klientels der Schuldnerberatung wird die für das Beratungshilfegesetz maßgeblichen Einkommensgrenzen nicht überschreiten, zumal Belastungen (Schulden) bei der Einkommensermittlung auch berücksichtigt werden können. Der Zugang zum Rechtsanwalt nach Wahl erfolgt entweder über die Antragstellung zur Erlangung eines Berechtigungsscheines beim Amtsgericht (hier müssen die wirtschaftlichen Verhältnisse des Antragstellers glaubhaft gemacht werden), oder aber durch »Direktzugang« beim Rechtsanwalt und nachträglicher Bewilligung der Beratungshilfe (§ 4 BerHG). Sollte der Antrag auf Bewilligung der Beratungshilfe vom Amtsgericht abgelehnt werden, so ist hiergegen als Rechtsmittel die unbefristete Erinnerung statthaft (§ 6 BerHG). Dem Rechtsanwalt steht eine Gebühr von DM 20,- zu, die neben der Vorlage des Berechtigungsscheines vom Mandanten zu entrichten ist; sie kann vom Rechtsanwalt erlassen werden (§ 8 BerHG).

Es empfiehlt sich, zumindest für den Erstbesuch bei einem Rechtsanwalt, daß der Sozialarbeiter gemeinsam mit dem Klienten dort hingeht. Jeder Rechtsanwalt wird froh sein, wenn er einen gut vorbereiteten Fall mit sortierten und geordneten Unterlagen übernehmen kann und er wird gern mit der Schuldnerberatungsstelle zusammenarbeiten. »Die Anwaltschaft scheint mittlerweile diese Zusammenarbeit mit den Sozialarbeitern als wichtige Voraussetzung der Beratungshilfe erkannt zu haben.«[26] Es ist ohnehin wichtig, daß die Schuldnerberatung von dem betrauten Rechtsanwalt fortlaufend über das von ihm Bewirkte unterrichtet wird, um das weitere Vorgehen in dem Schuldenregulierungsfall zu planen. Dies werden die Anwälte auch gern tun,[27] zumal sich möglicherweise aus einem gut abgewickelten Fall eine weitere Zusammenarbeit ergibt. Auf die Möglichkeiten der Prozeßkostenhilfe soll hier nicht näher eingegangen werden.

2.2 Formalien für die Schuldnerberatung

Es gibt eine Reihe von Formalien und Grundsätzen für die Schuldnerberatung zu beachten. Zum einen ist dies aus rechtlichen Gesichtspunkten wichtig, zum anderen ist auch eine deutliche Abgrenzung zu wirtschafts- oder steuerberatenden Berufen angezeigt. Schuldnerberatung versteht sich ja auch keinesfalls als rein wirtschaftliche oder ausschließlich finanzielle Beratung, sondern als ganzheitliche Sozialarbeit.

Zwölf Grundsätze für die Schuldnerberatung

Die Grundsätze der Schuldnerberatung lassen sich in zwölf Punkten festhalten. Es handelt sich hierbei um grundlegende Voraussetzungen für eine sachgerechte Zusammenarbeit zwischen Schuldner und Beratungsstelle.

1. Der Ratsuchende muß von sich aus die Schuldnerberatung aufsuchen. Es geht also um eine ganz ausgeprägte »**Komm-Struktur**«. Nicht sinnvoll ist es, wenn der Schuldner von Dritten zur Teilnahme an einem Schuldenregulierungsverfahren gedrängt wird.

2. Es herrscht unbedingt das **Prinzip der Freiwilligkeit**. Eine Schuldnerberatung kann nicht verordnet werden, oder die Bewilligung von Leistungen abhängig gemacht werden von der Teilnahme. Ein vom Schuldner selbst erlebter **Leidensdruck** ist i.d.R. Voraussetzung für die freiwillige Mitarbeit bei einer Schuldnerberatung. Es lassen sich an diesem Punkt interessante Parallelen zur Suchtberatung ziehen.

3. Es muß unbedingt eine umfassende **Motivation** des Schuldners **zur intensiven Mitarbeit** vorliegen. Einem »Hilfesuchenden«, dem seine Schulden im Grunde genommen egal sind, ist durch eine Schuldnerberatung nicht zu helfen. Gerade zu Beginn eines Schuldenregulierungsverfahrens ist die Motivation zu prüfen, insbesondere auch hinsichtlich evtl. erforderlicher Verhaltensänderungen beim Klienten.

4. Es ist unbedingt erforderlich, **alle Schulden** zu **erfassen**! Selbst die kleinsten offenen Forderungen (z.B. der angeschriebene Betrag

beim Laden um die Ecke oder privat von Angehörigen geliehenes Geld) sind aufzunehmen und zu berücksichtigen. Im eigentlichen Regulierungsfalle müssen nach Möglichkeit wiederum auch alle Schulden erfaßt werden, um tatsächlich eine echte Gesamtsanierung zu erreichen. Andernfalls, z.B. wenn nur die Hälfte aller vorhandenen Schulden in einem Sanierungskonzept berücksichtigt werden, ist es möglich, daß die anderen Gläubiger den sorgsam austarierten Tilgungsplan durch neue Pfändungen zunichte machen. Teillösungen im Regulierungsverfahren müssen daher immer besonders genau überdacht und geplant werden.

5. Die **Offenlegung** der gesamten **Einkommens- und Vermögenssituation** ist ebenso erforderlich, wie die genaue und detaillierte **Aufschlüsselung der Ausgabenseite**. Hierfür bietet sich ein formularmäßiger **Haushaltsplan** an. Einerseits ist die Kenntnis aller Einnahmen und Ausgaben des Klienten und andererseits seine Ehrlichkeit Voraussetzung für eine ordnungsgemäße Haushaltsplanaufstellung. Auch gelegentliche Nebeneinkünfte oder ähnliches sind zu erfassen. Bei der Aufstellung der Ausgaben ist zu berücksichtigen, daß zweimonatige, quartalsmäßige, halbjährige oder jährliche Zahlungen auf den Monat umzurechnen sind.

6. Es sollen möglichst **beide Ehepartner** (bei Paaren und Familien) an einer Schuldnerberatung teilnehmen. So können beide gemeinsam eine **Verhaltensänderung**, z.B. im Konsumverhalten erzielen oder auch von den allgemeinen Lernerfahrungen in einem Schuldenregulierungsverfahren profitieren. Zudem wird so auch die Gesamtverantwortlichkeit für die ökonomische Haushaltssituation gemeinsam übernommen.

7. Eine wichtige Vereinbarung ist, daß während der Zeit der Beratung **keine neuen Schulden** gemacht werden dürfen. Erneute Kreditaufnahme gehört ebenso dazu wie der Abschluß von Ratenkäufen. Längerfristige finanzielle Dispositionen sind unbedingt mit der Schuldnerberatung abzusprechen. Heimliche Käufe gefährden u.U. das ganze Verfahren.

8. **Sämtliche Unterlagen**, die mit den Schulden zusammenhängen (Lieferscheine, Rechnungen, Mahnungen, Mahnbescheide, Pfän-

dungs- und Überweisungsbeschlüsse, Quittungen, Urteile, Korrespondenz mit den Gläubigern, schriftliche Erklärungen des Schuldners etc.), werden **der Schuldnerberatung übergeben** und dort geordnet und in einer Akte verwahrt. Neu beim Schuldner eingehende Post übergibt dieser der Schuldnerberatungsstelle umgehend. Die weitere Korrespondenz wird fortan über die Schuldnerberatungsstelle geführt; sie allein verhandelt mit den Gläubigern.[28]

9. Es werden nur **Privatschulden** und keine Geschäftsschulden bearbeitet. Die Mithilfe bei der Ordnung von Geschäftsschulden ist i.d.R. keine Sozialarbeit. Hier mag es gelegentlich Grenzfälle geben. Wenn z.B. eine ehemalige Besitzerin eines kleinen Geschäftes (Kiosk, Blumenladen), die inzwischen geschieden ist und in bescheidenen Verhältnissen lebt, sich mit einem Restteil Schulden aus dem ehemaligen Geschäftsbetrieb an eine Schuldnerberatungsstelle wendet, so darf dieser Fall sicher bearbeitet werden, da meist noch andere soziale Probleme vorliegen. Haus- und Hypothekenschulden werden auch nicht regelmäßig zum Beratungspotential der Schuldnerberatung gehören, wobei es hier besonders gelagerte Einzelfälle gibt (siehe S. 90 f.).

10. Das **Einhalten von Absprachen** und Vereinbarungen zwischen Schuldner und Berater ist unbedingte Voraussetzung für eine fruchtbare und ergebnisreiche Arbeit. Wenn etwa vereinbart wird, ein KFZ zu verkaufen oder das Telefon abzumelden, so hat der Schuldner diese Abmachung einzuhalten. Bei Unzuverlässigkeiten in diesem Punkt muß fehlende Motivation angenommen werden (vgl. Punkt 3).

11. Um überhaupt nach außen hin tätig werden zu können, ist die Erteilung einer **Vollmacht** unerläßlich. Eine Mustervollmacht ist im Anhang (S. 161) abgedruckt. Die Vollmacht wird in diesem Kapitel noch näher erläutert.

12. Schuldnerberatung ist eine **direktive Beratung**. Damit ist gemeint: Über vollstreckungsschützende Maßnahmen etwa kann man sich in einem Beratungsgespräch nicht »non-direktiv« unterhalten. Da u.a. Fristen einzuhalten sind, geht es hier darum, konkrete Handlungsschritte einzuleiten. Wenn der Schuldner hierfür einen Beitrag zu leisten hat (z.B. schnelle Beschaffung von fehlenden Unterlagen), so

erhält er einen »direktiven Arbeitsauftrag«. Auch über verhaltensändernde Maßnahmen (z.B. Haushaltsplanaufstellung) kann nicht im klassischen Sinne »non-direktiv« beraten werden. Gleichwohl ist an die Kommunikationsfähigkeit und Beratungsführung eines Schuldnerberaters ein hohes Maß an Flexibilität zu stellen, da er ggf. im Verlaufe eines Gespräches auf eine non-direktive Beratungsmethode umschwenken muß, wenn z.b. gezielt Eheprobleme besprochen werden. Für derartige Situationen ist ein interdisziplinärer Arbeitsansatz in der Schuldnerberatung hilfreich, da hier eine Arbeitsaufteilung vorgenommen werden kann.

Wenn einer oder auch mehrere dieser aufgeführten Grundsätze vom Schuldner nicht eingehalten werden (vielleicht sogar trotz mehrfacher Erklärung nicht eingehalten werden!), wird i.d.R. eine weitere Beratung keinen Erfolg haben und ist seitens der Beratungsstelle abzubrechen. Allerdings sollten dem Schuldner Chancen zum Hineinfinden in ein Schuldenregulierungsverfahren gegeben werden, da es für ihn möglicherweise mit einschneidenden Veränderungen verbunden ist. Die Wichtigkeit der Grundsätze sind dem Hilfesuchenden transparent zu machen. Es kann sinnvoll sein, die Grundsätze mit dem Schuldner schriftlich zu vereinbaren, etwa in Form eines »**Beratungsvertrages**«. Der Schuldner kann von sich aus jederzeit die Beratung abbrechen, denn sie läuft ja auf freiwilliger Basis. Falls zu diesem Zeitpunkt schon Gläubiger angeschrieben sind, hat die Schuldnerberatungsstelle diese unverzüglich hiervon zu unterrichten.

Zur grundsätzlichen Klarstellung sei erwähnt, daß Schuldnerberatung nicht in jedem Falle heißt, daß auch ein Schuldenregulierungsverfahren durchgeführt wird. Es ist durchaus möglich, daß es nicht zu einem Regulierungsprozeß kommt, bzw. daß ein Schuldner nur »ambulant« beraten wird (Kurzberatung) und er die eigentliche Sanierung selbst durchführt, ohne direkte Mitwirkung der Beratungsstelle. Daher ist die Terminologie bewußt auf Schuldner*beratung* festgelegt. Ein Regulierungsverfahren ist, ebenso wie Kreditberatung, oder Haushalts- und Budgetberatung nur *ein* Teilbereich der gesamten Schuldnerberatung. Daher ist es sinnvoll, bisweilen auch nötig, die Schuldnerberatung nicht als isoliertes Beratungsangebot zu betrachten, sondern als integrierten Bestandteil der Sozialberatung zu sehen. Eine »Vernetzung«[29] mit anderen Beratungs- und Hilfsangeboten ist daher sehr wirkungsvoll.

Vollmacht

Das schon erwähnte **Vollmachtsformular** mit seiner speziellen Textausgestaltung hat sich in der Praxis bewährt. Neben der Benennung der rechtlichen Grundlage, § 8 II BSHG (vgl. hierzu Kapitel 2.1) ist auch klar dargestellt, in welchem möglichen Rahmen sich Verhandlungen in einem Schuldenregulierungsverfahren bewegen können (Abs. 2 der Vollmacht). Die im letzten Absatz enthaltene Entbindung vom Bankgeheimnis ist unentbehrlich für die Arbeit. Neben der Nennung der beratenden Dienststelle sollten unbedingt auch die Namen der Mitarbeiter angegeben werden, die konkret im speziellen Falle tätig werden. Wenn kein Beratungsverhältnis mehr besteht, ist die Vollmachtsurkunde an den Schuldner zurückzugeben (§ 175 BGB). Allgemeine Aussagen zur Bevollmächtigung findet man ab § 164 BGB.

Haftungsfragen

Gelegentlich tauchen Haftungsfragen im Zusammenhang mit Schuldnerberatung auf. Für Auskünfte und Beratungen, durchgeführt von Mitarbeitern der Sozialhilfeträger, gelten die Haftungsbestimmungen gemäß § 839 BGB i.V.m. Art. 34 GG, wonach eine direkte Haftung des Ratgebenden gegenüber dem Ratsuchenden ausgeschlossen ist und stattdessen die Einstellungskörperschaft haftet. Diese kann jedoch, je nach Vorschriften, bei grober Fahrlässigkeit Rückgriff auf den Berater nehmen. Bei freien Wohlfahrtsverbänden erfolgt zwar eine direkte Haftung gem. § 823 BGB, jedoch nur, wenn der Berater vorsätzlich oder fahrlässig handelt und »bewußt unwahre« Auskünfte erteilt. In diesen Fällen sind die Mitarbeiter jedoch üblicherweise durch eine entsprechende Haftpflichtversicherung abgesichert. Außerdem haben sie zumindest bei leichter Fahrlässigkeit einen arbeitsrechtlichen Freistellungsanspruch von der Haftung gegenüber dem Träger der Beratungseinrichtung. Allerdings kommen in der Sozialberatung diese Fälle praktisch nicht vor. »Für das Verschulden bei unrichtiger, nicht fachgerechter oder unvollständiger Auskunft kommt es nicht auf die

Kenntnis und Einsichten an, über die der beratende Beamte oder Angestellte verfügt, sondern auf diejenigen Fähigkeiten, die für die ordnungsgemäße Führung des jeweiligen Amtes erforderlich sind (BGH in: Versicherungsrecht 1964, 919).«[30] Jemand, der sich mit Schuldnerberatung befaßt, wird über die »erforderlichen Fähigkeiten« verfügen, um dieses Arbeitsgebiet fachgerecht und vollständig zu erledigen. Wie bereits dargelegt, gebietet es die z.T. komplexe Beratungsmaterie, daß ggf. ein Rechtsanwalt oder ein anderer kompetenter Fachmann zur weiteren Abklärung spezieller Fragen eingeschaltet werden muß. Wer derart verfährt, wird im Rahmen der Sorgfaltspflicht handeln und i.d.R. für mögliche Fehler nicht haftbar gemacht werden können.

Arbeitshilfen

Neben einem genügend geräumigen Büro bzw. Beratungszimmer sind für die Schuldnerberatung einige Hilfsmittel unerläßlich. Eine Fotokopiermöglichkeit und ein **Rechner mit Papierausdruck** (bei größeren und spezialisiert arbeitenden Dienststellen mag sich auch die Anschaffung eines personal computers als sinnvoll erweisen) gehört ebenso dazu, wie eine gewisse **Literaturausstattung** (s. S. 175 ff.). Einige wichtige Gesetzestexte für diese Arbeit sind auszugsweise im Anhang dieses Buches abgedruckt. Die Schuldnerberatungsstelle muß über einen guten regionalen Überblick hinsichtlich der Aktivitäten von Kreditvermittlern und sonstigen »Agenturen« verfügen sowie sich fortlaufend, für evtl. Umschuldungsfälle, kundig machen über das aktuelle Zinsgefüge für Konsumentenkredite bei den verschiedensten örtlichen Kreditinstituten. Außerdem gilt es, sich ein eigenes **Formularinstrumentarium** zur Arbeitserleichterung anzulegen (einige Muster sind ab S. 160 abgedruckt). Sinnvoll ist außerdem der **Bezug** eines Exemplares **der Schuldnerverzeichnisse**, die sog. »Schuldnerlisten«, die z.B. in Niedersachsen nach vorheriger Erlaubniserteilung durch den Präsidenten des zuständigen Landgerichts über die örtlichen Industrie- und Handelskammern bezogen werden können. Der Bezug ist mit Auflagen verbunden. Näheres zu diesen Listen findet sich ab S. 49.

Zuletzt darf nicht unerwähnt bleiben, daß zur ordnungsgemäßen Abwicklung von Schuldenregulierungsverfahren unbedingt eine versierte **Verwaltungskraft** für den Schreibdienst, Ablage, Wiedervorlage etc. nötig ist! Ohne eine solche Kraft bzw. Mitnutzung eines zentralen, schnellen Schreibdienstes ist die Korrespondenz mit 50 bis 100 verschiedenen Gläubigern, mit denen man schnell zu tun bekommt, nicht zu bewältigen.

3 Grundlagenwissen

3.1 Mahnverfahren

1981 wurden in der BRD über 5,2 Millionen gerichtliche Mahnverfahren durchgeführt. Statistisch betrachtet hieße dies, daß fast 8,8 % der Gesamtbevölkerung hiervon betroffen sind. Allerdings ist zu beachten, daß hierin natürlich auch Mahnverfahren, die Firmen untereinander durchführen, enthalten sind. Da aber die meisten Mahnverfahren gegen Privatpersonen betrieben werden, macht dieses Ausmaß auch die gesamtgesellschaftliche Bedeutung der Verbraucherüberschuldung deutlich.

Das heute praktizierte gerichtliche Mahnverfahren ist seit dem 1.7.1977 in Kraft. Die Novellierung dieser Rechtsmaterie wurde nötig, um das Mahnverfahren für die elektronische Datenverarbeitung praktikabel zu gestalten und um überhaupt eine notwendige Vereinfachung angesichts der großen Zunahme von Mahnverfahren herbeizuführen.

Verzug und Mahnung

Bevor es zu einem gerichtlichen Mahnverfahren kommt, wird die Gläubigerseite erst einmal **außergerichtliche Mahnungen** schicken. Meist sind drei Mahnungen üblich. Vielfach werden diese Mahnungen von der hauseigenen Mahn- oder Rechtsabteilung besorgt. Diese Mahnungen sind rechtlich relevant. Gem. § 284 I BGB muß der Schuldner in Verzug gesetzt werden. Erst ab dem Zeitpunkt, seit dem sich der Schuldner in Verzug befindet, ist die Berechnung von Verzugszinsen erlaubt. § 284 II BGB führt allerdings aus, daß ein Schuldner ohne Mahnung in Verzug gerät, wenn feste Zahlungstermine (nach dem Kalender) vereinbart sind. In diesen Fällen bedarf es also keiner vorherigen Mahnung, um den Schuldner in Verzug zu setzen. Dieser Fall liegt etwa bei Ratenkrediten oder Abzahlungskäufen oder auch der Miete vor. Der Schuldner ist gem. § 286 I BGB verpflichtet, dem Gläubiger dem ihm entstandenen Verzugsschaden zu ersetzen. Hierunter fallen u.U. auch die Kosten für Mahnungen oder die Inspruchnahme von Rechtsanwälten und Inkassodiensten (Näheres zu den Kosten von Inkassobüros siehe S. 86).

Verzugszinsen

Gem. § 288 I BGB besteht ein gesetzlicher Anspruch auf Verzugszinsen in Höhe von 4 % pro Jahr. Der Gläubiger kann höhere Verzugszinsen nehmen, wenn er entweder nachweist, daß er durch die verspätete Zahlung entsprechend höhere Kosten gehabt hat (insbesondere z.B. durch »Inspruchnahme von Bankkredit«), oder aber in seinen Allgemeinen Geschäftsbedingungen eine Klausel enthalten ist, die seinen wahrscheinlichen Schaden pauschaliert wiedergibt (vgl. aber auch § 11 Nr. 5 a AGB-Gesetz). Meist sind Verzugszinsen von mehr als 12 % als überhöht anzusehen. In derartigen Fällen sollte unbedingt ein Nachweis über die geltend gemachten Zinsen verlangt werden (vgl. auch § 11 Nr. 5 b AGB-Gesetz). Da die Höhe der Verzugszinsen im einzelnen rechtlich umstritten ist, sollte ggf. entsprechender Rechtsrat eingeholt werden. Als Leitlinie für die Höhe von Verzugszinsen könnten vielleicht Urteile des OLG Celle dienen, in denen die Höhe auf die Refinanzierungskosten (Richtwert: Kontokorrentzinssatz) des Gläubigers begrenzt wird.[31]

Das gerichtliche Mahnverfahren

Fruchten außergerichtliche Mahnungen des Gläubigers nicht, wird schließlich ein gerichtliches Mahnverfahren gem. den §§ 688 ff. ZPO durchgeführt. Dies wird meist gemacht, um einen Vollstreckungstitel, oder kurz »**Schuldtitel**« zu erlangen. Der Antrag auf Erlaß eines **Mahnbescheides** wird beim Amtsgericht, das für den Sitz des Antragstellers (Gläubiger) zuständig ist, eingereicht. Hierfür werden meistens 5-seitige Durchschreibevordrucke verwendet (s. Schaubild). Die Bear-

Amtsgericht

Plz, Ort a

b
Geschäftsnummer des Amtsgerichts
Bei Schreiben an das Gericht stets angeben

c

Mahnbescheid d ← Datum des Mahnbescheids

Antragsteller, ges. Vertreter, Prozeßbevollmächtigte(r); Bankverbindung

e

macht gegen –Sie– f   ☐ als Gesamtschuldner

folgenden Anspruch geltend: Geschäftszeichen des Antragstellers: ....

g

Hauptforderung DM h	Zinsen i				
Vorgerichtliche Kosten DM j					
Kosten dieses Verfahrens (Summe ①bis⑤)DM	①Gerichtskosten k DM	②Auslagen d. Antragst. l DM	③Gebühr d. Prozeßbev. m DM	④Auslagen d. Prozeßbev. DM	⑤MWSt. d. Prozeßbev. DM
Gesamtbetrag DM	zuzügl. der Zinsen	Der Anspruch ist nach Erklärung des Antragstellers von einer Gegenleistung ☐ nicht abhängig. ☐ abhängig; diese ist aber bereits erbracht.			

Das Gericht hat nicht geprüft, ob dem Antragsteller der Anspruch zusteht. Es fordert Sie hiermit auf, innerhalb von **zwei Wochen** seit der Zustellung dieses Bescheids **entweder** die vorstehend bezeichneten Beträge, soweit Sie den geltend gemachten Anspruch als begründet ansehen, zu begleichen **oder** dem (oben bezeichneten) Gericht auf einem Vordruck der beigefügten Art (s. Hinweis dazu auf der Rückseite) mitzuteilen, ob und in welchem Umfang Sie dem Anspruch widersprechen.

Werden die geforderten Beträge nicht beglichen und wird auch nicht Widerspruch erhoben, kann der Antragsteller nach Ablauf der Frist einen Vollstreckungsbescheid erwirken, aus dem er die Zwangsvollstreckung betreiben kann. Ein streitiges Verfahren in Ihrem allgemeinen Gerichtsstand wäre nach Angabe des Antragstellers durchzuführen vor dem

☐ Amtsgericht ☐ Landgericht ☐ Landgericht -Kammer für Handelssachen- Plz, Ort in n

An dieses Gericht, dem eine Prüfung seiner Zuständigkeit vorbehalten bleibt, wird die Sache im Falle Ihres Widerspruchs abgegeben.

Ausgefertigt

gez. .... Rechtspfleger   .... Urkundsbeamter der Geschäftsstelle

Beachten Sie bitte die Hinweise auf der Rückseite

Blatt 2: Ausfertigung für Antragsgegner

34

beitung des Mahnverfahrens obliegt bei den Amtsgerichten den Rechtspflegern (gem. § 20 RPflG).

Inhalt des Mahnbescheides (§ 692 ZPO)

a) zuständiges Amtsgericht am Wohn- oder Geschäftsort des Antragstellers (Gläubiger)
b) Geschäftsnummer des Amtsgerichtes; es handelt sich hierbei um die Gerichtsabteilung (B = Mahnsachen beim Amtsgericht) und eine fortlaufende Fallnummer des laufenden Jahres (z.B. 595/84).
c) Genaue Anschrift des Schuldners, oft auch mit Berufsangabe.
d) Datum des Erlaß des Mahnbescheides (nicht das Zustelldatum!).
e) Antragsteller (Gläubiger), oftmals zusätzlich Prozeßbevollmächtigter (Rechtsbeistand oder Rechtsanwalt). Außerdem muß hier die Bankverbindung des Gläubigers oder seines Anwaltes (wenn dieser zur Geldentgegennahme bevollmächtigt ist) vermerkt sein.
f) Hier wird nochmals der Antragsgegner (Schuldner) genannt; häufig auch mit dem Zusatz: »Und Ihre Ehefrau/Ihren Ehemann« (i.d.R. als Gesamtschuldner gem. § 1459 BGB). In diesen Fällen wird jedem Ehepartner ein Exemplar des Mahnbescheides zugestellt.
g) Hier muß die Anspruchsbegründung folgen. Üblicherweise verwendete Formulierungen sind z.B.:
   - Restforderung aus Warenlieferung gem. Kontoauszug vom ....
   - Versicherungsprämie für ....
   - Rückständiger Unterhalt für die Zeit vom .... bis ....
   - Darlehensrückzahlung gem. Vertrag/Kündigung vom ....
   In der rechten Ecke ist ein Feld für das Aktenzeichen des Antragstellers vorgesehen. Dies ist unbedingt anzugeben, wenn man mit dem Gläubiger korrespondiert; nicht die Geschäftsnummer des Amtsgerichtes angeben!
h) Die Hauptforderung ist die Restschuld ohne weitere Kosten. Diese Summe gibt auch den Streitwert des Mahnverfahrens an, nach der sich u.a. die Gerichts- und die Anwaltskosten (siehe k und m) berechnen.
i) Hier werden die Verzugszinsen geltend gemacht.

j) Unter »vorgerichtlichen Kosten« werden die bisherigen Mahnkosten, Gebühren für Anfragen beim Einwohnermeldeamt etc. verstanden.
k) Gerichtskosten des Verfahrens lt. Gerichtskostentabelle gem. § 11 II GKG.
l) Wenn der Gläubiger selbständig den Mahnbescheid beantragt, kann er hier seine Kosten, z.B. für den Antragsvordruck, Porto, etc. geltend machen.
m) Falls ein Rechtsanwalt den Mahnbescheid beantragt, wird hier die Gebühr gem. § 43 BRAGO berechnet (z.B. bis DM 200,- Streitwert: DM 30,- Gebühr!). Ferner werden die Auslagen des Anwaltes und die zu entrichtende Mehrwertsteuer eingesetzt.
n) Hier wird das Gericht benannt, vor dem ein mögliches streitiges Verfahren (nach einem Widerspruch des Schuldners) durchzuführen wäre. Bei einem Streitwert über DM 5.000,- wäre dies das zuständige Landgericht am Sitz des Antraggegners, bei einem niedrigeren Streitwert das zuständige Amtsgericht ebenda. Gerichtsstandvereinbarungen sind ungültig; dies gilt z.B. auch für Aufdrucke auf Rechnungsformularen von Firmen.

Wichtig zu wissen ist, daß das Amtsgericht den geltend gemachten Anspruch *nicht* geprüft hat! Es ist also möglich, »Fantasieforderungen« in einem gerichtlichen Mahnverfahren durchsetzen zu wollen.

Widerspruch gegen Mahnbescheid

Jedem Mahnbescheid, der einem Schulder zugestellt wird, ist ein rotes **Widerspruchsformular** (Muster auf S. 164) beigefügt. Der Schuldner ist aufgefordert, die geltend gemachte Forderung zu prüfen und ggf. zu widersprechen, wenn sie nicht richtig sein sollte. Oftmals wird es Aufgabe eines Sozialarbeiters sein, diese Prüfung gemeinsam mit dem Schuldner vorzunehmen. Sollte eine Nachprüfung ergeben, daß ein Widerspruch (gem. § 694 I ZPO) angezeigt ist, gibt es zwei Möglichkeiten:

1. Man widerspricht der Forderung insgesamt;

2. nur einem genau zu benennenden Teil der geltend gemachten Forderung, z.B. zu hohen Verzugszinsen, wird widersprochen.

Der **Widerspruch** ist innerhalb einer **Frist** von **zwei Wochen** nach Erhalt vom Schuldner bei dem Amtsgericht einzureichen, das den Mahnbescheid erlassen hat. Erst hierdurch wird eine gerichtliche Nachprüfung bzw. ein sogenanntes Streitverfahren (gem. § 697 ZPO) eingeleitet. Ein verspäteter Widerspruch gegen einen Mahnbescheid wird als **Einspruch gegen** einen dann auf Antrag des Gläubigers ergehenden **Vollstreckungsbescheid** behandelt. Wenn man sich nicht ganz sicher ist, ob noch innerhalb der Zweiwochenfrist ein Widerspruch gegen einen erlassenen Mahnbescheid eingelegt werden kann, ist es also trotzdem möglich nach dieser Frist, einen Widerspruch einzulegen, da dieser dann automatisch im weiteren Verfahren mit berücksichtigt wird.

Das Verfahren nach dem Einlegen des Widerspruchs ist in §§ 696 ff. ZPO geregelt. Wenn rechtzeitig Widerspruch eingelegt wurde und eine Partei »die Durchführung des streitigen Verfahrens« beantragt, so wird das Amtsgericht, das den Mahnbescheid erlassen hat, die Angelegenheit von Amts wegen zur weiteren Bearbeitung abgeben an das zuständige Gericht am Wohnsitz des Schuldners. Der Antragsteller wird dann von dort aus aufgefordert, innerhalb einer Frist von zwei Wochen in einer der Klageschrift entsprechenden Form seinen Anspruch zu belegen. Der Antragsgegner erhält mit der Zusendung einer Kopie der vom Antragsteller eingereichten Klageschrift daraufhin ebenfalls eine Aufforderung vom Gericht, sich in Form einer sogenannten »Klageerwiderung« zum Sachverhalt zu erklären. Die vom Gericht gesetzte Frist sollte vom Schuldner unbedingt eingehalten werden. Danach wird das Gericht einen Termin zur mündlichen Verhandlung anberaumen, oder (bis zu einem Streitwert von DM 500,-) gem. § 128 III ZPO ein sogenanntes »schriftliches Verfahren« durchführen. Dies heißt, das Gericht entscheidet anhand der ihm vorliegenden Unterlagen von Gläubiger und Schuldner nach Aktenlage ohne mündliche Verhandlung.

Die Entscheidung des Gerichts sieht i.d.R. folgendermaßen aus:

1. Der Mahnbescheid wird ganz oder teilweise für nichtig erklärt; der Anspruch ist nicht berechtigt, oder
2. es ergeht ein **Anerkenntnisurteil** gem. § 307 ZPO; d.h. der Schuldner erkennt die Forderung an, oder

3. es ergeht ein »normales« Zahlungsurteil, wenn der Schuldner zwar nicht anerkennt, aber das Gericht dem Gläubiger Recht gibt.

Falls es der Schuldner versäumt, sich gegenüber dem Gericht in der ihm aufgegebenen Frist zu erklären, so ergeht gem. § 331 ZPO ein **Versäumnisurteil** gegen ihn.

Schuldtitel, Vollstreckungsbescheid

Jedes rechtskräftige Zahlungsurteil (z.B. Anerkenntnis- oder Versäumnisurteil) **ist ein 30 Jahre lang gültiger Schuldtitel!**
Wird gegen einen Mahnbescheid kein Widerspruch eingelegt, so kann der Antragsteller zwei Wochen nach Zustellung des Mahnbescheides (längstenfalls jedoch binnen sechs Monaten) beim Amtsgericht, das auch den Mahnbescheid erlassen hat, den **Vollstreckungsbescheid** beantragen. Der Vollstreckungsbescheid (s. Schaubild) wird dem Schuldner zugestellt. Hierauf müssen etwaige zwischenzeitlich eingegangene Zahlungen vermerkt sein. Ein Vollstreckungsbescheid ist »vorläufig vollstreckbar«, d.h. der Gerichtsvollzieher kann, wenn er einen entsprechenden Auftrag hat, gleich bei der Zustellung der Urkunde in der Wohnung des Schuldners pfänden. Gegen den Vollstreckungsbescheid kann innerhalb von zwei Wochen nach Zustellung ein Einspruch eingelegt werden. Wird gegen den Vollstreckungsbescheid kein Einspruch eingelegt, so wird dieser rechtskräftig und ist gem. § 794 I Nr. 4 ZPO ein vollstreckbarer Schuldtitel, der ebenfalls 30 Jahre gültig ist (s. § 218 BGB). Wenn ein Schuldner aus wichtigen Gründen (z.B. Krankenhausaufenthalt einer alleinlebenden Person) nicht fristgerecht einen Einspruch gegen einen Vollstreckungsbescheid einlegen kann, so kann auf Schuldnerantrag gem. § 233 ZPO die »Wiedereinsetzung in den vorigen Stand« durch das Amtsgericht gewährt werden. Dieser Antrag ist genau zu begründen und innerhalb einer Frist von 14 Tagen nach »Behebung des Hindernisses« (vgl. § 234 ZPO) zu stellen.

Allgemein gilt: Während ein gerichtliches Mahnverfahren durchgeführt wird, ist es für eine Institution, die Schuldnerberatung wahrnimmt, ohne weiteres möglich, mit dem Gläubiger bzw. dem Prozeßbevollmächtigten außergerichtlich zu verhandeln, z.B. wegen Aussetzung des Verfahrens, oder wegen Ratenzahlungen, Zahlungsaufschub etc. Wenn irgend möglich, sollte unbedingt versucht werden, den Erlaß eines Vollstreckungsbescheides zu verhindern. Dieser Bescheid ist in jedem Fall Voraussetzung für Zwangsvollstreckungsmaßnahmen. Das Gericht kann auf keinen Fall Zahlungserleichterungen etc. gewähren.

Strategie der Gläubigerseite ist es fast ausnahmslos, möglichst schnell einen Schuldtitel zu erlangen – eine sogenannte **»titulierte Forderung«** zu haben –, um daraus dann die Zwangsvollstreckung betreiben zu können.

Amtsgericht
2980 Norden 1

9 B ▮▮▮/82

Herrn

Vollstreckungsbescheid zum Mahnbescheid vom 16.7.82 zugestellt am 23.07.1982

Antragsteller:
Herrn
2980 Norden 1

Rechtsanwälte und Notare
Tel. 0 49 31 ▮▮▮
Kto. ▮▮▮ SA. Hannover

macht gegen – Sie – folgenden Anspruch geltend:
für gelieferte Waren lt. Rechnung vom 8.9.1982, Nr. 1037;
Mahnung ist erfolgt.

Hauptforderung DM 294,80	Zinsen 12 % seit dem 9.9.1981	
Vorgerichtliche Kosten DM 28,32		zzgl. 13 % MWSt auf die Zinsen
Bisherige Kosten des Verfahrens DM 66,98	Gerichtskosten 15,00 / 40,00 / 6,00 / 5,98	
Gesamtbetrag DM 390,10		

Auf der Grundlage des Mahnbescheids ergeht Vollstreckungsbescheid wegen vorstehender Beträge

Hinzu kommen folgende weitere Kostenbeträge: 5,- / 20,- / 3,- / 2,99 insgesamt 30,99

gez. Weigle, Rechtspfleger
Ausgefertigt, Justizangestellter

3.2 Zwangsvollstreckung und Vollstreckungsschutz

Die Erlangung eines vollstreckbaren Schuldtitels – oder kurz eines »Titels« – ist Voraussetzung für Vollstreckungsmaßnahmen irgendeiner Art.

Das wichtigste Instrument der **Zwangsvollstreckung** ist für den Gläubiger die Pfändung, genauer die **Lohn- und Gehaltspfändung** gem. §§ 829 ff. ZPO. In diesen Fällen wird von dem Lohn oder dem Gehalt eine bestimmte Summe lt. der sogenannten »Pfändungstabelle« abgezogen.

Vorläufiges Zahlungsverbot

Häufig geht einer Lohnpfändung noch eine sogenannte Vorpfändung, das »vorläufige Zahlungsverbot« gem. § 845 ZPO voraus. Hiermit soll ein schneller Zugriff auf Geldleistungen für den Gläubiger erreicht werden. Der **Drittschuldner**, meist der Arbeitgeber des Schuldners, wird davon in Kenntnis gesetzt, daß eine Pfändung in bestimmter Höhe aufgrund eines Schuldtitels bevorsteht, und er wird aufgefordert, die pfändbaren Lohnanteile nicht mehr an den Schuldner zu zahlen. Der Schuldner, der ebenfalls eine Ausfertigung dieser Vorpfändungsverfügung über einen Gerichtsvollzieher zugestellt bekommt, wird aufgefordert, »sich jeder Verfügung über die Forderung zu enthalten«. Allerdings ist das vorläufige Zahlungsverbot nur drei Wochen seit dem Tage der Zustellung beim Drittschuldner wirksam. Innerhalb dieser Frist muß dem Arbeitgeber ein Pfändungs- und Überweisungsbeschluß zugestellt werden, ansonsten verliert die Vorpfändung ihre Wirkung.

Ein Beispiel:

Am 1. eines Monats stellt der Gerichtsvollzieher einem Arbeitgeber die Vorpfändung von Gläubiger X zu. Am 15. desselben Monats geht beim Arbeitgeber ein Pfändungs- und Überweisungsbeschluß des Gläubigers Y ein. Am 18. desselben Monats erhält der Arbeitgeber nun den ordentlichen Pfändungs- und Überweisungsbeschluß von Gläubiger X. Da der Pfändungs- und Überweisungsbeschluß von Gläubiger X innerhalb der Dreiwochenfrist dem Arbeitgeber zugestellt wurde, ist die Rechtslage so, als ob der Arbeitgeber den Pfändungs- und Überweisungsbeschluß bereits am 1. des Monats erhalten hätte. Gläubiger X rangiert also vor Gläubiger Y.

Damit wird das Wesen der Vorpfändung deutlich. Die Erteilung eines Pfändungs- und Überweisungsbeschlusses dauert länger als die einer Vorpfändung, da hierfür keine Vollstreckungsklausel (vgl. §§ 724 und 725 ZPO) nötig ist. Häufig wird in der Praxis eine Vorpfändung beim Finanzamt wegen Lohnsteuererstattungen eingereicht.

Lohn- und Gehaltspfändung

Ein **Pfändungs- und Überweisungsbeschluß** wird auf Antrag des Gläubigers (nachdem dieser einen vollstreckbaren Schuldtitel erwirkt hat) vom Amtsgericht (Vollstreckungsgericht), bei dem der Schuldner seinen allgemeinen Gerichtsstand hat, durch einen Rechtspfleger erlassen und dem Drittschuldner sowie dem Schuldner zugestellt. Der Schuldner ist vor Erlaß des Pfändungs- und Überweisungsbeschlusses nicht zu hören (§ 834 ZPO). Hier gibt es allerdings eine Ausnahme: Bevor ein Pfändungs- und Überweisungsbeschluß bezüglich der »bedingt pfändbaren Bezüge«, z.B. bestimmter Renten (§ 850 b ZPO) erlassen wird, soll das Gericht den Schuldner hören. Der Drittschuldner (bei Lohn- und Gehaltspfändung der Arbeitgeber) wird gem. § 829 I ZPO gerichtlich verpflichtet, die pfändbaren Einkommensanteile nicht mehr an den Schuldner zu zahlen. Kommt der Drittschuldner dieser Verpflichtung nicht nach, so macht er sich dem pfändenden Gläubiger gegenüber schadensersatzpflichtig. Der Arbeitgeber hat nach der Zustellung eines Pfändungs- und Überweisungsbeschlusses ab der nächsten Lohn- oder Gehaltszahlung die pfändbaren Beträge an den Gläubiger abzuführen. Der Schuldner muß sich jeder Verfügung über den gepfändeten Teil des Lohnes entziehen und darf diesen auch nicht mehr abtreten. In der Regel verbindet ein Gläubiger den Pfändungs- und Überweisungsbeschluß mit einem Auskunftsbegehren an den Arbeitgeber gem. § 840 ZPO. Der Arbeitgeber ist dann verpflichtet, binnen zwei Wochen nach Zustellung des Pfändungs- und Überweisungsbeschlusses dem Gläubiger zu erklären:

»1. ob und inwieweit er die Forderung als begründet anerkenne und Zahlung zu leisten bereit sei;

2. ob und welche Ansprüche andere Personen an die Forderung machen;
3. ob und wegen welcher Ansprüche die Forderung bereits für andere Gläubiger gepfändet sei.«

Der Drittschuldner muß nur auf diese drei Fragen antworten. Falls der Gläubiger weitere Fragen stellt, ist der Arbeitgeber nicht verpflichtet, hierauf zu antworten.

Diese drei Punkte sind für den Gläubiger bedeutend. Das Wissen, daß dem Gläubiger bestimmte Fakten bekannt sind, kann wiederum für die Schuldnerberatung überaus hilfreich sein (z.B. bei späteren Vergleichsverhandlungen).

Durch Frage 1 kann der Gläubiger davon Kenntnis erlangen, daß der Schuldner nicht mehr beim Arbeitgeber beschäftigt ist, aber auch daß seine Einkünfte nicht pfändbar sind, da sie unter der Pfändungsfreigrenze liegen. Vielfach dürften Gläubiger so Kenntnis davon erhalten, daß ein Schuldner möglicherweise arbeitslos ist, mit der Folge, daß dann ein Pfändungs- und Überweisungsbeschluß dem Arbeitsamt zugestellt wird.

Frage 2 zielt ab auf mögliche, vom Arbeitgeber gewährte Darlehen an den Schuldner und auf vorrangige Abtretungsgläubiger.

Frage 3 bezieht sich auf bereits vorliegende Pfändungen, die dem Range nach vorgehen.

Der Zweck dieser verlangten Erklärung für den Gläubiger ist eindeutig: Er will sich Klarheit über seine Befriedigungsaussichten durch den erlassenen Pfändungs- und Überweisungsbeschluß verschaffen.

Der allgemeine **Pfändungsschutz** ist in den §§ 850–850 k ZPO beschrieben. Welche Beträge überhaupt vom Lohn oder Gehalt pfändbar sind, ist in § 850 ZPO nachzulesen; unpfändbare Bezüge sind in § 850 a aufgelistet und »bedingt pfändbare Bezüge«, die nur gepfändet werden können, »wenn die Vollstreckung in das sonstige bewegliche Vermögen« (vgl. § 811 ZPO) nicht zu einer Befriedigung des Gläubigers geführt hat, sind in § 850 b ZPO aufgeführt. Die sogenannte »**Pfändungstabelle**« (gem. § 850 c ZPO) ist auf den Seiten 148 – 154 abgedruckt und erklärt.

Für die Schuldnerberatung ist es noch wichtig zu wissen, daß mehrere Einkommen auf Antrag des Gläubigers vom Vollstreckungsgericht zusammenzurechnen sind; für den Gläubiger steht somit also ein höherer Pfändungsbetrag zur Verfügung (§ 850 e Nr. 2 ZPO). Allerdings muß der Gläubiger erst einmal Kenntnis von beiden Einkommen erlangen.

Fragen tauchen oftmals im Zusammenhang mit **Pfändungen von Leistungen nach dem SGB** auf. Sozialhilfeleistungen sind grundsätzlich nicht pfändbar (§ 4 BSHG). Andere Sozialleistungen sind gem. § 53 II und III SGB I i.V.m. § 54 II und III SGB I pfändbar, soweit die Pfändung der Billigkeit entspricht, d.h. etwa, daß der Schuldner durch eine Pfändung von Sozialleistungen wie z.B. Arbeitslosengeld oder Kindergeld nicht »hilfebedürftig im Sinne der Vorschriften des BSHG über die Hilfe zum Lebensunterhalt wird«. § 850 e Nr. 2 a ZPO führt dann auch dementsprechend aus, daß Arbeitseinkommen auf Antrag mit Leistungen nach dem SGB zusammengerechnet werden können. Überwiegend geschieht dies bei Pfändungen gegen Beamte; außerdem wird sehr oft eine **Zusammenrechnung** von Arbeitslosengeld oder Arbeitslosenhilfe und Kindergeld bei Pfändungen beantragt (s. auch die Urteilssammlung, S. 156 f.). Ohnehin schon einkommensschwache Schuldner werden so noch mehr »geschröpft«. Oftmals bekommt der Gläubiger nur aufgrund der Zusammenrechnung von Sozialleistungen überhaupt noch kleine Beträge überwiesen.

Es kann gelegentlich in ganz besonders gelagerten Einzelfällen (z.B. bei Personen mit sog. »besonderen sozialen Schwierigkeiten« nach § 72 BSHG) vorkommen, daß sich eine Schuldnerberatungsstelle nach § 328 BGB (Vertrag zugunsten Dritter) bestimmte mit dem Arbeitnehmer vereinbarte Beträge seines Einkommens vom Arbeitgeber direkt abführen läßt. Empfänger dieser abgeführten Beiträge ist der sog. »Drittberechtigte« (diese vertragliche Vereinbarung hat nichts mit einer Abtretung zu tun!). In so einem Falle muß die Schuldnerberatungsstelle wissen, daß im Rahmen einer Pfändung jedoch Restlohn und an den Drittberechtigten abgeführte Beträge zusammengerechnet werden (also zum Gesamtlohn) gem. § 850 h I ZPO! Ein derartiger Vertrag stellt also keinen Schutz vor Pfändungen dar. Anders verhält es sich lediglich bei vorrangigen Abtretungen, die allerdings nur im Rahmen der Pfändungsfreigrenzen möglich sind.

Bei Lohn- und Gehaltspfändungen herrscht das sog. »**Prioritätsprinzip**«, d.h. »wer zuerst kommt, mahlt zuerst«. Die Pfändung, die zuerst beim Arbeitgeber eingeht, genießt den zeitlichen Vorrang und wird zuerst bedient.

Ein Beispiel:

Gläubiger X's Pfändungs- und Überweisungsbeschluß über eine Höhe von DM 55,- incl. Zinsen und Kosten geht beim Arbeitgeber am 1. eines Monats ein. Am 5. desselben Monats geht eine weitere Pfändung über DM 2.500,- zzgl. Zinsen und Kosten von Gläubiger Y ein, und am 10. desselben Monats noch ein Pfändungs- und Überweisungsbeschluß von Gläubiger Z über DM 350,- zzgl. Zinsen und Kosten. Zahltag ist der 15. des Monats. Dem Schuldner können monatlich lt. Pfändungstabelle DM 125,60 gepfändet werden. Gläubiger X erhält als vorrangiger Gläubiger seine Gesamtforderung von DM 55,-. Gläubiger Y erhält im laufenden Monat noch die Differenz zwischen pfändbärem Betrag und vorrangiger Pfändung (DM 125,60 abzgl. DM 55,- der vorrangigen Pfändung), nämlich DM 70,60; in den folgenden Monaten erhält Gläubiger Y den gesamten Pfändungsbetrag. Gläubiger Z als nachrangiger Gläubiger geht vorerst leer aus. Er darf erst bedient werden, wenn Gläubiger Y voll befriedigt ist.

Durch den Eingang eines vorrangigen Pfändungs- und Überweisungsbeschlusses ist der Gläubiger jedoch keineswegs sicher, auch tatsächlich in den Genuß der pfändbaren Lohnanteile zu kommen.

Abtretung

Der Arbeitnehmer kann seine pfändbaren Lohn- und Gehaltsteile bereits vorher *abgetreten* haben. Eine **Lohnabtretung geht einer Pfändung dem Range nach vor.** Abtretbar ist allerdings nur der pfändbare Teil des Lohnes (gem. § 400 BGB).

Ein Beispiel:

Gläubiger X beantragt einen Pfändungs- und Überweisungsbeschluß, der am 1. eines Monats beim Arbeitgeber eingeht. Am 10. desselben Monats geht beim Arbeitgeber eine Abtretungsanzeige ein, von einer Abtretung, die der Arbeitnehmer z.B. ein Jahr zuvor schon unterschrieben hat. Diese Abtretung ist vorrangig gegenüber der Pfändung zu befriedigen. Bei Abtretungen ist also das Ausstellungsdatum der Abtretung maßgebend und nicht das Eingangsdatum beim Arbeitgeber! (Ausnahme: Abtretungen von Lohnsteuererstattungsansprüchen gem. § 46 AO., s. auch S. 118 f.)

Gem. § 399 BGB kann die Möglichkeit der Lohnabtretung durch eine Betriebsvereinbarung oder auch Tarifvertrag verbindlich für den Arbeitnehmer ausgeschlossen sein, d.h. ein Gläubiger kann dann mit einer Abtretung nichts anfangen. Über derartige Ausschlüsse informieren u.a. die gewerkschaftlichen Rechtsschutzstellen. Bei Aufnahme von Konsumentenkrediten wird regelmäßig seitens des Kreditinstitutes eine Lohnabtretung mitverlangt. Daher haben diese Gläubiger in Zwangsvollstreckungsverfahren sehr oft »ihre Nase vorn«.

Unterhaltsforderungen

Einen besonderen Status nehmen **Unterhaltsansprüche** ein (vgl. § 850 d ZPO). Sie sind **vorrangig zu befriedigen**. Die festen Pfändungsfreigrenzen für Arbeitseinkommen gem. § 850c ZPO gelten hier nicht! (§ 850 d ZPO regelt auch die besonderen Pfändungsmöglichkeiten für Rentenansprüche wegen Körperverletzungen.) Durch eine Entscheidung des Vollstreckungsgerichtes wird der pfändungsfreie Betrag für den Schuldner bei derartigen Pfändungen festgelegt. Der Arbeitgeber ist hieran gebunden. »Dem Schuldner ist jedoch soviel (pfandfrei) zu belassen, als er für seinen eigenen notwendigen Unterhalt und zur Erfüllung seiner laufenden gesetzlichen Unterhaltspflichten gegenüber dem Gläubiger vorgehenden Berechtigten oder zur gleichmäßigen Befriedigung der dem Gläubiger gleichstehenden Berechtigten bedarf« (§ 850 d I S 2 ZPO). Einem wiederverheirateten Unterhaltsschuldner muß also im Falle einer Unterhaltspfändung für Kinder aus erster Ehe noch genügend Einkommen verbleiben, damit seine Ehefrau und er ihren laufenden notwendigen Unterhalt decken können. Die Vollstreckungsgerichte setzen diese »Pfändungsfreigrenze« sehr verschieden fest. Es gibt keine einheitlichen Regelungen; einige Gerichte haben selbstentwickelte Richtsätze, andere gehen nach den Einkommensgrenzen gem. § 79 BSHG.

Den Differenzbetrag, der sich aufgrund einer gerichtlichen Entscheidung gem. § 850 d ZPO und der allgemeinen Pfändungsfreigrenze gem. § 850 c ZPO ergibt, nennt man »**Vorrechtsbereich**«. Dieser Betrag steht also ausschließlich für Unterhaltspfändungen zur Verfügung und nur auf diesen Vorrechtsbereich bezieht sich die Vorrangigkeit von Unterhaltspfändungen. Die Rangfolge verschiedener unterhaltsberechtigter Personen im Vorrechtsbereich sieht folgendermaßen aus:

1. Minderjährige unverheiratete Kinder; der Ehegatte oder frühere Ehegatte, sowie Ansprüche der Mutter eines nicht ehelichen Kindes (allesamt gleichrangig),
2. z.B. volljährige Kinder (»übrige Abkömmlinge«),
3. z.B. unterhaltsberechtigte Eltern (»Verwandte aufsteigender Linie«).

Kontenpfändung

Eine vom Gläubiger erwirkte **Kontenpfändung** nach § 850 k ZPO, bei »wiederkehrenden Einkünften« (Lohn und Gehalt) ist auf Antrag des Schuldners wieder aufzuheben, wenn »das Guthaben dem der Pfändung *nicht* unterworfenen Teil der Einkünfte für die Zeit von der Pfändung bis zum nächsten Zahlungstermin entspricht« (vgl. auch § 811 Nr. 8 ZPO). Hierfür muß innerhalb von 14 Tagen nach Zustellung des Kontenpfändungsbeschlusses beim Amtsgericht ein sog. »Freigabeantrag« gestellt werden, damit das Gericht festlegt, welche Beträge dem Schuldner auszuzahlen sind.

Zur **Kontenpfändung von Sozialleistungen** führt § 55 SGB I aus, daß eine Forderung **für die Dauer von sieben Tagen** seit Gutschrift **unpfändbar** ist. Der Schuldner muß also innerhalb dieser Frist durch Abhebung oder Überweisung über den Betrag verfügt haben. Falls dem Kreditinstitut nicht bekannt sein sollte, ob es sich bei einer Gutschrift um eine Leistung nach dem SGB handelt, so muß der Schuldner dies dem Unternehmen, z.B. durch Vorlage eines Bescheides, nachweisen. Falls nach der 7-Tagesfrist gepfändet wird, so kann aufgrund einer vom Schuldner eingelegten »Sofortigen Erinnerung« das Vollstreckungsgericht feststellen, ob oder wieviel gepfändet werden kann. Es obliegt in jedem Fall dem Schuldner, die Unpfändbarkeit nachzuweisen, er muß initiativ werden. Sparguthaben (auch Bausparguthaben etc.) sind pfändbar und fallen nicht unter § 850 k ZPO, da diese Bestimmung nur auf wiederkehrende Leistungen abzielt.

Die Zwangsvollstreckung kann auch aufgrund vorliegender **Kostenfestsetzungsbeschlüsse** (§ 794 I Nr. 2 ZPO) betrieben werden. Häufig lassen sich Rechtsanwälte die Kostenansprüche für ihr Tätigwerden in besonders gelagerten Gerichtsverfahren titulieren. Bei Kostenfestsetzungsbeschlüssen geht es also oft um zu zahlende Rechtsanwaltskosten.

Für die Schuldnerberatung ist neben dem Wissen um die verschiedenen Möglichkeiten der Zwangsvollstreckung insbesondere die Frage wichtig, welche **Vollstreckungsschutzmaßnahmen** für einen Schuldner eingeleitet werden können.

Vollstreckungsschützende Maßnahmen

Hier kommt zunächst gem. § 850f I ZPO die Möglichkeit in Betracht, daß ein Vollstreckungsgericht auf Antrag des Schuldners eine **Änderung des unpfändbaren Betrages** vornimmt, d.h. dem Schuldner wird ein Teil des an sich pfändbaren Arbeitseinkommens belassen, also der Pfändungsfreibetrag erhöht. Dies ist möglich, wenn »besondere Bedürfnisse des Schuldners aus persönlichen oder beruflichen Gründen, oder der besondere Umfang der gesetzlichen Unterhaltspflichten des Schuldners, insbesondere die Zahl der Unterhaltsberechtigten, dies erfordern.« Diese Härteklausel kann bei allen Pfändungen in Anwendung gebracht werden, also auch bei Unterhaltspfändungen. »Besondere Bedürfnisse« bei einem Schuldner können z.B. sein: Krankenhaus- oder Kuraufenthalt, erhebliche Aufwendungen infolge einer Krankheit, hohe Fahrtkosten zu einer auswärts liegenden Arbeitsstätte. Diese Bestimmung greift aber auch, wenn besondere Unterhaltsverpflichtungen vorliegen (z.B. für ein nicht eheliches Kind, von dem der Arbeitgeber nichts weiß). Allerdings heißt es in § 850 f I ZPO auch: »... und überwiegende Belange des Gläubigers nicht entgegenstehen«. Solche anerkannten Belange sind z.B. dann gegeben, wenn der Gläubiger schon sehr lange auf seine Forderung wartet, oder er durch eine Ratenreduzierung in eine Notlage kommt. Daher wird es häufig schwierig sein, Erleichterungen über § 850 f ZPO zu erwirken. Die Rechtspositionen sind für den Gläubiger sehr viel stärker. Bezüglich der »Änderung der Unpfändbarkeitsvoraussetzung« ist auch § 850 g ZPO zu beachten.

Ein Schuldner kann als Rechtsmittel »**Erinnerung**« gegen »Art und Weise der Zwangsvollstreckung« gem. § 766 ZPO einlegen (Muster s. S. 165). Dies kann unbefristet geschehen, im Schuldnerinteresse sollte die »sofortige Erinnerung« aber binnen zwei Wochen nach Zustellung des Pfändungs- und Überweisungsbeschlusses eingelegt werden. Dies gilt insbesondere dann, wenn der Schuldner eine andere, für ihn günstigere Festsetzung des pfandfreien Betrags beantragen will (z.B. bei Unterhaltspfändungen gem. § 850 d ZPO). Aber auch andere berechtigte Gründe sind denkbar, so etwa, wenn ein Schuldner durch eine Pfändung zum Sozialhilfeempfänger würde. Dies wären Gründe, die nicht der Billigkeit entsprechen würden (etwa bei bedingt pfändbaren Bezügen gem. § 850 b ZPO; obwohl hier ausnahmsweise, wie schon erwähnt, der Schuldner vor Entscheidung des Vollstreckungsgerichtes gehört werden soll gem. § 850 b III ZPO). Eine Erinnerung sollte der Schuldner unbedingt auch dann einlegen, wenn der Gläubiger z.B. zwischenzeitlich eine Sachpfändung durchführen ließ, oder sonstwie einen verwertbaren Gegenstand des Schuldners in seinen Besitz gebracht hat (vielleicht durch »rabiate Außendienstmitarbeiter«); es gibt ein Verbot der Überpfändung! Die Entscheidung über eine Erinnerung ergeht durch das Amtsgericht übrigens immer gebührenfrei.

Gegen den Beschluß, der aufgrund einer eingelegten Erinnerung ergeht, ist als Rechtsmittel innerhalb von zwei Wochen seit Zustellung die »**sofortige Beschwerde**« (§ 793 ZPO) möglich. Wird ein Pfändungs- und Überweisungsbeschluß zugunsten des Schuldners durch eine Erinnerung oder sofortige Beschwerde aufgehoben, so ist es dem Gläubiger allerdings auch möglich, hiergegen seinerseits eine sofortige Beschwerde einzureichen. Selbst wenn sein Rechtsmittel dann Erfolg hätte, so müßte er dennoch einen neuen Pfändungs- und Überweisungsbeschluß erwirken. Bei Einlegung einer sofortigen Beschwerde wird eine volle Gebühr (gem. GKG) berechnet, aber nur, wenn die Beschwerde infolge Unzulässigkeit zurückgewiesen wird. Sollte eine Forderung, die dem Pfändungs- und Überweisungsbeschluß zugrunde liegt, gar nicht mehr bestehen, etwa weil der Schuldner zwischenzeitlich diese Forderung getilgt hat, und der Gläubiger trotzdem weiterpfändet, so kann der Schuldner eine **Vollstreckungsabwehrklage** (auch Vollstreckungsgegenklage) gem. § 767 ZPO einreichen. Wenn Eile geboten ist, kann der Schuldner gem. § 769 ZPO gleichzeitig beantragen, die **Zwangsvollstreckung »einstweilen einzustellen«**.

Wenn ein Arbeitgeber zu viel pfändet, kann der betroffene Schuldner das Arbeitsgericht anrufen. Allerdings sollte hier zuerst eine einvernehmliche Regelung zwischen dem Schuldnerberater und dem jeweiligen Lohnbüro erwirkt werden.

Eine **generelle Vollstreckungsschutzvorschrift** ist in der ZPO durch § 765 a gegeben. Auf Antrag des Schuldners kann eine Zwangsvollstreckungsmaßnahme ganz oder teilweise aufgehoben, oder einstweilen eingestellt werden, wenn sie wegen ganz besonderer Umstände eine Härte für den Schuldner bedeutet, die mit den guten Sitten nicht vereinbar ist. Bei dieser »Härtevorschrift« müssen allerdings auch »die Schutzbedürfnisse des Gläubigers einer vollen Würdigung« unterzogen werden. Als besondere Härte werden für den Schuldner anerkannt: z.B. Krankheit, auch psychische; bevorstehende Entbindung.[32] § 765 a ZPO stellt eine Ausnahmevorschrift dar. Sämtliche Anträge auf vollstreckungsschützende Maßnahmen kann der Schuldner übrigens ohne anwaltliche Hilfe stellen.

Eidesstattliche Versicherung
Wenn alle Pfändungsversuche für einen Gläubiger fruchtlos verlaufen sind, wird meistens ein Antrag auf Abgabe der **Eidesstattlichen Versicherung (EV)** gestellt. Früher hieß die EV (§ 807 ZPO) Offenbarungseid (OE). Die Eidesstattliche Versicherung ist die Abgabe eines Vermögensverzeichnisses auf einem vom Amtsgericht zugeschickten Vordruck, der an »Eides statt« unterschrieben werden muß. Dieser Makel wirkt auf viele Schuldner beängstigend, sicher nicht ganz zu Unrecht. Das Vollstreckungsgericht hat ein für jedermann einsehbares **Schuldnerverzeichnis** (§ 915 ZPO) zu führen, das meist auch über die Industrie- und Handelskammern den Gewerbetreibenden und Kaufleuten der Region zugänglich gemacht wird (dies ist möglich aufgrund einer besonderen Rechtsvorschrift des Bundesministers der Justiz; vgl. § 915 IV ZPO). Durch den Eintrag in die sog. »schwarze Liste« geht die Kreditwürdigkeit des Schuldners endgültig verloren.

Für den Schuldner gibt es allerdings Möglichkeiten, die EV zu umgehen, meist aber nur bei kleineren Schuldbeträgen. Wichtig ist auf jeden Fall, daß der Schuldner den anberaumten EV-Abgabetermin auch pünktlich wahrnimmt. Zum einen kann der Schuldner dem Rechtspfleger beim EV-Termin folgendes erklären: »Ich (Schuldner) bin nicht bereit, die EV abzugeben. Statt dessen werde ich beim Gläubiger die bestehende Schuld in monatlichen Raten i.H.v. .... zurückzahlen. Hierzu bin ich in der Lage.« Möglichst sollte die Laufzeit der Ratenzahlungen ein halbes Jahr nicht übersteigen, und gut ist es auch, evtl. schon vor dem Antrag auf EV-Abgabe entsprechende Ratenzahlungsverhandlungen mit dem Gläubiger geführt zu haben. In der Regel wird dann der EV-Termin vertagt, wenn die Darlegungen des Schuldners plausibel scheinen. Allerdings ist dies eine »Ermessensentscheidung«; im übrigen muß der Gläubiger zustimmen. Nach § 900 IV ZPO kann der Schuldner aber auch, als zweite Möglichkeit der EV-Verhinderung, dem Gericht glaubhaft machen, daß er die Forderung innerhalb von drei Monaten tilgen kann. In diesem Fall kann das Gericht den Termin auch um drei Monate vertagen. Weist der Schuldner dann in dem neuen Termin nach, daß er die Forderung mindestens zu 2/3 inzwischen bezahlt hat, so kann das Gericht den Termin zur EV-Abgabe nochmals bis zu sechs Wochen verschieben. Insgesamt kann so also eine 19-wöchige Frist erreicht werden. Meist kommen die Gerichte diesem Begehren entgegen, und obwohl dem Gläubiger das Rechtsmittel der »sofortigen Beschwerde« gegeben ist, wird er hiervon keinen Gebrauch machen, wenn das Geld auch tatsächlich kommt. Falls wegen kleiner Forderungen eine EV beantragt wurde, so läßt sie sich so häufig verhindern. Eine EV braucht ohnehin nur abgegeben zu werden, wenn nicht innerhalb der letzten drei Jahre schon einmal eine abgegeben wurde, es sei denn, es sind grundlegende Änderungen beim Schuldner eingetreten (s. § 903 ZPO).

Wenn ein Schuldner zum festgesetzten EV-Abgabetermin nicht erscheint, so wird auf Antrag des Gläubiger ein **Haftbefehl** erlassen. Dies wirkt auf viele Schuldner überaus angstauslösend. In der Regel erscheint der Gerichtsvollzieher bei dem Schuldner, um den Haftbeschluß zuzustellen, und »überredet« ihn nun, doch die EV abzugeben. Tut er dies, steht im Schuldnerverzeichnis allerdings trotzdem: »Haftbefehl wurde erlassen gegen .... « Nur gegen ganz verbohrte Schuldner kann gem. § 901 ZPO tatsächlich eine sog. »Erzwingungshaft« angeordnet werden, die allerdings nicht länger als sechs Monate dauern darf (§ 913 ZPO). Der Verhaftete kann während der Haft jederzeit die EV abgeben und wird aus der Haft entlassen. Es sind dem Autor allerdings keine derartigen Inhaftierungsfälle bekannt. Dem Schuldner sollte im Falle eines EV-Abgabetermines unbedingt empfohlen werden,

1. den Termin unbedingt wahrzunehmen,
2. die EV abzugeben, bzw. die beschriebenen Ratenzahlungsvereinbarungen zu treffen.

Eine Eidesstattliche Versicherung ist nach Ausgleich der betreffenden Forderung löschbar (der Gläubiger muß hierzu seine Einwilligung geben) und außerdem muß eine EV-Eintragung im Schuldnerverzeichnis ohnehin nach drei Jahren, gerechnet ab dem Jahr, indem sie erfolgte, automatisch gelöscht werden.

Es sollte aber auch nicht verkannt werden, daß eine mögliche EV-Abgabe für tatsächlich unwirtschaftlich lebende Schuldner eine gewisse Schutzfunktion darstellt. Es wird ihnen nämlich erheblich schwieriger gemacht, sich weiter zu überschulden. In der Regel wird es in der Schuldnerberatung aber darum gehen, eine EV zu verhindern bzw. deren Löschung zu ermöglichen.

In aller Regel wird die Zwangsvollstreckung von dem Gläubiger mit aller Härte und Konsequenz durchgezogen. Es herrscht bei der Gläubigerseite die Meinung vor: »Einem säumigen Zahler ist nur durch Härte und gerichtliche Schritte beizukommen!« Dabei dürfte oft verkannt werden, daß es für einen Schuldner »objektive Gründe« für eine momentane Zahlungsunfähigkeit gibt. Außergerichtliche Vereinbarungen mit der Gläubigerseite, gerade dann, wenn sich eine Schuldnerberatungsstelle eingeschaltet hat, sind vielfach wirksamer als gerichtliche Maßnahmen. Durch Pfändungen und gerade auch die EV-Abgabe wird der Schuldner gänzlich kreditunwürdig und die Möglichkeit für eine ordentliche Umschuldung ist ausgeschlossen. Derart stigmatisiert aufgrund eines sturen Vorgehens der Gläubigerseite bzw. ihrer beauftragten Rechtsanwälte, wird ein Schuldner immer weiter in die Zahlungsunfähigkeit getrieben – nicht allerdings, wie vielfach behauptet, in eine Zahlungsunwilligkeit!

3.3 Schuldengruppen und Gläubigerstruktur

In der Schuldnerberatung bekommt man es mit sehr unterschiedlichen Schulden zu tun, d.h. sehr verschiedene Gläubiger erheben gegen einen Schuldner ihre Forderungen. Für die praktische Vorgehensweise bei

Schuldenregulierungsverfahren ist es daher hilfreich, etwas über die besonderen Charakteristika bestimmter Schulden zu wissen. Was bewirken z.B. Mietschulden; worauf ist bei Bankenschulden zu achten? Auch ist es nützlich, einiges über die Struktur, die Arbeitsweise und gewisse Abläufe bei bestimmten Gläubigergruppen zu wissen. Ein Unternehmen, dessen Vorgehensweise und Aufbau etwas transparent ist, verliert seinen »Übermachtcharakter«.

Die folgenden Darlegungen versuchen, ohne einen Anspruch auf eine umfassende Information erheben zu wollen, speziell für die Schuldnerberatung relevante Fakten praxisnah darzustellen.

3.3.1 Primärschulden

Unter den sog. **Primärschulden** versteht man Mietschulden und Energieschulden (z.B. bei Gas-, Strom-, Wasserversorgungsunternehmen). Gerade diesen Schulden kommt in zweifacher Hinsicht eine besondere Bedeutung für die Schuldnerberatung zu. Zum einen, weil sie für den betroffenen Schuldner zu existentiellen Einschnitten in seinem Leben führen können, etwa Unterbrechung der Energiezufuhr oder Zwangsräumung der Wohnung. Von keinen anderen Schulden kann ein Privathaushalt so gravierend getroffen werden wie von Primärschulden. Dementsprechend sensibel reagieren auch meist die Schuldner selbst darauf. Zum anderen kommt den Primärschulden, und hier insbesondere den Mietschulden, eine gewisse »Seismographenfunktion« zu: Durch diese Schulden wird sehr oft überhaupt die gesamte Überschuldung erst offenbar. Zahlungen an den Vermieter und den Energieversorger werden erfahrungsgemäß am längsten geleistet und erst dann eingestellt, wenn wirklich nichts mehr zu machen ist. Daher kann für die Schuldnerberatung die wichtige *Kernthese* formuliert werden: **Einen Schuldner, der Mietschulden hat, belasten immer noch andere Schulden!**

Es ist darum sehr kurzsichtig, sich in so einem Fall lediglich auf die Begleichung von Primärschulden zu beschränken; ein erneuter Zahlungsverzug ist in der Regel vorprogrammiert. Daher sollte beim Bekanntwerden von Miet- oder Energieschulden gezielt auch nach anderen Verpflichtungen gefragt werden, um diese unbedingt im Rahmen einer Gesamtsanierung mit zu berücksichtigen.

Mietschulden

Der Problembereich **Mietschulden** soll hier anhand von großen (gemeinnützigen) Wohnungsbaugesellschaften dargestellt werden. Alle großen Wohnungsbaugesellschaften gehen von einem von vornherein mit einkalkulierten Mietausfallrisiko aus. So beträgt dies z.b. bei der »Neuen Heimat« in Norddeutschland 4 % vom Mietgesamtaufkommen. Diese Quote dürfte stellenweise sicherlich noch überschritten werden. Bekanntlich müssen für Sozialwohnungen längst nicht mehr auch »soziale« Mieten gezahlt werden (teilweise sind die Mieten in Sozialwohnungen inzwischen so hoch geworden, daß sie von den Sozialhilfeträgern nicht mehr für Sozialhilfeempfänger in voller Höhe übernommen werden!). Die **fristlose Kündigung** durch den Vermieter ist gem. § 554 BGB möglich, wenn ein Mieter entweder an zwei aufeinanderfolgenden Terminen mit der Entrichtung *eines* Mietzinses (= 1 Monatsmiete), oder eines nicht unerheblichen Teils des Mietzinses in Verzug ist, oder er über einen längeren Zeitraum mit Teilbeträgen in Rückstand ist, die zusammengerechnet die Höhe von zwei Monatsmieten ergeben. (Ein »nicht unerheblicher Teil des Mietzinses« ist mehr als eine volle Monatsmiete.) Die Wohnungsbaugesellschaften sprechen automatisch eine fristlose Kündigung aus, wenn zwei aufeinanderfolgende Mietzahlungen ausgeblieben sind. Meist verwenden die Gesellschaften Musterschreiben für diese häufig vorkommenden fristlosen Kündigungen. In den meisten Orten der BRD gibt es inzwischen die Regelung, daß die Wohnungsbaugesellschaft die örtlichen Sozialämter von der fristlosen Kündigung nachrichtlich in Kenntnis setzt. Dies ist sinnvoll. Es besteht so eine Möglichkeit, relativ frühzeitig einzugreifen.

Wenn eine fristlose Kündigung beim Schuldner eingegangen ist, gibt es noch einige Möglichkeiten für die Schuldnerberatungsstelle, hier tätig zu werden. Zum einen kann man trotz einer fristlosen Kündigung immer noch mit dem Wohnungsbauunternehmen verhandeln, z.B. wegen ratenweiser Rückführung der Mietrückstände. Gerade wenn triftige Gründ für den Zahlungsverzug genannt werden können (z.B. plötzliche Arbeitslosigkeit und lange Bearbeitungszeit beim Arbeitsamt bis zur ersten Arbeitslosengeldzahlung), sind meist noch Verhandlungsspielräume gegeben. Wenn geeignete Zahlungsvorschläge unterbreitet werden können, wird man möglicherweise das Einreichen einer Räumungsklage verhindern können. Einige Unternehmen reichen allerdings noch am Tage der fristlosen Kündigung eine Räumungsklage ein. Hier wird es mit Verhandlungen schwieriger. Es hat sich als besonders hilfreich herausgestellt, zu den Mahnabteilungen der Wohnungsbaugesellschaften »einen guten informellen Draht« zu entwickeln. Vielfach läßt sich so telefonisch schon etwas erreichen.

Den Mietschulden stehen selbstverständlich die Mietnebenkosten (z.B. Heizkostenpauschalen) gleich. Sie werden mit in die Mietschulden eingeschlossen.

Eine fristlose Kündigung wird gem. § 554 II Nr. 2 BGB dann automatisch unwirksam, wenn innerhalb eines Monats, nachdem sie ausgesprochen wurde, der Mietrückstand ausgeglichen wird. Dies gilt allerdings nicht, »wenn der Kündigung vor nicht länger als zwei Jahren bereits« eine fristlose Kündigung vorausgegangen ist, und das Mietverhältnis nach Ausgleich dennoch fortgesetzt wurde. Die Wohnungsbaugesellschaften können allerdings auch mit einem Mieter das Mietverhältnis fortsetzen, der schon mehrere fristlose Kündigungen erhalten hat.

Im Falle des Auftretens von Mietschulden sollte unbedingt genau geprüft werden, ob der Mieter das ihm zustehende **Wohngeld** beantragt hat. Zu beachten ist insbesondere, daß bei Schwankungen des Einkommens bzw. der Miete von mehr als 15 % Änderungsanträge bei der zuständigen Wohngeldstelle eingereicht werden können (d.h. konkret, wenn ein Mieter während des von der Wohngeldstelle festgelegten Bewilligungszeitraumes arbeitslos wird und sich sein Einkommen drastisch verändert, steht ihm jederzeit die Möglichkeit offen, einen Wohngeldänderungsantrag zu stellen). Vielfach wird das Wohngeld seitens der Wohngeldstelle direkt an die Wohnungsbaugesellschaft überwiesen. Dies hat in Einzelfällen den Vorteil, daß der Mietzuschuß auch wirklich für die anteilige Mietzahlung verwandt wird. Falls hier nun durch einen Fehler der Wohngeldstelle (z.B. Angabe einer falschen Verwaltungseinheitsnummer) das Wohngeld nicht rechtzeitig bei dem Unternehmen eingeht, so dürfte den Mieter kein Verschulden treffen, denn gem. § 285 BGB kommt der Schuldner nicht in Verzug, falls eine Zahlung »infolge eines Umstandes unterbleibt, den er nicht zu vertreten hat«.

In § 554 II Nr. 2 BGB heißt es u.a. auch: »... oder eine öffentliche Stelle sich zur Befriedigung verpflichtet.« Hiermit sind die **Möglich-**

keiten nach § 15 a BSHG angesprochen. Offiziell muß sich der Sozialhilfeträger auch innerhalb der Schonfrist von einem Monat nach Zugang der fristlosen Kündigung beim Mieter der Wohnungsbaugesellschaft gegenüber zur Zahlung verpflichten. Die Hilfsmöglichkeiten des § 15 a BSHG sehen insbesondere Maßnahmen »zur Sicherung der Unterkunft oder zur Behebung einer vergleichbaren Notlage« vor und können vom Träger der Sozialhilfe nicht eng ausgelegt werden. In der Regel wird die Hilfe nach § 15 a BSHG in Form eines Darlehens gewährt.

So führen *Schellhorn/Jirasek/Seipp* in ihrem BSHG-Kommentar zu § 15 a aus, daß »insbesondere auch die Übernahme von Schuldverpflichtungen in Frage kommen« kann. Obwohl § 15 a BSHG nur eine Kann-Leistung darstellt, ist der Sozialhilfeträger in seinem Ermessen »in nicht unerheblichem Umfang eingeengt«. Der Träger der Sozialhilfe hat »alles zu unternehmen, um eine unmittelbar bevorstehende Obdachlosigkeit zu verhindern«.[33] Daher fällt insbesondere die **Übernahme von Mietrückständen** unter § 15 a BSHG.[34] »Entscheidend muß für den Träger der Sozialhilfe im übrigen – auch wenn der Bedarf selbst verschuldet ist – sein, ob eine Notlage besteht, die der Hilfesuchende aus eigener Kraft nicht beseitigen kann und die für seine weitere Existenz bedrohlich sein kann.«[35]

Daher sollten Schuldnerberatungsstellen gut begründete Anträge, die insbesondere auch Aussagen über die künftigen Mietzahlungsmöglichkeiten enthalten sollten (z.B. weitere Begleitung des Schuldners durch die Beratungsstelle, Einrichtung eines Dauerauftrags, Umleitung der Wohngeldbeträge direkt auf das Konto der Wohnungsbaugesellschaft, Erhöhung des mtl. Einkommens etc.), bei den Sozialämtern einreichen und somit versuchen, eine notwendige, extensive Auslegung des § 15 a BSHG durchzusetzen. Leider zeigen sich viele Sozialhilfeträger überaus zurückhaltend bei der Anwendung dieser Hilfsmöglichkeiten. Seitens der Kommunen wird meist argumentiert, daß man durch eine allzu leichtfertige Übernahme dem Schuldenmachen Tür und Tor öffnen würde. Außerdem wird oft angeführt, daß, bedingt durch das zu hohe Einkommen, eine Hilfegewährung angeblich nicht möglich sei. Dies ist um so verwunderlicher, als ausdrücklich darauf verwiesen wird, daß Hilfen gem. § 15 a BSHG gerade nicht beschränkt sind auf Empfänger von laufender Hilfe zum Lebensunterhalt; »vielmehr wird es gerade in Fällen, in denen der laufende Lebensunterhalt zwar aus eigenem Einkommen bestritten werden kann, das vorhandene Einkommen aber für den weiteren, zusätzlichen Bedarf nicht ausreicht, angemessen sein, Hilfe nach dieser Vorschrift zu gewähren.«[36]

Räumungsklage

Sollten Hilfsmöglichkeiten nach § 15 a BSHG nicht greifen und kann somit nicht gleich nach Eingang einer fristlosen Kündigung reagiert werden, so wird der Mieter mit einer **Räumungsklage** konfrontiert. Vielfach sind die Wohnungsbauunternehmen schon dazu übergegangen, diese Klagen nach Mustervorlage selbst, also ohne Einschaltung eines Rechtsanwaltes zu erheben, um die Kosten geringer zu halten. Der Streitwert bei einer Räumungsklage ist die 12-fache Monatsmiete, also eine Jahresmiete (d.h. bei einer mtl. Miete von DM 650,- kommt also ein Streitwert von DM 7.800,- heraus; hiernach werden die Gerichtskosten und die Anwaltsgebühren berechnet!). Sehr oft werden die Räumungsklagen bei den Amtsgerichten im Rahmen eines schriftlichen Verfahrens durchgeführt; d.h. der Mietschuldner erhält eine Abschrift der Klage nebst Anlagen (Beweisstücke) und die Aufforderung vom Gericht, sich innerhalb einer bestimmten festgesetzten Frist zu erklären. Bringt der Mietschuldner keine stichhaltigen Argumente vor, oder geht dem Gericht gar keine Stellungnahme zu, so entscheidet es nach Aktenlage und demnach i.d.R. gegen den Schuldner. Für den Schuldner ist es aber auf jeden Fall wichtig, eine **angemessene Räumungsfrist** zu erlangen. Daher sollte der Mietschuldner auf keinen Fall seine Erklärung dem Gericht gegenüber versäumen, sondern (ggf. verbunden mit einer Anerkennung der Mietschulden) einen Antrag auf Gewährung einer angemessenen Räumungsfrist gem. § 721 ZPO stellen. Wenngleich das Gericht auch von Amts wegen eine Räumungsfrist festlegen kann, so ist es doch besser, daß der Schuldner sich hören läßt, da dies vom Gericht meist positiv bewertet wird. Die Frist kann auf Antrag des Schuldners jeweils spätestens zwei Wochen vor Ablauf der bereits gewährten Räumungsfrist verlängert werden; die Räumungsfrist darf aber insgesamt nicht mehr als ein Jahr betragen (§ 721 III und V ZPO); d.h., bestenfalls kann der Schuldner noch rund 12 Monate nach dem Räumungsurteil in der Wohnung bleiben. Der Vermieter kann gegen die Festlegung einer Räumungsfrist »sofortige Beschwerde« einlegen bzw. seinerseits einen Antrag auf Verkürzung der Frist stellen.

Diese Ausführungen machten deutlich, daß ein Räumungsurteil einerseits und die tatsächliche Räumung der Wohnung andererseits zwei sehr unterschiedliche Dinge sind, die zeitlich oftmals weit auseinander liegen. Ein Mietschuldner braucht also keine Angst zu haben, daß am Tage nach der Verkündigung eines Räumungsurteils der Gerichtsvollzieher mit einem Möbelwagen vor dem Haus steht. Es kommt sehr oft vor, daß ein Mietverhältnis trotz eines ergangenen Räumungsurteils fortgeführt wird, wenn die Mietschulden und die Verfahrenskosten getilgt wurden und die Wohnungsbaugesellschaft der Fortsetzung des Mietverhältnisses zustimmt. Allerdings kann die Gesellschaft im Falle eines kurze Zeit später erneut folgenden Mietzahlungsverzuges sofort aus dem vorliegenden Urteil vollstrecken und ggf. auch einen Räumungstermin beantragen (ein Räumungsurteil ist in jedem Fall ein Schuldtitel). Dies ist jedoch nur ca. ein Jahr lang möglich; danach ist der Räumungstitel verwirkt (so z.B. ständige Rechtsprechung in Berlin). Kommt es tatsächlich zu einer Räumung, so ist das Ordnungsamt für die weitere Unterbringung etwa in einem Obdach zuständig. Vielerorts sind die vorhandenen »Schlichtwohnungen« und Obdächer allerdings permanent belegt, so daß oft seitens der Ordnungsbehörde die bisherige Wohnung beschlagnahmt wird und der Mieter bis auf weiteres dort wohnen bleiben kann.

Die großen Wohnungsbaugesellschaften arbeiten mit der SCHUFA (s. S. 72 f.) zusammen und melden entsprechende »Negativmerkmale«, z.B. eben ein Räumungsurteil. So kommt es, daß ein Mieter mit titulierten Mietschulden meist auch bei anderen Wohnungsbaugesellschaften keine neue Wohnung findet und für ihn die Wohnungssuche somit enorm erschwert wird.

Energieschulden

Für die zweite große Gruppe der Primärschulden, **Rückstände bei Energieversorgungsunternehmen**, gibt es einige spezielle Tips zur Vorgehensweise. Zunächst einmal ist wiederum an § 15 a BSHG zu erinnern. Die Übernahme von Energierückständen ist ebenso vorgesehen wie die von Mietrückständen; z.B., wenn die Sperrung der Energiezufuhr droht und die Hilfe insgesamt »gerechtfertigt ist«.[37] Es gilt auch hier im wesentlichen das bereits Gesagte.

Häufig wird man allerdings in direkten Verhandlungen mit den jeweiligen Energieversorgungsunternehmen zu wirkungsvollen Einigungen kommen können. Hier gibt es drei Möglichkeiten:

1. Es besteht natürlich auch hier die Möglichkeit, Ratenzahlungsvereinbarungen zu treffen (z.B. alle zwei Monate von Kindergeldzahlungen; größere Summe vom Erstattungsbetrag des Lohnsteuerjahresausgleichs etc.).

2. Eine besondere Form der Ratenzahlung wäre die, daß seitens des Versorgungsunternehmens die monatliche (oder 2-monatliche) Abschlagsrate entsprechend einer Vereinbarung zwischen der Schuldnerberatungsstelle und dem Unternehmen erhöht wird und somit die bestehenden Verbindlichkeiten abgetragen werden. Gerade wenn das Versorgungsunternehmen bisher seine Abschläge im Einzugsverfahren (per Lastschrift) immer regelmäßig erhalten hat und die Rückstände nicht aufgrund von Rücklastschriften (d.h. mangels Deckung nicht eingelöster Lastschriften) entstanden sind, kann man hier Verhandlungsbereitschaft erwarten. Falls es gravierende Schwierigkeiten geben sollte, etwa mit Stadtwerken, hinter denen immer die jeweilige Stadt als Gesellschafter steht, sollte man sich nicht scheuen, Kommunalpolitiker auf die Problematik anzusprechen.

3. Für Verbraucher, die nachweislich große Schwierigkeiten mit dem Energieverbrauch und dessen Bezahlung haben, sollte die Möglichkeit überdacht werden, in diesen speziellen Einzelfällen **Münzautomaten** in der Wohnung anzubringen. Der Abnehmer muß vorher eine entsprechende Münze einwerfen, bevor er die benötigte Energie verbrauchen kann. Entsprechend seines tatsächlichen Verbrauchs muß er mehr oder weniger häufig nachwerfen. Neben einer wichtigen pädagogischen Komponente (Sparsamkeitstraining) ist für den Abnehmer auch wieder ein direkter Bezug zwischen Bezahlung und Energieverbrauch hergestellt. Das übliche Zahlungsver-

fahren (mtl. Abschläge, eine Jahresabrechnung) ist für viele Energieverbraucher sicher sehr anonym und birgt von daher die Möglichkeit in sich, »bezugslos« Energie zu verbrauchen. Diese Gefahr könnte somit bei bestimmten Verbrauchern durch die Installation von Münzautomaten ausgeschaltet werden. Allerdings darf diese Regelung nur auf Einzelfälle beschränkt bleiben und nicht bei jedem Energiekostenschuldner generell in Anwendung gebracht werden! Diese Regelung hat auch nichts zu tun mit z.B. von Sozialämtern aufgestellten Spirituskochern in Wohnungen!

Sollte tatsächlich einmal die Sperrung der Anlage durch das Energieversorgungsunternehmen anstehen, sei hier ein möglicher weiterer Hinweis zur **Verhinderung der Sperrung** gegeben. In den jeweiligen »Verordnungen über allgemeine Bedingungen für die Gas-/Strom-/Wasserversorgung von Tarifkunden« (AVB ... V) gibt es jeweils einen Paragraphen »Einstellung der Versorgung, fristlose Kündigung«, in dem es u.a. heißt: »... bei Nichterfüllung einer Zahlungsverpflichtung trotz Mahnung ist das Versorgungsunternehmen berechtigt, die Versorgung zwei Wochen nach Androhung einzustellen. Dies gilt nicht, wenn der Kunde darlegt, daß die Folgen der Einstellung außer Verhältnis zur Schwere der Zuwiderhandlung stehen und hinreichende Aussicht besteht, daß der Kunde seinen Verpflichtungen nachkommt.« Zu berücksichtigende Gründe wären allemal: kleine Kinder im Haushalt, ältere, behinderte oder bettlägerige Personen im Haushalt, ggf. auch eine volle Tiefkühltruhe, deren Inhalt dem Energieschuldner einerseits erhebliche Geldbeträge gekostet hat und andererseits den Haushaltsangehörigen als Nahrung dient, die im Falle der Sperrung verderben würde. Als »hinreichende Aussicht für die Verpflichtungserfüllung« kann genannt werden: Antrag auf Übernahme der Energiekosten beim Sozialamt, eingeleitetes Schuldenregulierungsverfahren durch eine Schuldnerberatungsstelle, Tilgungsmöglichkeit durch Beträge (z.B. aus dem Lohnsteuerjahresausgleich). Man sollte den Versorgungsunternehmen gegenüber offensiv mit dem Auszug aus der Verordnung auftreten, um so langsam Verhaltensänderungen bei sturen Versorgungsunternehmen zu bewirken. In Einzelfällen mag es gerechtfertigt sein, daß der Schuldner ggf. eine »einstweilige Anordnung« gegen die Sperrung erwirkt. Hierfür ist es wiederum zweckmäßig, einen Rechtsanwalt einzuschalten.

Insgesamt gilt auch für die Bearbeitung von Energieschulden, daß es vielfach nützlich ist, zu den Mahnabteilungen der örtlichen Versorgungsunternehmen gute informelle Kontakte zu pflegen, um auch aufgrund der persönlichen Bekanntheit für den betroffenen Schuldner etwas bewirken zu können.

Bei hohen Energiekosten muß allerdings in jedem Falle geprüft werden, wodurch der enorme Verbrauch bedingt ist. Sind es etwa bauliche Mängel (z.B. undichte Fenster), oder ist es unwirtschaftliches Verhalten? Hier zu einer Ursachenbehebung zu kommen, ist ein wichtiger Bereich präventiver Schuldnerberatung.

3.3.2 Versicherungsschulden

Schulden bei Versicherungsunternehmen kommen in der Schuldnerberatung immer wieder vor. Daher ist es nützlich, einige allgemeine Dinge über Versicherungen zu wissen. Generell gilt: Versicherungen bestehen meist aus mehreren, rechtlich selbständigen Versicherungsunternehmen mit fast gleichlautendem Namen, z.B. ›Nordstern‹ Allgemeine Versicherungs AG und ›Nordstern‹ Lebensversicherungs AG. Die Lebensversicherungsgesellschaften sind immer rechtlich selbständige Unternehmen. Sie stellen heute den bedeutendsten Zweig bei den Individualversicherungen dar und müssen als wichtiges Kapitalsammelbekken angesehen werden. Daher sind gerade Lebensversicherungen auch im übrigen Wirtschaftsbereich als Anleger tätig (Wohnungsbau, Bankbereich, Immobilien etc.). Daneben haben sich auch noch andere Versicherungssparten in eigene Gesellschaften »abgekoppelt«, wie z.B. Rechtsschutzversicherungen. Hierfür sind auch steuerliche Gründe maßgebend.

Versicherungsgesellschaften sind regelmäßig als Aktiengesellschaften aufgebaut (ein Blick in die Börsenberichte zeigt, daß es sich hierbei meist um sehr gesunde Unternehmen handelt!). Einige wenige Versicherungen, die aus ehemaligen Selbsthilfeeinrichtungen hervorgegangen sind, firmieren als »Versicherungsverein auf Gegenseitigkeit« (VVaG), z.B. die »Bruderhilfe« für im kirchlichen Dienst Beschäftigte oder die »HUK Coburg« für den gesamten öffentlichen Dienst.

Es gibt sehr verschiedene **Versicherungsarten**. Neben Schadens- oder sog. Sachversicherungen (z.B. Feuerversicherung oder Hausratversicherung) gibt es auch Personenversicherungen (z.B. Unfallversicherungen), Rechtsschutzversicherungen (z.B. für KFZ-Halter), aber auch die KFZ-Haftpflichtversicherung (die eine Pflichtversicherung für jeden KFZ-Halter ist). Neben diesen klassischen Versicherungen gibt es eine Reihe sog. »Combi-Versicherungen«. Meist handelt es sich hierbei um geschickt verpackte und mit verkaufsfreundlichen Namen (z.B. »Familienversicherung«) versehene Pakete nützlicher und unnützer Versicherungen. Als Faustregel kann man festhalten: Wenn eine Versicherung nicht auf den ersten Blick klar erkennen läßt, welche Risiken sie abdeckt, ist sie meist unnütz und mehr im Interesse des Versicherungsunternehmens als im Interesse des Versicherten!

All diese Versicherungen werden heute für einen bestimmten Zeitraum abgeschlossen (meist mehrere Jahre) und sie verlängern sich automatisch um einen weiteren vereinbarten Zeitraum, wenn sie nicht vorher fristgemäß gekündigt werden, d.h. i.d.R. mindestens drei Monate vor Ablauf. Allerdings gibt es eine andere Möglichkeit, ein Versicherungsverhältnis vorher zu kündigen. Bei jedem eingetretenen und zu regulierenden Versicherungsfall ist sowohl der Versicherungsnehmer als auch das Versicherungsunternehmen berechtigt, die Versicherung zu kündigen. Dies ist bis zu einem Monat nach der Schadensregulierung möglich. Somit besteht jederzeit die Möglichkeit für einen Versicherten, bei der Meldung eines Bagatellschadens die Versicherung gleichzeitig mit zu kündigen.

Lebensversicherungsverträge

Den **Lebensversicherungsverträgen** gebührt im Rahmen der Schuldnerberatung eine besondere Beachtung. Auch in dieser Sparte des Versicherungsgewerbes gibt es eine ganze Reihe sehr unterschiedlicher Versicherungen. Da ist z.B. die kurzfristige Risikolebensversicherung, die selten abgeschlossen wird, da Versicherungsvertreter für den Abschluß einer derartigen Versicherung keinen hohen Provisionsanteil erhalten. Daneben gibt es reine Todesfallversicherungen oder Erlebensfallversicherungen (die Versicherungsleistung wird hier nur fällig, wenn der Versicherte den Ablauf des Versicherungsvertrages erlebt).

Ferner gibt es auch eine Reihe gemischter Lebensversicherungen, die auf den Todes- oder Erlebensfall abgestellt sind. Diese Form ist heute die häufigste. Des weiteren gibt es noch Lebensversicherungen mit einem festen Auszahlungstermin, die heute als Aussteuer- oder Ausbildungsversicherungen angeboten werden. In der Regel ist bei der Durchsicht von Versicherungspolicen genau darauf zu achten, um was für eine Lebensversicherung es sich im vorliegenden Fall handelt. Häufig sind für eine Lebensversicherung recht hohe monatliche Beträge einzuzahlen. Dies stellt für viele Privathaushalte eine große Belastung dar.

Lebensversicherungen können auch vorzeitig gekündigt werden. Allerdings ist dies immer nur mit Verlust möglich. Frühestens drei Jahre nach Versicherungsbeginn ist dies möglich. Im Falle einer vorzeitigen Lebensversicherungskündigung steht ein bestimmter, aus den Versicherungsunterlagen zu entnehmender sog. **Rückkaufswert** zur Verfügung. Dieser Betrag ist niemals so hoch wie die zuvor einbezahlten Beiträge. Daher muß im Einzelfall sehr sorgsam sondiert werden, ob eine vorzeitige Kündigung angebracht ist. Evtl. können mit der Summe, die aus dem Rückkaufswert zur Verfügung steht, andere Schulden beglichen werden. Vielleicht ist die Summe aus dem Rückkaufswert sogar so hoch, daß man hiermit einen eigenen »Umschuldungsfonds« schaffen kann. Wenn es einem Schuldner in seiner momentanen Situation schwerfallen sollte, die mtl. Raten für eine Lebensversicherung aufzubringen, gibt es noch eine Reihe von Möglichkeiten, um diese Situation zu überbrücken. So ist es möglich, Lebensversicherungen stunden zu lassen, bzw. eine sog. Beginnverlegung zu vereinbaren. Auch das Ruhenlassen einer Lebensversicherung ist möglich. Allerdings sollte dies direkt mit der Lebensversicherungsgesellschaft ausgehandelt werden. Vorsicht ist geboten bei Verhandlungen mit Versicherungsvertretern. Nach einer Empfehlung des Bundesaufsichtsamtes für das Versicherungswesen sollten von Lebensversicherungsgesellschaften keine Mahnbescheide etc. wegen ausstehender Lebensversicherungsbeiträge ausgebracht werden. Lebensversicherungen stellen allerdings auch eine Kreditsicherheit dar, zumindest dann, wenn sie schon länger bestehen und bislang immer regelmäßig eingezahlt wurde. Näheres hierzu findet sich in Kapitel 4.4 (s.S. 117).

»Nützliche Versicherungen«

Die Frage nach den nützlichen oder unnützen Versicherungen soll hier unverbindlich beantwortet werden. Als nützliche Vereinbarungen sind
1. eine Hausratversicherung,
2. eine Haftpflichtversicherung

anzusehen. Die Hausratversicherung begleicht Schäden, die im eigenen Haushalt auftreten können (z.B. verursacht durch eine defekte Waschmaschine). Wenn Kinder mit im Haushalt des Versicherten leben, dann sollte entweder zusätzlich oder allein, je nach Einkommenssituation, eine Haftpflichtversicherung abgeschlossen werden. Wenn die Kinder z.B. beim Spielen einen Schaden anrichten (etwa eine zertrümmerte Scheibe), so kann dieser Schaden durch die Haftpflichtversicherung reguliert werden. Generell kann man also feststellen, daß in einem Haushalt ohne Kinder eine Hausratversicherung Vorrang haben sollte, dagegen ist in einem Haushalt mit Kindern eine Haftpflichtversicherung als vorrangig anzusehen. Diese Hinweise verstehen sich für Haushalte armer Menschen.

Bei den Lebensversicherungen sind **Risikolebensversicherungen**, die zeitlich befristet abgeschlossen werden können, etwa bis Ansprüche aus anderen gesetzlichen Pflichtversicherungen bestehen, sinnvoll. Kapitallebensversicherungen sind eigentlich nur dann zu empfehlen, wenn sie mit einer hohen Steuerersparnis verbunden sind (Lebensversicherungsbeiträge sind beim Lohnsteuerjahresausgleich absetzbar); bei armen Versicherten ist dies nicht der Fall. **Rechtsschutzversicherungen** sind für arme Leute **nicht sinnvoll**! Im Falle von Rechtsstreitigkeiten stehen ihnen die Möglichkeiten nach dem Beratungshilfegesetz, sowie bei gerichtlichen Verfahren der Prozeßkostenhilfe zur Verfügung.

Wenn der Schuldner überversichert ist ...

Sehr häufig sind die Klienten der Schuldnerberatung derart **überversichert**, daß sie zwangsläufig mit ihren Versicherungsraten in Rückstand kommen. Das gerade arme und in Versicherungsfragen gänzlich unerfahrene Leute derart überversichert sind, liegt sicherlich mit an provisionsorientierten und entsprechend geschulten Versicherungsvertretern, auf deren oftmals haarsträubende Praxis hier nicht näher eingegangen werden soll. Vielfach ist es wichtig, zunächst einmal einen »realistischen Versicherungsschutz« für die betreffende Schuldnerfamilie zu erzielen. Daher ist es oftmals eine der ersten Aufgaben in der Schuldnerberatung, überflüssige Versicherungen zu kündigen, selbst dann, wenn dies aufgrund der Versicherungsbedingungen offiziell nicht möglich ist. Dabei kann man sich den Umstand zunutze machen, daß Versicherungsunternehmen interessiert sind an einem »sauberen Versicherungsbestand«, und daß sog. »faule Versicherte« nur den allgemeinen Geschäftsbetrieb aufhalten. In den allermeisten Fällen lassen sich **Versicherungen**, bei denen ein Beitragsrückstand besteht, rückwirkend **aufheben**, wenn der Versicherungsgesellschaft durch die Schuldnerberatungsstelle kurz die prekäre Situation der betreffenden Familie in einer klaren und deutlichen, allgemein verständlichen Art dargelegt wird. Es gilt also nicht, einen Brief bei dem Versicherunternehmen einzureichen, der mit sozialpädagogischer Fachterminologie gespickt ist! In der Regel wird eine Versicherungsgesellschaft in derartigen Fällen die Versicherung rückwirkend aufheben bzw. mitteilen, daß sie die Versicherung von sich aus bereits aufgehoben hat. Gelegentlich kann es vorkommen, daß evtl. schon angefallene Beitreibungskosten, z.B. für den Erlaß eines Mahnbescheides, noch zu begleichen sind. Hierauf sollte man sich einlassen, da diese Kosten dem Unternehmen tatsächlich entstanden sind. Kraftfahrzeugversicherungen kann man im allgemeinen auf diese Weise nicht »bereinigen«. Im Falle einer vorzeitigen Kündigung bzw. einer rückwirkenden Aufhebung ist es auch wichtig, darauf zu achten, daß die Versicherung während ihrer Laufzeit nicht in Anspruch genommen worden ist; nur dann ist natürlich eine Aufhebung möglich. Falls sich ein Versicherungsunternehmen in einem derart gelagerten Fall zuerst stur stellt, sollte man unbedingt, vielleicht sogar mehrmals, nachfassen; Beharrlichkeit führt hier meist zum Ziel ...! In Einzelfällen kann es sich ggf. auch anbieten, bestimmte Versicherungsverträge zugunsten einer neuen Hausrat- oder Haftpflichtversicherung aufzuheben.

Insgesamt betrachtet nehmen Versicherungsschulden in der Schuldnerberatung eine untergeordnete Rolle ein. Mit den Versicherungsgesellschaften läßt sich durchweg gut verhandeln. Die Aufhebung von

Versicherungen ist bei entsprechender Darstellung der individuellen Verhältnisse des betreffenden Schuldners meist einfach und problemlos möglich.

3.3.3 Bankenschulden

Die Bankenlandschaft in der BRD ist sehr vielfältig. Daher soll hier eingangs einiges über Kreditinstitute allgemein ausgeführt werden. Wenn hier von Banken gesprochen wird, sind selbstverständlich auch die Sparkassen mit gemeint.[38]

Neben den drei Großbanken (Deutsche Bank, Dresdner Bank, Commerzbank, mit ihren jeweiligen Berliner Töchtern) gibt es eine Reihe von anderen Privat- oder Regionalbanken (z.B. Bank für Gemeinwirtschaft [BfG], Oldenburgische Landesbank [OLB], Vereins- und Westbank Hamburg u.a.m.). Daneben gibt es noch die große Gruppe der Genossenschaftsbanken (Raiffeisen- und Volksbanken), um hier nur die bedeutendsten zu nennen. Marktführer in fast allen Bereichen sind die Sparkassen. Sie unterscheiden sich von den Banken dadurch, daß sie immer einen öffentlichen Gewährsträger haben (z.B. Stadt, Landkreis). Diese Kreditinstitute, auch **Universalbanken** genannt, sind zusammengeschlossen in den jeweiligen Bankenverbänden, z.B. Deutscher Sparkassen- und Giroverband, Bundesverband Deutscher Banken oder dem Bundesverband der Deutschen Volksbanken und Raifeisenbanken. Insgesamt gibt es 4.930 Bankgeschäfte mit ca. 40.000 Zweigstellen in der BRD.[39] Zum Betrieb eines Bankgeschäftes ist eine vom Bundesaufsichtsamt für das Kreditwesen (BAK) zu erteilende Lizenz erforderlich. An eine auf das Teilzahlungsgeschäft beschränkte Konzession werden geringere Anforderungen, z.B. hinsichtlich des Mindestkapitals gestellt als für die Vollkonzession einer Universalbank. Rechtliche Grundlage zum Betreiben eines Bankgeschäftes ist das Kreditwesengesetz (KWG).

Teilzahlungsbanken

Auf die Spezies der **Teilzahlungsbanken**, mit denen man es in der Schuldnerberatung überdurchschnittlich viel zu tun bekommt, soll hier etwas näher eingegangen werden. Insgesamt gibt es etwa 100 Teilzahlungsbanken[40], von denen rd. 75 % im Bankenfachverband Konsumenten- und gewerbliche Spezialkredite (BKG) e.V. zusammengeschlossen sind.[41] Teilzahlungsbanken werden heute als »Spezialkreditinstitute« definiert, »deren Geschäftstätigkeit vorwiegend darauf gerichtet ist, an Konsumenten und Produzenten für die Beschaffung von Gütern oder Dienstleistungen Kredite zu gewähren, deren Rückzahlung in regelmäßigen, der Höhe nach gleichbleibenden Raten erfolgt.«[42] Dabei ist heute zu beobachten, daß etliche Teilzahlungsbanken schon eine Vollkonzession vom BAK erhalten haben und somit sämtliche üblichen Bankgeschäfte ausführen dürfen und nicht mehr nur die »Bankerlaubnis für das Ratenkreditgeschäft« besitzen. So haben heute z.B. die KKB-Bank, Düsseldorf; die UTB-Kreditbank, Augsburg; oder die CTB-Bank, Essen, um nur einige klassische Teilzahlungsbanken zu nennen, die Vollkonzession erhalten. Dies führt zu einer gewissen Unübersichtlichkeit des Marktes; einige Unternehmen haben z.B. Girokontenführung und die Hereinnahme von Spareinlagen mit in ihre Dienstleistungspalette aufgenommen (z.B. KKB-Bank). Hierhinter steckt eine bestimmte Geschäftspolitik: Die Teilzahlungsbanken sind natürlich gezwungen, ihr für Kredite herausgelegtes Geld zu refinanzieren. Dies kann entweder durch kostspielige Kreditaufnahme bei anderen Banken geschehen (sog. »Bankengelder«) oder eben durch sehr viel günstigere sog. »Nichtbankengelder«, wie z.B. »Einnahmen« aus Spareinlagen oder Sparbriefen. Interessant zu wissen ist noch, daß hinter den meisten Teilzahlungsbanken große renommierte Banken (z.T. ausländische, speziell amerikanische) oder auch große Konzerne als Gesellschafter stehen.

Konsumentenkredite

Im folgenden sollen einige allgemeine Anmerkungen zum **Konsumentenkredit** gegeben werden. Konsumentenkredite sind sämtliche gewerblich bereitgestellten Darlehen an Privatpersonen für den privaten Konsum mit einer befristeten Laufzeit, sowie die eingeräumten Überziehungskredite (sog. Dispositionskredite) auf Lohn- und Gehaltskonten. Das Gesamtvolumen des bankmäßigen Konsumentenkredites betrug Ende 1980 rd. 131 Mrd. DM Ende 1983 dürfte es auf ca. 150 Mrd.

DM angewachsen sein. Insgesamt waren 1980 48 % aller bundesdeutschen Haushalte im Konsumentenkredit verschuldet mit einer Durchschnittshöhe von DM 10.550,- (Pro-Kopf-Verschuldung: DM 2.041,-), dies entspricht einem Verhältnis der Pro-Kopf-Verschuldung zum Pro-Kopf-Volkseinkommen (dies betrug 1980 durchschnittlich DM 18.769,-) von 10,9 %.[44]

Den größten Marktanteil am Konsumentenkredit haben die Sparkassen mit ca. einem Drittel, gefolgt von den Genossenschaftsbanken mit einem Viertel, den drei Großbanken mit ca. einem Siebtel, sonstigen Banken mit etwa einem Achtel und erst an fünfter Stelle folgen mit einem Marktanteil von 12,6 % die Teilzahlungsbanken (Zahlen von 1979). »Das Verlustrisiko der Kreditinstitute im Konsumentekreditgeschäft ist sehr gering. Die Abschreibungsquote bei Universalkreditinstituten liegt bei 0,5 %, bei Teilzahlungsbanken bei 1,5 %.«[45]

Es wird unterschieden zwischen dem **Direktgeschäft** oder **Schaltergeschäft** und dem **Einreichergeschäft** oder **Vermittlergeschäft**. Ersteres findet in der Filiale des jeweiligen Kreditinstitutes statt, ein Mitarbeiter der Bank hat also direkten Kontakt mit dem Kunden. In diesem Fall kann jede Bank ein Kreditaufnahmegespräch mit zu einer Beratung nutzen und außerdem eine sehr individuell gestaltete Kreditwürdigkeitsprüfung vornehmen. Das Ausfallrisiko ist bei im Schaltergeschäft abgeschlossenen Konsumentenkreditverträgen am geringsten.[46]

Kreditvermittler

Das Einreichergeschäft wird überwiegend von Teilzahlungsbanken betrieben. Ein Einreicher, z.B. berufsmäßiger **Kreditvermittler** (der z.B. über Zeitungskleinanzeigen regional oder überregional wirbt; oder ein Versicherungsvertreter, der »nebenbei« als Vermittler arbeitet etc.), oder auch ein Händler stellt die für eine Kreditwürdigkeitsprüfung notwendigen Unterlagen zusammen und legt sie der Bank zur Entscheidung vor. Die Entscheidung über die Kreditvorgabe obliegt der Bank. Auch wird der Kreditvertrag zwischen Bank und Kreditnehmer abgeschlossen! Der Kreditvermittler, der im Volksmund oft mit dem Titel »Kredithai« bedacht wird, zahlt selbst kein Geld aus, ist keine Bankfiliale und kann nichts entscheiden. Ein Kreditvermittler fällt auch nicht unter die Bankenaufsicht durch das BAK, sondern unterliegt lediglich der meist nicht wirkungsvollen örtlichen Gewerbeaufsicht. Demnach ist zum Betrieb einer Kreditvermittlungsagentur lediglich eine Gewerbeerlaubnis gem. § 34 c GewO erforderlich.

Durch Kaufleute eingereichte Kreditverträge (finanzierter Abzahlungskauf), z.B. von Möbelfirmen oder Automobilhändlern, die des öfteren auch mit ortsansässigen Universalbanken oder Sparkassen zusammenarbeiten (sog. »Einkaufskonten«), sind überwiegend auch seriös und zu üblichen Konditionen abgewickelte Kreditgeschäfte. Auffallend hoch dagegen sind gravierende Kreditprobleme allerdings bei von berufsmäßigen Kreditvermittlern eingereichten Darlehensverträgen. Daraus muß geschlossen werden, daß dies etwas mit ihrer jeweiligen Arbeitspraxis zu tun hat. Und in der Tat sind in der Vergangenheit auch eine Reihe unseriöser Arbeitsweisen bei Kreditvermittlern beobachtet worden, so z.B., daß ein Vermittler einen »unsauberen« Kunden zu einem formalen Wohnortwechsel bewegt hat, der in einem anderen SCHUFA-Bereich liegt (die SCHUFA wird in diesem Kapitel noch näher erklärt). Die eingereichten Unterlagen wurden von der Bank nun bei der »falschen, sauberen« SCHUFA-Geschäftsstelle überprüft und der Antrag genehmigt. Der Bank ist somit entgangen, was alles an Negativmerkmalen bei der örtlich zuständigen SCHUFA-Geschäftsstelle registriert ist. Ein in Kürze notleidender Kredit ist somit durch die Mithilfe eines Vermittlers geboren worden! Dies ist ein Beispiel aus der Praxis. Andere Vermittler arbeiten gleichzeitig noch für Versicherungsgesellschaften und verfügen somit vielfach über eine subtile Kenntnis des jeweiligen Haushaltes. Häufig werden von solchen Vermittlern auch sog. »**Lebensversicherungsdarlehen**« vermittelt. Die nötige Kreditsicherheit wird durch den Abschluß einer Lebensversicherung, die gleichzeitig an die darlehensgewährende Stelle abgetreten wird, aufgebracht. Der Darlehensnehmer zahlt nun neben seinen mtl. Lebensversicherungsprämien nur die laufenden anfallenden Kreditzinsen. Für die gesamte Darlehenslaufzeit ist eine Tilgungsaussetzung vereinbart. Die Tilgung erfolgt durch Verrechnung mit der Versicherungssumme zum Zeitpunkt der Fälligkeit der Lebensversicherung (»Darlehen auf Verrechnungsbasis«). Der Abschluß solcher Darlehen ist i.d.R. für den Schuldner nicht günstig und sollte im Falle einer evtl. Umschuldung sehr genau geprüft werden. Insbesondere, wenn gleitende Zinsen vereinbart sind, lassen sich die monatlichen Belastungen nicht genau vorher berechnen. Die BfG arbeitet z.b. auf dieser Basis mit der Volksfürsorge (beides Gewerkschaftstöchter) zusammen, oder etwa die Bausparkasse Wüstenrot mit der Wüstenrot-Lebensversicherungs-AG. Natürlich sind auch Angehörige der verschiedensten Maklerberufe im Kreditvermittlungsgeschäft tätig.

Lohnsteuervorfinanzierung

Warnen sollte man unbedingt vor Lohnsteuerhilfevereinen, die sog. »**Lohnsteuervorfinanzierungen**« durchführen![47] Ausländische Arbeitnehmer werden hier vielfach »über's Ohr gehauen«. Falls einem Mitglied so eines Vereines eine Abtretung vorgelegt wird, ist allerhöchste Vorsicht geboten, da dies meistens der erste Schritt ist zu einer teuren Kreditaufnahme. Insbesondere süddeutsche Banken, z.B. die Grundig-Bank, die WKV-Bank München, die Süd-West-Kreditbank, die Landauer Teilzahlungsbank, engagieren sich auf diesem Gebiet und arbeiten mit Lohnsteuerhilfevereinen zusammen. Allerdings: Nicht alle Lohnsteuerhilfevereine arbeiten derart unsauber, es sind Ausnahmen. Obwohl seit 1975 durch das 3. Änderungsgesetz zum Steuerberatungsgesetz klare gesetzliche Grundlagen geschaffen sind, ist Umsicht geboten. Billiger kommt ein Schuldner davon, wenn er nach der ordnungsgemäßen Errechnung seines Erstattungsbetrages mit einem entsprechenden Beleg des jeweiligen Lohnsteuerhilfevereines zu seiner örtlichen Universalbank oder Sparkasse am Ort geht, und sich dort ein Darlehen besorgt, oder einen Dispositionskredit in Anspruch nimmt. –

Nach Schätzungen sollen die Teilzahlungsbanken über 50 % ihres gesamten Konsumentenkreditvolumens über Vermittler abwickeln.[48] Teilzahlungsbanken, die sich überwiegend auf das Einreichergeschäft spezialisiert haben, sind etwa:

Absatzkreditbank AG, Hamburg,
NordFinanz Bank AG, Bremen,
CTB-Bank Thielert & Rolf KG, Essen,
Braunschweigische Teilzahlungsbank AG (BTB), Braunschweig.[49]

Aufgrund des oben Gesagten sollten in der Schuldnerberatungspraxis Kreditverträge dieser Unternehmen besonders geprüft werden (vgl.

Kap. 4.2, S. 99 ff.). Der BKG hat sich wiederholt für eine ordnungsgemäße Zusammenarbeit zwischen Kreditvermittlern und Teilzahlungsbanken eingesetzt und sich von unseriösen Arbeitsweisen der Vermittler distanziert.

Provision und »packing« des Vermittlers

Angesichts verlockender Provisionen um 5 % pro vermittelten Kreditvertrag und einem sog. **»packing«** wird es aber immer wieder Vermittler geben, die ihre eigene Profitgier vordergründig zu befriedigen suchen, da für sie »eine Haftung .... für mögliche Ausfälle üblicherweise entfällt.«[50] Der Begriff »packing« muß hier erläutert werden. Die Teilzahlungsbanken entlohnen die Vermittler auf zwei Arten. Einerseits erhalten sie eine Courtage (auf Kreditverträgen meistens ausgewiesen als »fremde Kosten«) in durchschnittlicher Höhe von 5 % des Nettokredites, die aus dem Kreditvertrag ersichtlich ist. Häufig muß aber die sog. »Auszahlungsanweisung« studiert werden, um die Courtage zu ermitteln. Als weitere Vergütungsform wird dem Schuldner ein versteckter Prozentsatz der monatlichen Kreditgebühren für den Vermittler »aufgepackt«. »Auf diese Weise wird dann im Kreditvermittlergeschäft zwischen dem ›internen Zinssatz‹ des Kreditinstitutes - z.B. 0,6 % pro Monat - und dem ›externen Zinssatz‹ dieser Bank beim Kreditvermittler - z.B. 0,8 % pro Monat - unterschieden. Errechnet sich also sonst die Kreditgebühr (hier ohne Berücksichtigung von weiteren Kosten, wie z.B. Bearbeitungsgebühr o.ä.) aus einer Multiplikation des Prozentsatzes mit der Kreditsumme und der Laufzeit in Monaten, so verbergen sich beim vermittelten Kredit zwei derartige Berechnungen hinter einer. Wird dem Kreditnehmer vom Kreditvermittler vorgerechnet:

DM 10.000,- x 48 Monate x 0,8 % Kreditgebühr pro Monat
= DM 3.840,-
so verbirgt sich dahinter die Berechnung:
DM 10.000,- x 48 Monate x 0,6 % Kreditgebühr pro Monat
= DM 2.880,-
DM 10.000,- x 48 Monate x 0,2 % Packingsatz = DM 960,-«.[51]

Somit erhält der Vermittler zusätzlich zu seiner ausgewiesenen Provision in Höhe von 5 % (bei DM 10.000,- wären dies DM 500,-) noch eine fast doppelt so hohe Summe (DM 960,-) aus dem »packing«! Insgesamt dürften in rd. 60 % aller durch Kreditvermittler vermittelten Kredite sowohl Courtage als auch »packing« gezahlt worden sein.[52] Hier kommt ein Schuldner wohl nie dahinter und für die Schuldnerberatung heißt dies, daß sie über möglichst umfassende Markttransparenz verfügen muß, und z.B. die Prozentsätze im Schaltergeschäft der Teilzahlungsbanken kennen müßte, um das »packing« zu entlarven. Dies ist zugegebenermaßen nicht immer zu leisten. Im konkreten Fall müßte man sich bei der jeweiligen Bank informieren. Insgesamt verteuert sich ein vermittelter Kredit durchschnittlich um 6 % gegenüber einem im Schaltergeschäft abgeschlossenen Kredit.[53] Allein diese Tatsache belegt eindeutig, daß jedem von der Aufnahme eines vermittelten Kredites abzuraten ist! Über einen Kreditvermittler aufgenommene Darlehen sind *immer* teurer als direkt aufgenommene.

Eine besondere Brisanz bei vermittelten Krediten ist dadurch gegeben, daß sie überdurchschnittlich oft von Kleinstverdienern, Arbeitern oder nicht Erwerbstätigen aufgenommen werden. Außerdem haben sie durchschnittlich eine längere Laufzeit.[54] Die ärmsten Kreditnehmer zahlen die höchsten Zinsen und Kosten beim Konsumentenkredit, weil sie aufgrund ihrer Unerfahrenheit in vertraglichen Dingen und speziell in Geldgeschäften überaus schnell zu Opfern von skrupellosen Kreditvermittlern werden können und sich nicht marktgerecht verhalten. Überdurchschnittlich hoch ist denn auch die Ausfallquote von vermittelten Krediten,[55] was sicherlich auf die Arbeitsweise der Kreditvermittler zurückzuführen ist. Der Gesetzgeber ist hier aufgefordert, einen wirksamen Verbraucherschutz, gerade für unerfahrene und schwache Kreditnehmer schnell einzuführen!

Allerdings dürften auch die Universalbanken und Sparkassen nicht ganz schuldlos daran sein, daß gerade unerfahrene Kreditnehmer den Weg nicht direkt zu ihnen finden, sondern lieber zum Vermittler gehen. Es ist immer noch sehr häufig eine große Schwellenangst vor Kreditinstituten bei »kleinen Leuten« zu beobachten.[56] Die Geschäftspolitik der Kreditinstitute ist auch jeweils auf den besseren, gehobenen Kunden ausgerichtet (dies fängt bei repräsentativer Architektur an!). Sind damit nicht vielleicht systematisch die »kleinen, ungeliebten Kunden« von den seriösen Instituten verdrängt worden? Die Kreditinstitute, voran die Sparkassen mit ihren öffentlichen Gewährsträgern, müßten Überlegungen anstellen, wie sie mit den »kleinsten Kunden«, die quantitativ zunehmen werden, künftig umgehen wollen. Der Verweis auf ein Tochterunternehmen (die NordFinanzbank, Bremen, z.B. ist eine Sparkassen-Tochter) ist sicher nicht der richtige Weg!

Kreditwürdigkeitsprüfung

Vor jeder Kreditvergabe findet eine sog. **Kreditwürdigkeitsprüfung** statt. Diese ist verständlicherweise im Schaltergeschäft umfassender, da hier mit dem Kunden direkt gesprochen werden kann. Beim Einreichergeschäft ist die Bank auf die vom Kreditvermittler vorgelegten Unterlagen und die SCHUFA-Auskunft angewiesen. Zur Kreditwürdigkeit gehören neben persönlichen Eigenschaften, Gesamteindruck, Charakter, auch Fragen der jeweiligen Lebenssituation (z.B. Scheidung). Außerdem muß die Kreditfähigkeit (Geschäftsfähigkeit) geprüft werden. Zuletzt spielt die Frage der Konditionen eine grundlegende Rolle. Die Kreditsicherung, Laufzeit und Zinsen, insbesondere Ratenhöhe in Relation zum Einkommen und sonstigen fixen Belastungen werden hier erörtert.

Gerade viele Teilzahlungsbanken arbeiten auch noch mit einem Richtlinien- oder Punktbewertungssystem, dem sog. **»Credit-Scoring«**, das statistische Methoden benutzt, um eine Rückzahlungssicherheit des Kreditnehmers vorherzusagen.[57] Hier wird z.B. ein nicht vorhandener Telefonanschluß negativ bewertet.

SCHUFA

Besondere Bedeutung kommt der **SCHUFA-Auskunft** zu. Sie wird fast ausnahmslos bei jeder Kreditaufnahme eingeholt. In dieser größten Auskunftei sind i.d.R. sämtliche Konsumentenkredite, Kontoverbindungen (außer Sparbüchern) und evtl. sonstige sog. **»Negativmerkmale«** gespeichert. Die **»Schutzgemeinschaft für Allgemeine Kreditsicherung (SCHUFA)«**, deren Gründung auf das Jahr 1927 zurückgeht,[58] ist für die Kreditinstitute heute die wichtigste Informationsquelle. Die SCHUFA ist dezentral aufgegliedert; neben ihrem Vereinshauptsitz in Wiesbaden unterhält sie noch 33 Geschäftsstellen als Betriebsgesellschaften im ganzen Bundesgebiet, die als regionale Auskunftsstellen (als GmbH) arbeiten (s. Adressenverzeichnis im Anhang, S. 172 ff.). Neben Kreditinstituten sind auch andere Unternehmen Mitglied der SCHUFA, z.B. Versandhäuser, Wohnungsbaugesellschaften etc.. Insgesamt hat die SCHUFA ca. 30.000 Mitglieder. Banken können sofort telefonisch oder über Telex Auskünfte erhalten. Die SCHUFA wird nur durch Mitteilungen ihrer Mitglieder gespeist und eben nur diese können auch wiederum Auskünfte abrufen.

Exkurs: **Die SCHUFA-Selbstauskunft.** Aufgrund des Datenschutzgesetzes ist die SCHUFA verpflichtet, jedem Bürger die über ihn gespeicherten Daten zugänglich zu machen. Diese sog. Selbstauskunft kostet DM 10,- (im Brief beifügen). Anzugeben ist neben der Adresse auch unbedingt das Geburtsdatum. Es empfiehlt sich jeweils eine »umfassende« Auskunft einzuholen. Schuldnerberatungsstellen können unter Vorlage der zum Empfang von SCHUFA-Auskünften berechtigenden Vollmacht ebenfalls die kostenpflichtigen Selbstauskünfte für Klienten einholen. Sozialhilfeempfängern kann unter Vorlage ihres Leistungsbescheides die Gebühr von DM 10,- erlassen werden.

Als **banktübliche Sicherheiten** werden i.d.R. selbstschuldnerische Bürgschaften (z.B. die der den Kreditvertrag mit unterschreibenden Ehefrau; vgl. §§ 765 ff. BGB), Sicherungsübereignungen (z.B. beim PKW-Kauf; der KFZ-Brief wird in diesen Fällen dem Kreditinstitut übergeben), Abtretungen von Lebensversicherungen oder Bausparverträgen etc. angenommen. In fast allen Fällen läßt sich die Bank eine Lohn- und Gehaltsvorausabtretung unterschreiben. Gerade die Lohnabtretung ist wegen ihrer frühzeitigen Datierung (Kreditaufnahme) oftmals ein wirkungsvolles Instrument zur Schuldbeitreibung in schwierigen Fällen. Durch eine selbstschuldnerische Bürgschaft kann der Bürge genauso wie der Kreditnehmer in Anspruch genommen werden. Jede Bürgschaftsübernahme muß daher genau überdacht werden. Auf die evtl. Verwertung von Sicherheiten für Umschuldungen wird in Kapitel 4.4 noch eingegangen.

Um Kredite miteinander zu vergleichen, ist allein der **effektive Jahreszins** maßgebend! Vielfach geben gerade Vermittler nur verworrene und unvollständige Angaben (z.B. nur die Prozent-Belastung pro Monat; etwa: 0,8 % p.M. x 12 = 9,6 % angenommener Jahreseffektivzins, welcher natürlich falsch ist!). Die Formel zur Berechnung des Jahreseffektivzinses ist in Kapitel 4.2 (S. 102) abgedruckt und erklärt. Der effektive Jahreszins ist auf jedem Kreditvertrag anzugeben, stimmt aber nicht immer und sollte stets nachgerechnet werden.

Restschuldversicherung

Häufig wird dem Kreditnehmer empfohlen, bei der Kreditaufnahme gleichzeitig eine **Restschuldversicherung (RSV)** abzuschließen, z.B. bei der ›Vita‹ oder ›Ontos‹ Restschuldversicherungsgesellschaft, um nur zwei zu nennen. Die Restschuldversicherung ist eine Art Lebens- bzw. Risikoversicherung. Entweder wird als Versicherungsrisiko »Tod und Arbeitsunfähigkeit« oder »Tod des Kreditnehmers« allein abgeschlossen. Die Restschuldversicherung tritt also niemals bei Arbeitslosigkeit ein! Wäre dieses Risiko mitversichert, wäre eine solche Versicherung wohl heute auch nicht mehr zu finanzieren. Die Versicherungsbeiträge differieren ganz enorm, sie erreichen manchmal sogar vierstellige Summen. Der Versicherungsbeitrag wird mitfinanziert, ist also vom Kreditnehmer durch seine laufenden Raten monatlich mit abzutragen. Der Wert einer Restschuldversicherung ist sehr umstritten! Die versicherten Risiken treten relativ selten auf,[59] setzt man sie in Relation zu den häufigsten Gründen der Zahlungsunfähigkeit. Im Todesfall können die Erben das »negative Erbe« (also den restlichen Kredit) ausschlagen. Interessant ist nun, daß gerade bei vermittelten Krediten sehr häufig Restschuldversicherungen abgeschlossen werden. Die Restschuldversicherung ist aber ein separater Vertrag zwischen Restschuldversicherungsgesellschaft und Kreditnehmer, für den der Vermittler wiederum eine ansehnliche Provision erhält! Ebenso verhält es sich bei den Banken: Wenn sie eine Restschuldversicherung »an den Mann bringen«, erhalten sie ebenfalls eine stattliche Provision, die i.d.R. etwa 30 % der Versicherungsprämien ausmacht. So haben Banken eine enorme, meist in die Millionen gehende zusätzliche Einnahmequelle![60] Weitaus günstiger für den Kreditnehmer ist allerdings der separate Abschluß einer kreditunabhängigen Risikolebensversicherung (die zudem auch allgemeine Risiken abdeckt) bei einem Versicherungsunternehmen, das nicht mit einer Bank zusammenarbeitet. Besonders preisgünstige Versicherungsunternehmen, die Risikolebensversicherungen anbieten, sind in einem praktischen Versicherungsratgeber der Verbraucherzentrale Hamburg (s. Kap. 5.5, S. 175) aufgeführt. Der Abschluß von Restschuldversicherungen kann i.d.R. nicht empfohlen werden.

Daneben gibt es noch als weiteres Sicherungsinstrument die sog. **»Rückversicherung«**, z.B. bei der ›Hermes‹-Versicherungsgesellschaft. Falls ein Kreditinstitut eine Forderung als uneinbringlich ausbuchen muß, kann sie aus der Rückversicherung den ausstehenden Teil der Forderung erhalten. Die Forderung geht dann i.d.R. auf die Rückversicherungsgesellschaft über, die dann ihrerseits versucht, beim Schuldner ans Geld zu kommen. Die Versicherungsbeiträge werden sowohl vom Kreditinstitut als auch vom Kreditnehmer aufgebracht, wobei diese Kosten natürlich mit in die Bankenkalkulation für die Kreditkonditionen eingeflossen sind.

Soweit ein etwas umfassender Überblick zur Bankenlandschaft, zur Arbeitsweise von Kreditvermittlern und Hinweisen zum Konsumentenkredit. Meist bekommt man es in der Schuldnerberatung aber mit sog. **notleidenden Krediten** zu tun, auf die jetzt eingegangen werden soll.

Kreditkündigung

Ein Kreditnehmer kann einen Kredit gem. § 247 BGB nach sechs Monaten Laufzeit mit einer halbjährigen Kündigungsfrist (also frühestens ein Jahr nach Aufnahme) kündigen. Diese Vorschrift ist für den Fall wichtig, daß sich ein Schuldner aus einem teuren, ungünstigen Kreditvertrag befreien will. Kommt hingegen der Schuldner mit mehr als zwei aufeinanderfolgenden Raten in Verzug, kündigt das Kreditinstitut seinerseits den Kredit fristlos und stellt den verbleibenden Restsaldo zur sofortigen Zahlung fällig. Ab dann sind von dem Schuldner auch die enormen Verzugszinsen zu zahlen. I.d.R. wird die Kreditangelegenheit dann an die Rechtsabteilung der jeweiligen Bank überführt. Dies ist in der Korrespondenz meist zu erkennen an folgenden Zeichen: R oder RA, X, § vor der Kreditkontonummer bzw. dem Diktatzeichen. Wenn ein Kredit seitens der Bank gekündigt wird, ist darauf zu achten, daß die Bank die »nicht verbrauchten Kreditgebühren« pro Monat staffelmäßig zurückrechnet und dem notleidenden Kreditkonto den entsprechenden Betrag gutbringt. Erst dann dürfen Verzugszinsen (vgl. hierzu auch § 11 Nr. 5 AGB-Gesetz) und evtl. anfallende Kosten gem. § 367 BGB berechnet werden. Wird das nicht so gehandhabt, würde die Bank gegen das Zinseszinsverbot gem. § 289 BGB verstoßen, da in dem fällig gestellten Kreditsaldo ja bereits Zinsanteile enthalten sind. Findet man in den Kreditbedingungen keinen Hinweis auf diese Rückrechnung, bzw. nimmt die Bank eine solche Rückrechnung nicht vor, sollte der Verbraucherschutzverein in Berlin eingeschaltet werden, damit er ein geeignetes Verfahren wegen dieses Verstoßes durchführen kann. Dies wäre auch präventive Schuldnerberatung. Die Banken verwenden meist zur Rückrechnung von nicht verbrauchten Kreditgebühren folgende Formel:

$$\frac{\text{Nettokredit} \times \text{Restlaufzeit}^2 \times \text{Kreditgebühren pro Monat}}{\text{ursprüngliche Laufzeit} \times 100}$$

Ein konkretes Beispiel:

Ein Kredit von DM 10.000,-, der ursprünglich in 48 Monaten getilgt werden sollte, wird nach 24 Monaten notleidend oder soll vorzeitig abgelöst werden; die Rückrechnung sieht folgendermaßen aus:

$$\frac{10.000{,\text{-}} \times 576 \times 0{,}8}{48 \times 100} = \frac{4.608.000}{4.800} = \underline{\underline{\text{DM } 960{,}\text{-}}}$$

In diesem Falle müßten dem Kreditkonto zunächst DM 960,- gutgeschrieben werden, erst dann dürfen die Verzugszinsen berechnet werden (bzw. bei vorzeitiger Ablösung würde sich der Restsaldo um DM 960,- nicht verbrauchter Zinsen reduzieren).

Verzugszinsen werden häufig auf Kreditverträgen im kleingedruckten Teil in Prozentwerten pro Tag angegeben, z.B. 0,06 % pro Tag Verzugszinsen (x 30) = 1,8 % pro Monat (x 12) = 21,6 % pro Jahr!

Dies bedeutet, daß auf einen notleidenden Kredit in Höhe von DM 10.000,-, auf den ein ganzes Jahr keine Zahlungen vorgenommen werden, bei einem Verzugszinsniveau von 21,6 % eine Zinsbelastung von DM 2.160,- anfällt. Es müßten mtl. DM 180,- gezahlt werden, um allein die Zinsen zu begleichen! In der Praxis fallen aber noch weitere Kosten, z.B. für Zwangsvollstreckungsversuche an. Die Schuld wächst also mit buchhalterischer Präzision immer weiter.

Um eine drohende Kreditkündigung zu verhindern, bieten die Banken das Instrument der Prolongation bzw. Stundung an. Allerdings muß diese vertragliche Änderung vom Kreditnehmer recht teuer bezahlt werden. Ggf. sollte durch die Schuldnerberatung in Einzelverhandlungen versucht werden, daß die Bank auf die Berechnung dieser Gebühren verzichtet, zumindest teilweise.

Außergerichtliche Lösungsmöglichkeiten mit Banken

Hinsichtlich der durchzuführenden Vorprüfungen sei auf Kapitel 4.2 (S. 97 ff.) verwiesen. Falls man in der Schuldnerberatung auf einen angreifbaren Vertrag stößt, sollten immer zuerst die **außergerichtlichen Lösungsmöglichkeiten** intensiv genutzt werden. Selbst wenn ein noch nicht titulierter Vertrag in einem ordentlichen Gerichtsverfahren angreifbar wäre, muß doch im Gesamtinteresse der Arbeit an die vielen bereits titulierten Verträge gedacht werden, bei deren Abwicklung es auf »good will«-Regelungen mit den Banken ankommt. Man kann aber auch in außergerichtlichen Auseinandersetzungen, in deren Verlauf von der Schuldnerberatung sachlich die angegriffenen Fakten dargestellt werden (z.B. Sittenwidrigkeit, verbotswidriger Abschluß im Hausbesuch), zu tragbaren Vereinbarungen mit den Kreditinstituten kommen. So ist es schon vorgekommen, daß von den Banken erhebliche Beträge erstattet worden sind (z.B. DM 5.000,-), nachdem eine Schuldnerberatungsstelle im Verlauf eines Schuldenregulierungsverfahrens bestimmte Verdachtsmomente beharrlich der Bank gegenüber vertreten hat. Oftmals ist bedrängten Schuldnern mit einer schnellen, vergleichsweisen Regelung mehr geholfen als mit langwierigen Prozessen. Möglicherweise steht so schnell eine Summe zur weiteren Schuldentilgung zur Verfügung. Falls man mit außergerichtlichen Vereinbarungen nicht durchkommt, steht dem Schuldner der Rechtsweg i.d.R. immer noch offen.

Wenn bei einem notleidenden Kreditvertrag »nichts mehr geht«, geht für die Schuldnerberatung immer noch einiges. Gerade Teilzahlungsbanken sind bei sozialen Härtefällen zu Einzelvereinbarungen durchaus bereit. Zwei wesentliche Instrumente solcher möglichen Vereinbarungen sollen hier vorgestellt werden.

Zum einen kann es in bestimmten Einzelfällen, etwa wenn der Kreditnehmer seine ursprünglich vereinbarten Raten wieder zahlen kann, der Kredit aber schon gekündigt ist, sehr hilfreich sein, eine **»Rückführung in den ordentlichen Kreditbestand«** zu erwirken. Dies könnte derart geschehen, daß die Bank auf die bisherigen Verzugszinsen verzichtet, bzw. teilweise verzichtet (Vereinbarungsgegenstand: Ausbuchung bisher berechneter Verzugszinsen), und daß der Kredit zu den alten ursprünglichen Konditionen weiterläuft. Wichtig wäre in so einem Fall auch ein Erledigungsvermerk bei der SCHUFA, da das Kreditinstitut mit Sicherheit das Negativmerkmal der Kreditkündigung gemeldet hat. Falls man zu einem späteren Zeitpunkt den Kredit ordentlich kündigen und ablösen will (gem. § 247 BGB), wäre es für eine evtl. Kreditneuaufnahme wichtig, eine saubere SCHUFA-Auskunft zu haben. Das Verfahren bietet den Vorteil, daß der Kreditnehmer seine Raten nicht für Verzugszinsen vergeudet und er tatsächlich tilgt. Für die Bank ist insofern ein Vorteil gegeben, als der Kreditvertrag wieder in die maschinelle EDV-Bearbeitung übernommen werden kann und nicht mehr der teureren manuellen Bearbeitung in der Mahnabteilung unterliegt. Hinsichtlich der Ausbuchung von Verzugszinsen ist es besonders wichtig, z.B. auf unverschuldete Arbeitslosigkeit, Krankheit, besondere »soziale Härten« etc. hinzuweisen. Kreditinstitute haben an diesem Punkt durchaus einen Spielraum. Ggf. sind mehrere Verhandlungsgänge zwischen Bank und Schuldnerberatung nötig.

Zum anderen sollte in Fällen, in denen der Schuldner zwar in der Lage ist, bestimmte Raten zu erbringen, die aber zur Tilgung nicht ausreichen (da die anfallenden Zinsen und Kosten zu hoch sind), versucht werden, **»einen Verzicht auf die Verrechnung gem. § 367 BGB«** zu erwirken. Wie bereits dargelegt, werden eingehende Zahlungen immer zuerst auf Kosten und Zinsen und dann erst auf die Hauptforderung verrechnet. So kommt es gerade bei notleidenden Konsumentenkrediten sehr häufig vor, daß trotz teilweise sogar hohen monatlichen Zahlungen der Schuldsaldo nicht ab-, sondern zunimmt. Eine Situation, die den motiviertesten und zahlungswilligsten Schuldner mutlos macht und zur Verzweiflung treibt. Diesen Umstand kann man auch Kreditinstituten einsichtig machen. Insbesondere wenn die mtl. freiwillig gezahlten Raten höher sind als der entsprechende mtl. Pfändungsbetrag (lt. Pfändungstabelle), wird man mit den Kreditinstituten hinsichtlich des Verzichtes auf die Anwendung des § 367 BGB zu guten Ergebnissen kommen. Wie die Praxis zeigt, ist es auch möglich, so eine Vereinbarung mit einer Ausbuchung (oder Teilausbuchung) von bereits verrechneten Verzugszinsen zu koppeln, oder sogar den insgesamt noch rückzahlbaren Saldo einzelfallbezogen festzulegen, d.h. einen Ratenzahlungsvergleich zu vereinbaren (näheres hierzu in Kap. 4.4.1, S. 120 ff.). Auch für derartige Vereinbarungen, die seitens der Kreditinstitute ohne Anerkennung einer Rechtspflicht erfolgen, gibt es einen größeren Spielraum als gemeinhin angenommen. Insbesondere wenn der Schuldner über einen längeren Zeitraum seine Zahlungsbereitschaft unter Beweis gestellt hat, ist es durchaus möglich, den Schuldner vom »Knebel des § 367 BGB« zu befreien.

Speziell in Verhandlungen mit Teilzahlungsbanken wird man immer wieder ein hohes Maß an Flexibilität für den Abschluß derartiger Vereinbarungen finden.[61] Schwieriger wird es schon bei den übrigen Banken. Am schwierigsten gestalten sich leider häufig entsprechende Verhandlungen mit den Sparkassen. Allgemein betrachtet scheint sich aber langsam in Bankenkreisen die Einsicht durchzusetzen, daß die Kreditinstitute ähnliche Regelungen, wie sie für hochverschuldete Staaten oder große angeschlagene Konzerne gefunden werden, auch den kleinen privaten Schnuldnern nicht mehr vorenthalten werden können; zumal dann nicht, wenn diese im Grunde zahlungswillig sind, aber aufgrund besonderer Umstände zahlungsunfähig sind.

Im übrigen erkennen die Banken immer stärker, daß durch die Einschaltung von Schuldnerberatungsstellen vielfach abzuschreibende Forderungen ganz oder teilweise noch eingebracht werden können. Hiervon profitieren die Kreditinstitute. Andererseits ist dem Schuldner durch eine abschließende, generelle Klärung seiner leidigen Kreditangelegenheit auch geholfen. Die Interessenlage ist auf beiden Seiten klar. Noch ein Hinweis: Es ist nicht ratsam, auf Sachbearbeiterebene zu verhandeln. Hier sind die Kompetenzen und Entscheidungsspielräume zu eingeschränkt. Für die Schuldnerberatung ist es durchaus angezeigt **mit der Geschäftsführung** bzw. dem zuständigen Geschäftsführer zu **verhandeln**. Diese Empfehlung wird übrigens auch vom BKG gegeben!

Sollten in besonders schwierigen Fällen einmal keine einvernehmliche Regelungen zwischen der Schuldnerberatung und der betreffenden Bank zu erzielen sein, kann es ggf. hilfreich sein, den entsprechenden Verband des Kreditinstitutes vermittelnd einzuschalten. Die Anschriften der wichtigsten Bankenverbände sind im Anhang, (S. 171 f.) abgedruckt. Allerdings sollte verständlicherweise von dieser Möglichkeit sparsam Gebrauch gemacht werden, um diesen Verhandlungsweg nicht überzustrapazieren. Auf jeden Fall sind zu allererst einmal die direkten Verhandlungswege auszuschöpfen. Die Einschaltung der jeweiligen Verbände kann nur für besonders schwierige Einzelfälle vorbehalten bleiben und stellt immer eine Ausnahme dar.

3.3.4 Versandhausschulden und sonstige Schulden

Es kann davon ausgegangen werden, daß infolge der zunehmenden Arbeitslosigkeit immer mehr Personen bei den Kreditinstituten keine Darlehen mehr erhalten, da sie als kreditunwürdig eingestuft werden. Aus diesem Grund dürfte dem Versandhausbereich für die Zukunft eine immer größere Bedeutung zukommen. Hier liegen mögliche Gefahren einer »**Kreditgrauzone**«, die weithin noch gar nicht erkannt sind.

Versandhäuser als »Lückenfüller«

Die Großversandhäuser haben in den letzten Jahren enorm expandiert und immer mehr Kunden gewonnen. Die Verschuldung bei Versandhäusern ist dementsprechend auch gestiegen. Wurde in der Vergangenheit noch ein Kredit aufgenommen, um z.B. Möbel oder andere langlebige Konsumgüter anzuschaffen, so beziehen heute viele Verbraucher diese Güter direkt beim Versandhaus, z.B. weil sie inzwischen infolge von Arbeitslosigkeit bei örtlichen Kreditinstituten kein Darlehen mehr erhalten. Es ist heute keine Seltenheit mehr, daß überschuldete Kunden bei mehreren Versandhäusern Schulden in der Größenordnung von mehreren tausend Mark haben. »Das Abzahlungsgeschäft im engeren Sinne macht bei den Beziehern kleinster Einkommen (unter DM 1.400,- mtl.; U.G.) einen wesentlichen Anteil ihrer Konsumentenkredite aus; knapp ein Fünftel. Mit steigendem Haushaltseinkommen nimmt der Anteil der Abzahlungsgeschäfte ständig ab.«[62]

Der Bereich der Handelsunternehmen wird heute im wesentlichen von den Großbanken mit kontrolliert. Hinter dem Marktführer Karstadt-Konzern stecken z.B. die Deutsche Bank und die Commerzbank. Die Karstadt-AG hält eine über 90 %ige Beteiligung am Neckermann-Versand. Der Kaufhof-Konzern (Kaufhof-AG und Kaufhalle GmbH) wird maßgeblich von den drei Großbanken gehalten. Die Horten-AG wird zu über

25 % über eine Anlageverwaltungsgesellschaft von der Deutschen Bank und der Commerzbank gehalten.[63] Die Absatzfinanzierung für Warenhäuser wird z.B. von folgenden Teilzahlungsbanken wahrgenommen: Für Horten von EFGEE, Gesellschaft für Einkaufsfinanzierung, Düsseldorf (dahinter steht die Deutsche Bank); für den Kaufhof von der WKV, Warenkredit-Verkehrsbank, Köln (hierhinter stehen zu je 50 % die Bank für Gemeinwirtschaft und der Kaufhof selbst).[64]

Die größten Versandhäuser, mit denen man in der Praxis häufig zu tun bekommt sind (unvollständige Aufzählung): Quelle, Otto, Neckermann, Schwab, Schöpflin, Wenz, Baader, Baur, Kurfürst, Robert Klingel und Heinrich Heine. Einige der kleineren Versandhäuser gehören wiederum zu den »drei Großen« (Quelle, Otto, Neckermann). Das Versandhaus Schöpflin gehört beispielsweise zum Quelle-Konzern. Die großen Versandhäuser sind heute zu weit verzweigten Konzernen geworden, was anhand des folgenden Schaubildes für den Otto-Versand einmal exemplarisch dargestellt wird.

OTTO-Versand (Konzernaufbau)

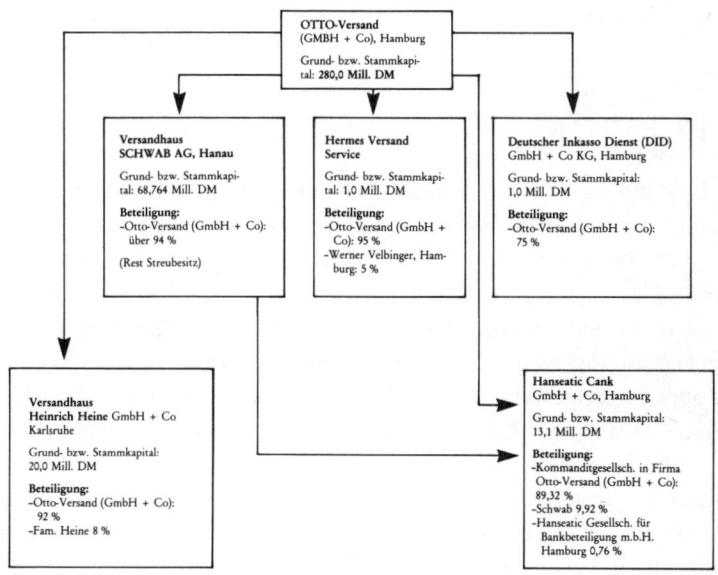

Quelle: Wer gehört zu wem? Hrsg.: Commerzbank AG, Frankfurt, 14. Aufl., 1982.

Die Darstellung macht deutlich, welche Marktkonzentrationen auch beim Versandhandel heute gegeben sind.

Zum anderen wird aber auch deutlich, daß für ein großes Versandhaus heute der eigene Versandapparat (Paketdienst) und darüber hinaus auch ein eigenes Finanzierungsinstitut und ein Beitreibungsunternehmen für ausstehende Forderungen dazugehören. Bei den »drei Großen« sind es folgende Unternehmen, mit denen jeder in der Schuldnerberatung Tätige zu tun bekommt:

Quelle Versand:	Noris Bank; Nürnberger Inkassodienst (Rechtsanwälte Helm und Partner)
Otto Versand:	Hanseatic Bank; Deutscher Inkasso-Dienst (Rechtsanwälte Ohle, Hansen, Ewerwahn und Partner)
Neckermann Versand:	Frankfurter Kreditbank; Frankfurter Inkassodienst (Rechtsanwalt Dr. Wetzel)[65]

Die Hanseatic Bank verfügt selbst über kein großes Filialnetz. Fast ebenso verhält es sich auch bei der Frankfurter Kreditbank, während die Noris Bank mit über 180 Filialen in jeder größeren Quelle-Niederlassung zu finden ist. Der Trend: »Wo eingekauft wird, wird auch das Giro- und natürlich Kreditkonto geführt«, scheint der Noris Bank viele neue Kunden gebracht zu haben. Amerikanische Konzerne dienten als Vorbild.[66]

Gezahlt wird beim Versandhandel entweder per Nachnahme oder in einer Summe lt. Rechnung; in den meisten Fällen jedoch in Raten (bei OTTO z.B. in drei, sechs oder acht Monatsbeträgen). In diesen Fällen gilt das Abzahlungsgesetz, natürlich auch mit dem schriftlichen Widerrufsrecht von einer Woche nach Bestellung. Meist werden auf die Teilzahlungspreise anscheinend kleine Zinsbeträge aufgeschlagen, die aber doch immerhin einen effektiven Jahreszins von 12 % (z.B. bei Quelle) ausmachen. Andere Versandhäuser werben damit, daß »Katalogpreise Teilzahlungspreise sind« (Baur).

Die ausgestellten Lieferscheine und Rechnungen sind derart kompliziert aufgebaut und schwer zu durchschauen, daß sie gerade von der größten Versandhauskundengruppe, nämlich armen Leuten und Kleinverdienern, in der Regel nicht verstanden werden.

Sammelbesteller

Vielleicht ist dies mit ein Grund dafür, daß viele Bestellungen über sog. **Sammelbesteller** laufen. Das Sammelbestellersystem ist seitens der Versandhäuser aus Rationalisierungsgründen eingeführt worden. Es tritt nur ein Besteller, ein Warenempfänger und ein Zahler auf, gleichwohl mehrere Kunden mit einer Warensendung bedient werden. (Allerdings kaufen auch viele Einzelpersonen als Sammelbesteller ein, um die von den Versandhäusern angebotenen Vergünstigungen auszunutzen.) Die Bearbeitungsvorgänge und Versandkosten werden für das Unternehmen erheblich gesenkt und ebenso ist nur ein Einkaufskonto buchhalterisch abzuwickeln. Zudem dürften auch »konsumfördernde Momente« in einer Bestellgruppe beim Einkaufen per Katalog mit dazu führen, daß eher mehr bestellt wird als bei Einzelbestellungen. Der Sammelbesteller ist zuständig für das Bestellen der Ware und deren Verteilung an die Mitbesteller, sowie für das Kassieren der jeweiligen Kaufsumme bzw. der jeweiligen Raten bei den anderen Bestellern und die Überweisung an das Versandhaus. Die Mitbesteller quittieren dem Sammelbesteller jeweils den Empfang der Ware, bzw. es wird der Empfang der Rate vom Sammelbesteller quittiert. Für diese Tätigkeiten erhält der Sammelbesteller eine Vergütung, meist in Höhe von 5 % der jeweiligen Bestellsumme. Häufig stellen die Versandhäuser Anforderungen hinsichtlich des jährlichen Mindestbestellwertes. Der Sammelbesteller ist über diesen finanziellen Anreiz nun aber auch die erste Mahninstanz gegenüber säumigen Mitbestellern! Zum einen wird nicht jeder Mitbesteller dem Sammelbesteller gegenüber offenbaren wollen, »ich kann im Moment nicht zahlen«. Um dieser peinlichen Situation zu entgehen, wird die fällige Ratenzahlung an den Sammelbesteller also »irgendwie« aufgebracht. Zum anderen wird vielleicht gerade ein hohes Maß an Vertrautheit zwischen den Partnern einer Bestellgruppe dazu führen, daß ein Mitbesteller seine momentanen Zahlungsschwierigkeiten darlegt und der Sammelbesteller für ihn mit der fälligen Rate in Vorlage geht, damit er seine Provision nicht verliert. In beiden Fällen profitiert das Versandunternehmen von seinem »Außendienstmitarbeiter«. Dieser leistet dem Unternehmen durch seine Arbeit im Rahmen dieses sorgfältig ausgestalteten Systems wertvolle Dienste. Kommt nun ein Mitbesteller seinen Zahlungsverpflichtungen nicht nach, gibt der Sammelbesteller diesen Rechnungsteil unter erstmaliger Nennung von Name und Adresse an das Versandhaus ab. Erst in diesem Moment tritt ein Mitbesteller gegenüber dem Unternehmen in Erscheinung. Der Sammelbesteller wird in so einem Fall allenfalls mit einem anteiligen Provisionsentzug in Höhe der abgegebenen Forderung dafür sanktioniert, daß er nicht aktiver in der Beitreibung war. Jeder Sammelbesteller wird so lange als irgend möglich diese Situation zu verhindern suchen, schon einmal um den Mitbesteller nicht zu diskreditieren und auch die eigene Provision zu sichern.

An dieser Stelle werden auch die **Gefahren des** ansonsten aus Gläubigersicht sehr weit ausgefeilten **Sammelbesteller-Systems** deutlich: Die Mitbesteller sind dem Unternehmen nicht bekannt und werden nicht registriert. Sie treten erst in Fällen von Zahlungsverzug in Erscheinung. Da es nun in jeder Stadt eine unzählige Schar von Sammelbestellern gibt, besteht die Gefahr, daß ein Mitbesteller über mehrere Sammelbesteller bei einem oder auch verschiedenen Unternehmen bestellt hat, ohne daß das jeweilige Versandhaus davon vor Zahlungsverzug etwas weiß! Hohe Schuldsalden eines Schuldners bei verschiedenen Versandhäusern sind so leicht erklärbar. Die Versandhäuser haben bis jetzt hier noch keine Sicherungsinstrumente eingeführt. Eine Bonitätsprüfung (z.B. SCHUFA-Anfrage) findet nur für den Sammelbesteller statt. Gerade in Zeiten, in denen immer weitere Bevölkerungskreise darauf angewiesen sind, ihren notwendigen Konsum (z.B. Kleidung) bei Versandhäusern zu decken, besteht durch die beschriebene Lücke im Sammelbesteller-System die Gefahr, daß sich diese Verbraucher »verzetteln«. Durch einfache Änderungen im Bestellverfahren könnten auch die Mitbesteller, zumindest für jedes einzelne Versandhaus, erfaßt werden und so ggf. ein oftmals sinnvolles Bestell-Limit eingeführt werden. Bei allen anonymen Einkaufsvorgängen ohne Beratung (und auch ohne Barzahlung) besteht die Gefahr der Selbstüberschätzung durch den Kunden, gerade für Verbraucher aus den unteren Einkommensschichten. Die Versandhäuser sind hier aufgefordert, im Sinne des Verbraucherschutzes zu handeln. Tritt bei Versandhausforderungen ein Zahlungsverzug auf, so erhalten die Kunden zuerst Mahnungen der hauseigenen Mahnabteilung. Bei größeren Unternehmen wird die eigentliche Beitreibungsarbeit aber von Tochterunternehmen, den angeschlossenen **Inkassobüros** geleistet.

Inkassobüros

Die quantitative Bedeutung dieser Unternehmen wird aus folgender Zahl deutlich: Eines der größten deutschen Inkassounternehmen, der Deutsche Inkasso - Dienst, Hamburg, stellt allein ca. ein Drittel des gesamten Mahnbescheidaufkommens beim Amtsgericht Hamburg! Diese kommerziellen Geldeintreibungsinstitute[67] verfügen über ein breitgefächertes Instrumentarium, um an ausstehende Forderungen zu kommen. Neben den unterschiedlichsten Mahnschreiben etc. gibt es auch schon eigene Außendienstmitarbeiter, die z.B. Ratenzahlungsvergleiche abschließen oder sogar Bargeld einkassieren. Mit den Inkassobüros der Versandhäuser und deren Rechtsanwälten kann man im allgemeinen gut verhandeln und insbesondere auch Vergleiche abschließen, sowie Ratenzahlungsvereinbarungen treffen. Gelegentlich muß auf die ausgewiesene Verzugszinshöhe (auf Mahnschreiben und Mahnbescheiden) geachtet werden, da diese zu hoch ist. Derartige Fakten sollten dem Inkassodienst mitgeteilt werden, und z.B. ein entsprechender Nachweis über den »tatsächlich in Anspruch genommenen Bankkredit« verlangt werden. Auch geltend gemachten »Inkassogebühren« sollte unbedingt widersprochen werden, wenn sie höher als die RA-Kosten ausfallen bzw. der Schuldner erkennbar zahlungsunwillig oder -unfähig ist.

Neben einer Reihe großer Inkassobüros, die als Tochtergesellschaften eines Konzernes (Versandhauses) fungieren, gibt es noch zahlreiche andere, meist kleinere Inkassobüros in der BRD.

»Die rechtlichen Formen des Inkassos sind vielfältig,
a) die Forderung wird an das Inkassobüro abgetreten, das Inkassobüro macht in eigenem Namen geltend (Inkassozession),
b) das Inkassobüro wird zur Einziehung der Forderung ermächtigt (Inkassomandat), und
c) das Inkassobüro kauft die Forderung gegen sofortige Wertstellung (Factoring).

Die häufigste Form im Inkassogeschäft ist die Abtretung, wobei intern zwischen Gläubiger und Inkassodienst vereinbart wird, die beigetriebenen Gelder in einer bestimmten Quotelung zu teilen.«[68]

Der Aufkauf von Forderungen ist also durchaus normal. Er geschieht zu unterschiedlichen Sätzen, die zwischen 10 % und 30 % der

Hauptforderungssumme liegen dürften. Es ist auch nicht unüblich, daß ein Inkassobüro die Forderung eines anderen Inkassounternehmens aufkauft. Das Inkassobüro verspricht sich dann, aufgrund des vorliegenden und 30 Jahre lang vollstreckbaren Schuldtitels, doch noch irgendwann eine Realisierung der Forderung. So kommt es gelegentlich vor, daß Forderungen von einem Eintreiber zum anderen wandern und man es mit immer neuen Verhandlungspartnern zu tun bekommt.

Die **Strategien des Inkassobüros** scheinen immer mehr darauf abzuzielen, den Schuldner zur freiwilligen Zahlung zu bewegen. Die Beitreibungsinstitute scheinen erkannt zu haben, daß die schwerfälligen Möglichkeiten der Zwangsvollstreckung nicht so wirkungsvoll sind wie außergerichtliche Beitreibungsmöglichkeiten. Die »freiwillige« Ratenzahlung des Schuldners ist nicht so zeit- und kostenaufwendig wie gerichtlich festgestellte Zwangsmaßnahmen. Man kann feststellen, daß sich die Maßnahmen der Inkassobüros überwiegend auf das geldwerte Einkommen des Schuldners richten; es geht den Inkassobüros primär also nicht um die Verwertung des sonstigen Vermögens. Dieser Umstand kann für die Schuldnerberatung sehr wichtig sein, da sie vom Inkassobüro her als eine Möglichkeit außergerichtlicher Realisierung angesehen werden kann.

Jüngst mehren sich allerdings die Beobachtungen, daß einige Inkassounternehmen auch zu **»unkomplizierten Eintreibungsmethoden«** übergehen, etwa durch ungebetene, angstauslösende Hausbesuche von einigen stark gebauten Außendienstmitarbeitern, nächtliche Telefonanrufe, oder auch diskriminierende Schreiben an Arbeitgeber und Verwandte des Schuldners. Diesen **ungesetzlichen Praktiken** gilt es entschieden zu begegnen und im gegebenen Falle sollte die Staatsanwaltschaft eingeschaltet werden. Überhaupt sollten die verschiedensten Praktiken eines Inkassobüros kritisch betrachtet werden, denn durch die Einschaltung eines solchen Büros kommen enorme Beitreibungskosten für den Schuldner hinzu. Diese anfallenden Kosten braucht der Schuldner allerdings dann nicht mitzubezahlen, wenn von vornherein erkennbar ist, daß er zahlungsunfähig oder zahlungsunwillig ist. Zusätzlich zu den Kosten eines Rechtsanwaltes können Inkassobürokosten grundsätzlich nicht erhoben werden.[69] Beschwerden hinsichtlich »unsauberer Arbeitsweisen« von Inkassobüros sind an den zuständigen Amtsgerichtspräsidenten (falls im Bezirk nicht vorhanden: Landesgerichtspräsidenten) am Sitz des Unternehmens zu richten.

Von dieser Überwachung sind leider ausländische Inkassounternehmen ausgeschlossen (z.B. Büros, die von Vaduz aus ihr Unwesen in der BRD treiben).

Einige Inkassobüros sind gleichzeitig als Wirtschaftauskunfteien tätig (z.B. Creditreform, Schimmelpfeng, Bürgel). Sie besorgen z.B. noch »Kapitalschutz-Auskünfte für Kapitalanleger« (Schimmelpfeng) oder allgemeine Handelsauskünfte für Wirtschaftsunternehmen. –

Gelegentlich bekommt man es auch mit sog. »Verrechnungsstellen«, z.B. für Ärzte zu tun, welche die Beitreibung ausstehender Arzthonorare durchführen. Es handelt sich hierbei um Unternehmen, die den jeweiligen kassenärztlichen Vereinigungen angeschlossen sind.

Daneben wird man es immer wieder mit **Rechtsanwaltskanzleien** zu tun haben, die für ihre Mandanten versuchen, Forderungen einzuziehen. Gelegentlich drängt sich einem der Eindruck auf, daß einige anscheinend auf Forderungseintreibung spezialisierte Sozietäten beinahe schon »Inkassobüros« sind. Für Rechtsanwälte ist der Forderungseinzug eine lukrative Sache, deren eigentliche Bearbeitung meist von den Angestellten selbständig durchgeführt wird. In der Praxis wird man sich sehr bald ein Bild machen können, welche Kanzlei wie arbeitet und ob ggf. auch eine Kanzlei im örtlichen Bereich tätig ist, die beinahe die eigenen Mandanten »ausnimmt« durch immer neue, aber hoffnungslose Zwangsvollstreckungsversuche. I.d.R. vertraut ein Gläubiger der beauftragten Rechtsanwaltskanzlei blind. In derartigen Fällen sollte vorsichtig direkt Kontakt mit dem betreffenden Gläubiger aufgenommen werden, gerade dann, wenn ihm etwas angeboten werden kann. Insbesondere wenn die Schuldnerberatung schon bekannt ist, werden meist sachliche Einzelverhandlungen mit den Rechtsanwälten geführt werden können.

Öffentliche Gläubiger

Fragen und Unsicherheiten tauchen oftmals im Umgang mit **öffentlichen Gläubigern** auf. Generell gilt hier: Sie sind nicht anders als andere Gläubiger zu behandeln. Aber es gibt einige Ausnahmen zu beachten. Öffentliche Dienststellen (z.B. Post) können nach dem **Verwaltungsvollstreckungsgesetz** (VwVG) selbst, also ohne Hinzunahme gerichtlicher Hilfe, Pfändungs- und Überweisungsverfügungen erlassen oder sogar auch einen Termin zur Abgabe der eidesstattlichen Versicherung ansetzen und durchführen. Hierdurch unterscheiden sie sich von allen anderen Gläubigern, die so nicht verfahren können. Die Verfahrensbestimmungen ergeben sich aus der AO. Zur Durchführung dieser Handlungen sind die jeweiligen Vollstreckungsabteilungen der Behörden sachlich zuständig. Häufig setzen diese Behörden sog. »Vollstreckungsbeamte« im Außendienst zur Eintreibung von Forderungen ein (diese Mitarbeiter können sich immer durch einen amtlichen Dienstausweis ausweisen). Aber auch öffentliche Forderungen können niedergeschlagen, gestundet, raten- oder vergleichsweise erledigt werden! Dies gilt auch für Steuerschulden beim Finanzamt; vgl. §§ 47, 222, 223 AO. Die Verjährungsfrist für Ansprüche aus einem Steuerschuldverhältnis beträgt fünf Jahre (§ 228 AO). Im Einzelfall mag es bei Behörden etwas kompliziertere Verhandlungswege geben. So muß z.B. ein Vergleich mit einem Fernmeldeamt wegen Schulden aus der Benutzung eines Fernsprechanschlusses von der vorgesetzten Dienstbehörde, der zuständigen Oberpostdirektion, genehmigt werden. Selbst Forderungen der Gerichtskassen (Verfahrenskosten) können gestundet bzw. vergleichsweise reguliert werden.

Selbstverständlich bilden Geldstrafen eine Ausnahme. Allerdings können auch Geldstrafen auf Antrag (des Schuldners oder der Schuldnerberatung) ratenweise abgetragen werden, solange die Ratenhöhe »mit dem Strafmaß und -zweck vereinbar ist«. In begründeten Einzelfällen ist auch eine Stundungsmöglichkeit gegeben.

Insgesamt kann man mit öffentlichen Gläubigern gut verhandeln. Gelegentlich kommt es bei Vergleichsverhandlungen zu Stockungen im Verhandlungsablauf, da die öffentlichen Dienststellen manchmal darauf nicht eingestellt zu sein scheinen. Die Bereitschaft zum Verzicht oder Teilverzicht oder auch zu sonstigem Nachgeben, wird natürlich davon abhängen, wie sicher die sonstigen Beitreibungsmöglichkeiten von der Behörde eingeschätzt werden. Hat sie noch »Trümpfe in der Hand«, so wird es schwieriger. Gerade öffentliche Dienststellen lassen sich aber auch auf kleinste Ratenzahlungen (DM 10,- bis DM 30,- mtl.) ein, wenn keine anderen Möglichkeiten gegeben sind.

Haustürgeschäfte

Zuletzt sollen noch die Forderungen aus sog. **Haustürgeschäften** (z.B. Zeitschriftenabonnements, Staubsaugererwerb, Lexikakauf) angesprochen werden. Speziell bei Zeitschriftenabonnementsforderungen machen die Vertriebsgesellschaften i.d.R. noch einen Schadensersatzanspruch gem. § 326 BGB bei Zahlungsverzug wegen Nichterfüllung des Abonnementsvertrages geltend. Fast ausnahmslos wird man in zähen Verhandlungen erreichen, daß lediglich die tatsächlich abgenommenen Zeitschriften bezahlt werden müssen. In diesen Verhandlungsfällen lohnt sich vielfach der undifferenzierte Hinweis: »... auf die Praktiken Ihres Außendienstmitarbeiters wollen wir hier nicht näher eingehen ...« Was die tatsächlichen Praktiken der Vertreter angeht, ist bei Haustürgeschäften bekanntermaßen Vorsicht geboten, zumal diese Vertriebsform wieder leicht an Bedeutung zunimmt. Insbesondere bei Ratenzahlungsverträgen sind auch die Bestimmungen des Abzahlungsgesetzes zu beachten.

Sicher sind eine Reihe von Gläubigergruppen hier unerwähnt geblieben. Nicht etwa, weil sie in der Schuldnerberatung selten vorkommen, sondern weil sie dann genauso zu behandeln sind wie die vorgenannten Gläubiger.

3.3.5 Unterhaltsschulden

Die besondere Bedeutung, die Unterhaltsschulden im Rahmen der Zwangsvollstreckung einnehmen, ist in Kapitel 3.2 (S. 45 f.) hinlänglich beschrieben worden.

Nun kann es allerdings auch einmal vorkommen, daß jemand deswegen eine Schuldnerberatung in Anspruch nehmen muß, weil ihm zugesprochene Unterhaltszahlungen nicht ordnungsgemäß eingegangen sind (vgl. auch § 170 b StGB). In Fällen, bei denen Unterhalt für Kinder von alleinstehenden Müttern und Vätern aussteht, ist zu prüfen, ob Leistungen nach dem **Unterhaltsvorschußgesetz (UVG)** für Kinder, die das 6. Lebensjahr noch nicht vollendet haben, beim zuständigen Jugendamt beantragt werden können. Insgesamt können für längstens 36 Monate Unterhaltsvorschußleistungen gewährt werden.

In der Regel halten die Jugendämter Merkblätter mit detaillierten Informationen zu den Möglichkeiten dieses Gesetzes, das seit dem 1.1.1980 in Kraft ist, bereit.

Sollten Möglichkeiten nach UVG nicht bestehen, so kann der Unterhaltsgläubiger seinerseits Zwangsvollstreckungsmaßnahmen gegen den Unterhaltsschuldner ergreifen. Hierfür sollte unbedingt ein Rechtsanwalt eingeschaltet werden; häufig wird den Unterhaltsgläubigern ohnehin Prozeßkostenhilfe zustehen. Sollte das Vollstreckungsgericht den pfandfreien Betrag nach Ansicht des Unterhaltsgläubigers zu hoch ansetzen, kann dieser natürlich auch gem. § 766 ZPO eine »sofortige Erinnerung« gegen diesen Beschluß des Gerichtes einlegen, damit ggf. der zu pfändende Unterhaltsbetrag erhöht wird.

3.3.6 Hausschulden

Auf Hausschulden (Hypothekendarlehen) soll hier nur kurz eingegangen werden. Wenngleich viele Hausherren von hohen Hypothekenzinsen betroffen sind und allenthalben »Notverkäufe« und Zwangsversteigerungen zunehmen, ist es regelmäßig nicht Aufgabe der Schuldnerberatung, hier tätig zu werden.

Dennoch kommt es selten einmal vor – vor allem in ländlichen Gebieten und Kleinstädten –, daß eine Schuldnerberatungsstelle wegen eines Mitwirkens an der Verhinderung einer Zwangsversteigerung angesprochen wird. Daher sollen hier einige wenige allgemeine Hinweise erfolgen. Da durch eine Zwangsversteigerung Obdachlosigkeit drohen kann, ist ein Tätigwerden im gebotenen Einzelfalle für die Schuldnerberatungsstelle durchaus angezeigt.

Gelegentlich sind es nur kleine Forderungen, derentwegen eine **Zwangsversteigerung** betrieben wird, z.B. restliche Handwerkerrechnungen. Meist handelt es sich aber um höhere Forderungen von Hypothekenbanken und Bausparkassen aus nicht mehr aufgebrachten Tilgungen. Hier ist es erfahrungsgemäß sehr schwierig für eine Schuldnerberatungsstelle, etwas zu unternehmen.

Zwangsversteigerungsverfahren

Für die Durchführung von Zwangsversteigerungsverfahren nach dem Zwangsversteigerungsgesetz (ZVG) sind die Amtsgerichte, und dort wiederum die Rechtspfleger zuständig. Die Rechtspfleger sind von Amts wegen bei Zwangsversteigerungen gehalten, in Verhandlungen mit den Gläubigern auf außergerichtliche Lösungen hinzuwirken. Daher empfiehlt es sich bei Bekanntwerden einer Zwangsversteigerungssache, mit dem zuständigen Rechtspfleger beim Amtsgericht Kontakt aufzunehmen und sich zu informieren bzw. Absprachen zu treffen.

Ein Zwangsversteigerungsverfahren verläuft in etwa folgendermaßen: Nachdem aufgrund eines Schuldtitels, oder aber häufiger durch eine notariell beglaubigte Urkunde, durch die sich der Schuldner »unter die sofortige Zwangsvollstreckung unterwirft«, vom Gläubiger ein Antrag auf Durchführung einer Zwangsversteigerung gestellt wurde, wird diese vom Amtsgericht angeordnet. Diese Anordnung ist im Grundbuch einzutragen. Ferner muß der Verkehrswert des Hausgrundstückes festgesetzt werden. Eine Versteigerung soll mindestens sieben Zehntel des festgesetzten Verkehrswertes erreichen, sonst darf normalerweise kein Zuschlag erteilt werden. Der Termin für eine Zwangsversteigerung ist öffentlich auszuschreiben. Ein Zwangsversteigerungsverfahren kann »einstweilen eingestellt« werden, z.B. auf Anregung des Rechtspflegers. Nach § 30 ZVG muß der Gläubiger diese einstweilige Einstellung bewilligen. Dies wird er tun, wenn er realistische außergerichtliche Befriedigungsmöglichkeiten sieht. »Die Einstellung kann wiederholt bewilligt werden. Ist das Verfahren aufgrund einer Bewilligung des Gläubigers bereits zweimal eingestellt, so gilt eine erneute Einstellungsbewilligung als Rücknahme des Versteigerungsantrages« (§ 30 ZVG). Die Fortsetzung eines einstweilen eingestellten Zwangsversteigerungsverfahrens darf nur auf Antrag des Gläubigers geschehen; »wird der Antrag nicht binnen sechs Monaten gestellt, so ist das Verfahren aufzuheben« (§ 31 ZVG). Es gibt somit also die Möglichkeit, etwa ein Jahr lang »Luft zu bekommen«, um ggf. andere Tilgungsmöglichkeiten zu finden. Die Schuldnerberatungsstelle kann selbstverständlich mit dem Gläubiger jederzeit verhandeln.

Nach § 30 a ZVG kann ebenfalls auf Antrag des Schuldners das Zwangsversteigerungsverfahren einstweilen eingestellt werden, »wenn

Aussicht besteht, daß durch die Einstellung die Versteigerung vermieden wird, und wenn die Einstellung nach den persönlichen und wirtschaftlichen Verhältnissen des Schuldners sowie nach der Art der Schuld der Billigkeit entspricht« (§ 30 a I ZVG). Das Gericht kann dem Schuldner eine Reihe von Auflagen und Maßgaben auferlegen, die Voraussetzung für die einstweilige Einstellung des Verfahrens sind. Der Antrag des Schuldners ist innerhalb einer Notfrist (d.h. einer Frist, die weder verkürzt noch verlängert werden kann) von zwei Wochen nach Zustellung der Zwangsversteigerungsverfügung zu stellen. Vor der Entscheidung hat das Gericht Schuldner und Gläubiger zu hören. Gegen den Beschluß können beide Seiten »sofortige Beschwerde« einlegen. In Zwangsversteigerungsverfahren kann auch Vollstreckungsschutz gem. § 765 a ZPO in Anspruch genommen werden. Neben den üblichen Härtegründen (z.B. Krankheit, Schwangerschaft bzw. bevorstehende Entbindung, unverschuldete Notlagen) kann hier »als sittenwidrige Härte« auch ein »krasses Mißverhältnis zwischen Hausgrundstückswert und dem Höchstgebot in einer Zwangsversteigerung« angesehen werden.[70]

Allermeist wird die Erörterung in der Schuldnerberatung im Rahmen eines Zwangsversteigerungsverfahrens aber wohl ergeben, daß der Schuldner so schnell wie möglich einen **»freihändigen« Verkauf** anstreben sollte, um noch zu retten, was zu retten ist. Ein derartiger Verkauf ist für den Schuldner immer besser als eine Versteigerung. Auch sollte sehr eindringlich vor »kommerziellen Umschuldern« gewarnt werden, die z.T. mit dubiosen Methoden den bedrängten Schuldnern zu Leibe rücken und durch ihre angebliche »Hilfe« noch mehr Unheil anrichten.

4 Sanierung

Die wichtigste Frage bei der Schuldnerberatung ist natürlich die nach den Sanierungsmöglichkeiten. Was kann nun tatsächlich getan werden, wenn jemand DM 20.000,- Schulden hat?

In diesem Abschnitt sollen die verschiedenen Sanierungsmöglichkeiten praxisnah vorgestellt werden. Praktische Tips und die Auseinandersetzung mit den jeweiligen Modellen zeigen auf, welche Möglichkeiten wann und wie eingesetzt werden können. Auch die Grenzen der Schuldnerberatung werden dargestellt.

4.1 Ablauf einer Schuldenregulierung

Die Skizze auf der folgenden Seite versucht schematisch den Ablauf eines Schuldenregulierungsverfahrens mit den wesentlichsten Schritten und Handlungsabläufen darzustellen.

Erstgespräch

Nachdem der Schuldner selbst, oder durch Vermittlung einer anderen Beratungsstelle zur Schuldnerberatung gelangt ist (das Prinzip der Freiwilligkeit ist aber unbedingt zu beachten!; s. S. 25), fällt dem Erstgespräch eine zentrale Rolle zu. Man sollte hierfür ausreichend Zeit haben (ca. 1 Stunde) und es in einer möglichst störungsfreien Atmosphäre (keine Telefonate zwischendurch) in der Beratungsstelle führen. Es hat sich nicht bewährt, das Erstgespräch im Rahmen eines Hausbesuches durchzuführen; der Schuldner muß den ersten Schritt in die Beratungsstelle selbst vollziehen.

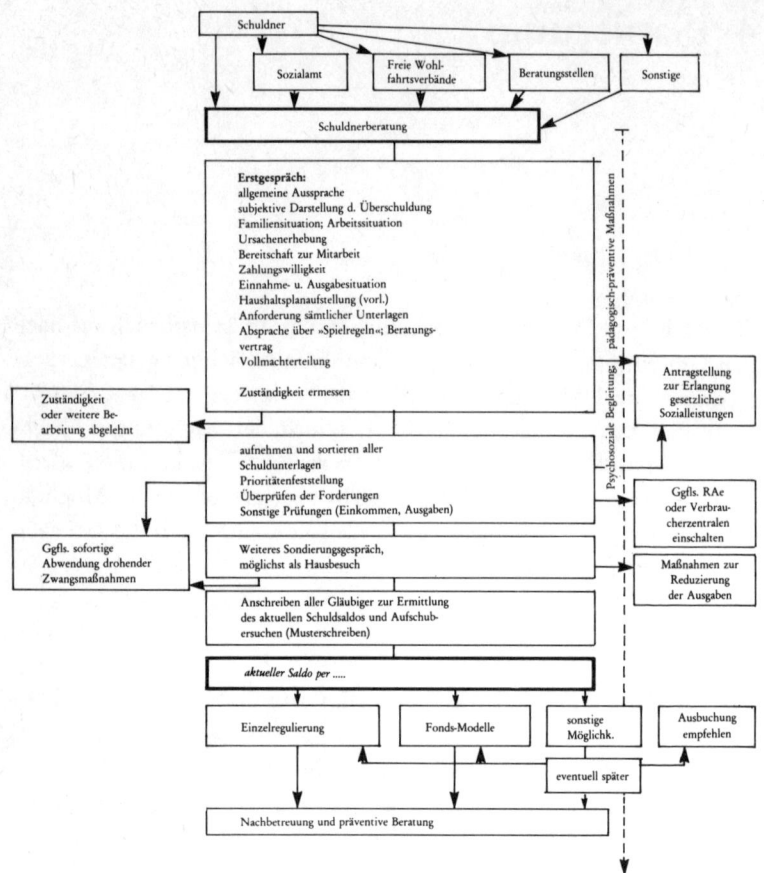

Neben dem ersten groben Sichten der möglicherweise mitgebrachten Unterlagen sollte der Schuldner genügend Zeit haben, um aus seiner Sicht die Ursachen der Überschuldung darzustellen. Diese erste subjektive Schilderung ist wichtig für das weitere Vertrauensverhältnis zwischen Schuldner und Berater. Der Schuldner muß sich angenommen fühlen und die ihn belastenden Sorgen hinsichtlich seiner Schulden und vielleicht auch noch anderer Probleme loswerden können, sich also zunächst einmal »freisprechen«. Im zweiten Teil des Erstgespräches sollten gezielte Nachfragen nach der Familiensituation (Kinderzahl, Wohnverhältnisse, Beziehung der Ehegatten zueinander, ggf.

anstehende Scheidung, Schwangerschaft, Alkohol- oder sonstige Drogenprobleme etc.) gestellt werden. Vor allem ist auch ein monatlicher Haushaltsplan aufzustellen, in dem alle mtl. Einkünfte (incl. der Leistungen nach dem SGB sowie feste Nebeneinkünfte) den mtl. Ausgaben gegenübergestellt werden. Hier sind neben den fixen Kosten für Wohnung, Energie, Versicherungen auch die zu leistenden Raten, Zeitschriften-, Telefon- und GEZ-Gebühren zu berücksichtigen. Quartalsmäßig oder jährlich zu zahlende Versicherungen müssen auf den Monat umgerechnet werden. Nicht zu vergessen ist ggf. das anfallende Benzingeld, soweit der Schuldner ein Auto fährt. Vielleicht wird jetzt schon in eklatanter Weise das Ausmaß der Überschuldung sichtbar: Wenn die Ausgaben bzw. die Zahlungsverpflichtungen erheblich über dem Einkommen liegen, ist es nicht verwunderlich, daß jemand in der Schuldnerberatungsstelle sitzt!

Dem Schuldner muß höflich-bestimmt aufgegeben werden, *alle* Schuldunterlagen der Schuldnerberatungsstelle zu übergeben, da nur so eine grundlegende Sanierung überhaupt erreicht werden kann; es ist also ganz wichtig, daß wirklich alle Schulden erfaßt werden. Es ist meist üblich, daß die Schuldner in der ersten Zeit häufig noch mit »plötzlich wieder aufgetauchten« Unterlagen nachträglich in die Beratungsstelle kommen. Dies ist besser, als wenn die Schuldner diese Unterlagen verheimlichen würden, daher sollte dieses Verhalten, verbunden mit der Frage, »ob dies denn nun wirklich alles ist«, positiv konditioniert werden. In der Regel wird ein Schuldner, der wirklich freiwillig zur Schuldnerberatung gekommen ist, auch alle Unterlagen vorlegen. Es kommt allerdings manchmal vor, daß ältere Schulden, wegen denen auch in der jüngsten Vergangenheit keine Korrespondenz mehr erfolgte, verdrängt und vergessen werden.

Die Erteilung der Vollmacht gehört selbstverständlich genauso ins Erstgespräch wie die Absprache und Vereinbarungen über die »Spielregeln« (s. Kap. 2.2, S. 25 ff.). Gelegentlich ergibt das Erstgespräch, daß eine weitere Bearbeitung nicht in Frage kommt, etwa weil der Schuldner gar keine Bereitschaft zur Mitarbeit zeigt (»... ich dachte, wir könnten heute sofort von Ihnen Geld zur Umschuldung bekommen; na denn ...«).

Das **Sortieren** der vielfach überhaupt nicht geordneten, ja teilweise noch verschlossenen in den Umschlägen »schlummernden« **Schuld-**

unterlagen nimmt meist einen erheblichen Zeitaufwand in Anspruch, gerade wenn es sich um viele Gläubigerforderungen handelt. Zu achten ist auch darauf, daß bei demselben Inkassounternehmen z.B. mehrere, selbständige Forderungen nebeneinander bestehen können, und hier beim Sortieren nach den Aktenzeichen (Vorgangsnummern) größte Aufmerksamkeit erforderlich ist. Der Sachbearbeiter am Bildschirmplatz A eines großen Inkassounternehmens weiß nicht, daß Schuldner X auch bei dem Bildschirmplatz B und C noch offene Rechnungen hat. Die Schuldnerberatungsstelle, bei der alle Schulden erfaßt sind, bringt dies oftmals erst zutage.

In die erste Phase eines Schuldenregulierungsverfahrens gehört auch eine grobe Vorprüfung bzgl. möglicher rechtlicher Verstöße, deren genaue Durchleuchtung aufgrund des RBerG jedoch einem Rechtsanwalt vorbehalten bleiben sollte. Zudem gilt es, Möglichkeiten zu finden, um ggf. das Einkommen des Schuldners zu erhöhen bzw. die Ausgaben zu senken (näheres hierzu in Kap. 4.5, S. 136 ff.). Ein Hausbesuch zu Beginn eines oftmals langwierigen Schuldenregulierungsverfahrens rundet den Eindruck, den der Berater in den bisherigen Gesprächen gewonnen hat, ab und ist hilfreich, um den Schuldner nach dem Kennenlernen seines Mikrobereiches besser zu verstehen.

Um den aktuellen Gesamtschuldenstand des Schuldners zu erfahren (dieser legt ja häufig ältere Unterlagen vor, die überholt sind; zudem muß die Zinsfortschreibung berücksichtigt werden) und den Gläubigern mitzuteilen, daß ein Schuldenregulierungsverfahren durchgeführt werden soll, wird ein Musterschreiben (s.S. 160 f.) verwandt. Dies hat neben einer enormen Arbeitserleichterung den Vorteil, daß gleiche, wiederkehrende Schreiben bei der Gläubigerseite zur Bekanntheit der Schuldnerberatungsstelle beitragen. Die weiteren Schritte und Möglichkeiten sind im folgenden beschrieben. Die erwähnten Musterschreiben, Vordrucke und Arbeitshilfen sind im Anhang des Buches abgedruckt (ab S. 160).

4.2 Prüfung rechtlicher Grundlagen[71]

Für den weiteren Verlauf einer Sanierung ist es erforderlich, daß eine **Vorprüfung rechtlicher Bestimmungen** erfolgt. Denn falls rechtliche Mängel vorliegen, kann die Beschreitung des Rechtsweges durch den Schuldner zu einer Verbesserung seiner Situation führen. Die gerichtliche Durchsetzung von Ansprüchen kann nicht Aufgabe der Schuldnerberatungsstelle sein. Daher wird es sich regelmäßig nur um eine detaillierte Vorprüfung handeln. Sollten gerichtliche Auseinandersetzungen nötig werden, würde eine Schuldnerberatungsstelle ihr zusammengestelltes Material einem Rechtsanwalt zur weiteren Bearbeitung übergeben. Diese Vorprüfungen und Tatsachenerhebungen verstoßen auch nicht gegen die Bestimmungen des RBerG (s. hierzu Kap. 2.1, S. 20 ff.), da sie im Rahmen der gesamten sozialen und finanziellen Rehabilitationsbemühungen unerläßlich sind. Im folgenden sollen die wesentlichen rechtlichen Bereiche kurz dargestellt werden, die es im allgemeinen zu überprüfen gilt, um den Schuldner vor größerem Schaden zu bewahren. Dabei werden niemals alle Sachverhalte auf einmal zutreffen; vielmehr versteht sich diese Darstellung als Auswahl der wichtigsten Möglichkeiten und will den Berater für bestimmte rechtliche Fragen sensibilisieren.

Fristen

Zunächst gilt es auf bestimmte Fristen zu achten, z.B. die **Zwei-Wochen-Frist** zum Einlegen eines **Wider-** bzw. **Einspruches** gegen einen **Mahn-** bzw. **Vollstreckungsbescheid**. Dies hat allerdings nur Sinn, wenn die Forderung nicht korrekt ist bzw. die geltend gemachten Verzugszinsen oder Mahngebühren zu hoch sind (s. im einzelnen hierzu Kap. 3.1, S. 36 ff.).

Falls ein Schuldner aufgrund einer möglicherweise pfändungsbedingten Kündigung in die Schuldnerberatungsstelle kommt, gilt es, eine **Drei-Wochen-Frist** für die Einlegung einer sog. »**Kündigungsschutzklage**« (§ 4 KSchG) zu beachten. Bei Kündigungen infolge von Lohnpfändungen sind besondere Aspekte zu beachten; s. Urteilssammlung (S. 157).

Des weiteren gilt es auf bestimmte **Verjährungsfristen** zu achten. Die regelmäßige Verjährungsfrist beträgt 30 Jahre (§ 195 BGB). Allerdings wird diese Regelfrist praktisch zur Ausnahme durch die sog. »kurzen Verjährungsfristen« Die wichtigsten Verjährungsfristen sind die

1. **zweijährige** (§ 196 BGB); für Ansprüche von Kaufleuten, Handwerkern, Ärzten etc., für die sog. »Geschäfte und Leistungen des täglichen Lebens«; *und*
2. **vierjährige** (§ 197 BGB); für laufende und wiederkehrende Leistungen (z.B. Mietschulden, aber auch Kreditzinsen; nicht aber die Kapitalrückzahlung). § 201 S 1 BGB ist zu beachten.

Allerdings wird es sehr selten vorkommen, daß eine länger ausstehende Forderung nicht tituliert ist. Falls dies einmal vorliegt, sollten unbedingt die genannten Fristen beachtet werden und ggf. geforderte Zahlungen verweigert bzw. zu spät kommenden Mahnbescheiden unter Hinweis auf die jeweilige Verjährungsfrist widersprochen werden.

Abzahlungsgeschäfte

Nach § 1 b AbzG können **Abzahlungsverträge** (d.h. Verträge, in denen vereinbart ist, daß eine Ware nach Erhalt in zwei oder mehr Raten bezahlt wird) und **finanzierte Abzahlungsgeschäfte** über § 6 AbzG (d.h. Verträge, in denen der Warenkauf über eine Bank finanziert wird und eine Zusammenarbeit zwischen Händler und Bank besteht) innerhalb einer Frist von einer Woche schriftlich widerrufen werden. Für die Schuldnerberatung hat diese Frist allerdings i.d.R. keine Relevanz, da die Schuldner eben erst kommen, wenn sie ihre Raten nicht mehr bezahlen können. Allerdings ist zu beachten, daß eine schriftliche und vom Käufer zu unterschreibende Belehrung (Ausnahme: z.B. Versandhausbestellungen; vgl. § 1 b III i.V.m. § 1 a IV AbzG), die »drucktechnisch deutlich gestaltet« sein muß, dem Käufer ausgehändigt werden muß. Wenn die Belehrung fehlt, kann ein solcher Abzahlungsvertrag auch noch nach z.B. sechs Monaten gekündigt werden, allerdings ist dem Verkäufer nach § 1 d AbzG »der Wert der Gebrauchsüberlassung« zu erstatten. Daher lohnen sich Kündigungen nach mehr als sechs Monaten meist nicht! Falls dem Käufer kein Exemplar des Vertrages ausgehändigt wird, oder aber der Verkäufer seine Informationspflicht nach § 1 a AbzG nicht nachgekommen ist (z.B. wenn der effektive Jahreszins um mindestens 2 % zu niedrig angegeben wird), braucht der Käufer lediglich den Barzahlungspreis in dem an sich vereinbarten Abzahlungszeitraum zu zahlen! Es brauchen also keine Zinsen und Gebühren bezahlt zu werden. Ein finanziertes Abzahlungsgeschäft liegt bei einer wirtschaftlichen Einheit zwischen Kauf- und Kreditvertrag vor. Kriterien hierfür sind beispielsweise: Sicherungsübereignung des gekauften Gutes, Händlermithaftung für die Kreditschuld, oder Einreichen des Vertrages durch den Händler bei der Bank, bzw. der Händler läßt einen Vertreter der Bank in seine Geschäftsräume. Ein weiteres Indiz für das Vorliegen eines finanzierten Abzahlungsgeschäftes ist darin zu sehen, wenn der Händler Kreditantragsformulare bei sich vorrätig hält.

Die verbraucherfreundlichen Möglichkeiten des AbzG werden leider in der Schuldnerberatung nur sehr selten greifen, sollten aber dennoch immer mitgeprüft werden.

Prüfung von Kreditverträgen

Gerade bei **Kreditverträgen**, insbesondere von Teilzahlungsbanken, und hier wiederum besonders bei vermittelten Verträgen; sind eine Reihe rechtlicher Punkte zu beachten und zu überprüfen. Wenn der Kredit Teil eines finanzierten Abzahlungsgeschäftes ist, sind wiederum die Bestimmungen des AbzG zu beachten.

Besonders wichtig ist die Frage, ob der Kreditvertrag gegen ein **Verbotsgesetz** verstößt. Ist dies der Fall, so ist der Vertrag gem. § 134 BGB nichtig; d.h. der Kreditnehmer muß i.d.R. nur den erhaltenen Nettokreditbetrag zurückzahlen. In Betracht kommen z.B.

1. Verbot der Kreditvermittlung bei Lohnsteuervorfinanzierung
Einige Banken arbeiten mit Steuerberatern etc. zusammen und diese haben sich darauf spezialisiert, gerade ausländischen Arbeitnehmern teure Kredite aufgrund des bereits abgetretenen Lohnsteuererstattungsbetrages zu vermitteln. Wenn in der Praxis so ein Fall auftritt, sollte dies genauestens überprüft und ggf. ein Rechtsanwalt eingeschaltet werden. Es kann ein Verstoß gegen das RBerG vorliegen (vgl. auch Kap. 3.3.3, S. 69).

2. Verbot kommerzieller rechtsberatender Umschuldung durch sog. »Umschuldungsbüros«
Diesen Unternehmen muß mit aller Härte begegnet werden, da sie i.d.R. einen Schuldner immer tiefer in die Misere treiben, da meist oh-

ne Erfolgsgarantie hohe Bearbeitungsgebühren erhoben und eingetrieben werden. Vielfach liegt auch hier ein RBerG-Verstoß vor. Falls Rechtsanwälte bei solchen bzw. für solche Büros arbeiten, sollte unverzüglich die zuständige Anwaltskammer (Adresse bei Rechtsanwälten oder Landgerichten erfragen) eingeschaltet werden, da eine derartige Tätigkeit für Rechtsanwälte nach dem Standesrecht ausgeschlossen ist; den Anwälten steht dann ein sog. Ehrengerichtsverfahren ins Haus.

3. Verbot der Kreditvermittlung im Reisegewerbe gem. § 56 I Nr. 6 GewO

Dies ist ein sehr wichtiges Verbotsgesetz und sollte unbedingt bei vermittelten Krediten genau geprüft werden! Hier gibt es allerdings einiges zu beachten:

a) Reisegewerbe liegt vor, wenn außerhalb »der Räume einer gewerblichen Niederlassung«, z.B. einem Hausbesuch oder auch einer Kaffeefahrt ohne vorheriger Bestellung eines Vermittlers ein Vertrag abgeschlossen, oder auch nur eine den Abschluß des Darlehensvertrages vorbereitende Tätigkeit ausgeübt wird (s.S. 156).

b) Ausnahmen sind einerseits Darlehensabschlüsse, die ausschließlich im Zusamenhang mit einem Warenkauf stehen (finanzierte Abzahlungsgeschäfte nach dem AbzG) und andererseits Handlungen, die in Zusammenhang stehen mit dem Abschluß eines Bausparvertrages; sie sind gem. § 56 GewO erlaubt.

c) Der Schuldner kann jederzeit aufgrund des § 56 I Nr. 6 GewO gegen die Bank vorgehen, sogar dann noch, wenn der Kredit bereits abgewickelt ist. Es darf nur kein Vollstreckungstitel vorliegen. So lassen sich u.U. auch noch nachträglich für einen Schuldner erhebliche Summen einklagen, die ggf. zur weiteren Schuldentilgung verwandt werden können.

d) Die »**vorherige Bestellung**« wird bei der Prüfung oftmals der Dreh- und Angelpunkt sein. Meistens lassen sich die Kreditvermittler ihre Bestellungen auf einem Vordruck schriftlich bestätigen. Allerdings müßte so eine Bestätigung neben einer genauen Orts- und Zeitangabe auch schon nähere Angaben über Kredit- und mtl. Ratenhöhe sowie die Daten, aus denen sich die Jahreseffektivzinsberechnung ergibt, enthalten. Dies ist geboten, damit der Kreditnehmer sich vor Vertragsabschluß hinreichend informieren kann. Es lohnt sich also in jedem Fall eine genaue Überprüfung. Wird der Kredit für nichtig erklärt, muß der Schuldner nur den Nettokreditbetrag in der vertraglich vereinbarten Laufzeit zurückzahlen!

Sittenwidrigkeit von Kreditverträgen

Eine besondere Bedeutung bei der Prüfung von Kreditverträgen nimmt die Frage nach der Sittenwidrigkeit ein. Gem. § 138 I BGB ist ein Geschäft nichtig, wenn es gegen die guten Sitten verstößt. **Wann ist nun ein Kreditvertrag sittenwidrig?** Ist in der Vergangenheit (bis ca. Ende der 70er Jahre) durch die Gerichte nach festen, allerdings sehr verschiedenen Jahreseffektivzinssätzen hinsichtlich der Wuchergrenze entschieden worden[72], so ist u.a. durch eine Entscheidung des OLG Stuttgart aus dem Jahre 1979 (die allerdings nicht rechtskräftig geworden ist) eine berechenbarere BGH-Rechtsprechung zur Kreditsittenwidrigkeit in Gang gekommen. Die relevantesten BGH-Urteile sind in der Urteilssammlung im Anhang (S. 155 f.) aufgeführt. Dort ist auch ein »Ermittlungsbogen« (S. 166) abgedruckt.

Nach der neueren **BGH-Rechtsprechung** wird ein Kredit als sittenwidrig angesehen, wenn

1. der effektive Jahreszins (Vertragszins) den sog. Vergleichszins um mehr als 91 % überschreitet (auffälliges Mißverhältnis zwischen Leistung und Gegenleistung); *und*
2. die Allgemeinen Geschäftsbedingungen (Kreditbedingungen) für den Schuldner besonders belastende Klauseln enthalten[73]; *und*
3. die Bank die schwierige wirtschaftliche Lage des Kreditnehmers kennt bzw. kennen mußte, oder seine Unerfahrenheit ausnutzte.

Um heute Kreditverträge auf Sittenwidrigkeit hin zu überprüfen, ist es unerläßlich die jeweiligen **»Schwerpunktzinssätze«** der Deutschen Bundesbank, die in den kostenlos abgegebenen Monatsberichten der Deutschen Bundesbank veröffentlicht werden, zu kennen. Es empfiehlt sich unbedingt für jede Schuldnerberatungsstelle, die Monatsberichte anzufordern bzw. die laufenden Schwerpunktzinssätze zu erfragen. Eine ausführliche Tabelle der alten Schwerpunktzinssätze seit 1977 ist auf S. 158 abgedruckt. Der Schwerpunktzins wird durch eine Umfrage der Deutschen Bundesbank bei Kreditinstituten aller Bankengruppen nach deren durchschnittlichen Monatszinssätzen zum jeweiligen Monat ermittelt und als Durchschnittszinssatz veröffentlicht.

Der effektive Jahreszins

Bevor auf die konkreten Berechnungen zur Überprüfung möglicherweise sittenwidriger Kreditverträge eingegangen wird, soll vorab noch die Formel zur Berechnung des effektiven Jahreszinses, der auf jedem Kreditvertrag enthalten ist, und »dem Kreditnehmer eine hinreichende Basis zum Vergleich zwischen Krediten«[74] gibt, eingegangen werden. Die Kreditinstitute verwenden neuerdings zur Berechnung des **effektiven Jahreszinses** eine sehr komplizierte Berechnungsweise, die ohne aufwendige Hilfsmittel (speziell programmierte Rechner) nicht selbst durchzuführen ist. Dabei kommt man mit der sog. *Uniform-Methode* zu ebenbürtigen und von der BGH-Rechtsprechung für Nachprüfungszwecke anerkannten Ergebnissen.

Diese Formel lautet (Formel **A**):

$$\text{Effektiver Jahreszins} = \frac{\text{ges. Kreditkosten} \times 2.400}{\text{Nettokredit} \times (\text{Laufzeitmonate} + 1)}$$

Wenn eine Restschuldversicherung (RSV) mit abgeschlossen ist, muß die Formel so angewendet werden (Formel **B**):

$$\text{Effektiver Jahreszins} = \frac{(\text{ges. Kreditkosten} + 1/2\ \text{RSV}) \times 2.400}{(\text{Nettokredit} + 1/2\ \text{RSV}) \times (\text{Laufzeitmonate} + 1)}$$

Um die einzelnen Faktoren der Formel zu ermitteln, ist es unbedingt erforderlich, den Kreditantrag und die Kreditbestätigung vorliegen zu haben (ggf. von der Bank anfordern) sowie in einem Gespräch noch nähere Einzelheiten abzuklären. Zu den »**gesamten Kreditkosten**« gehört die anfallende Zinsbelastung. Meist wird auf den Vertragsformularen ein Monatswert, z.B. 0,8 % Zinsen pro Monat angegeben. Die Gesamtsumme ist aus dem Vertragsformular zu ersehen (oftmals als Kreditkosten bezeichnet). Weiterhin gehört die einmalige Bearbeitungsgebühr (meist 2 - 3 %) dazu, ebenso wie anfallende Auskunftsgebühren (für die SCHUFA-Auskunft). Wenn es sich um einen vermittelten Kredit handelt, tauchen auch noch »fremde Kosten« oder

Courtage auf, die ebenfalls voll in die gesamten Kreditkosten einzubeziehen sind. Evtl. von Kreditvermittlern »außerhalb des Vertrages« einbehaltene bzw. einkassierte Beträge sind ebenfalls in die Kreditkosten einzubeziehen (beim Schuldner genau nachfragen!).

Eine evtl. abgeschlossene Restschuldversicherung darf nur zu 50 % mit in die gesamten Kreditkosten eingerechnet werden. Die andere Hälfte ist dem Nettokreditbetrag zuzurechnen (s. Formel **B**). Aus diesen Einzelposten lt. Kreditvertrag bzw. Auszahlungsanweisung setzen sich also die gesamten Kreditkosten i.d.R. zusammen. Der Nettokredit ist ebenfalls aus dem Vertrag zu ersehen. Oft wird er als Antragssumme dargestellt. In einem Beratungsgespräch sollte allerdings unbedingt gefragt werden, wieviel der Schuldner tatsächlich ausgezahlt bekommen hat. Es ist gelegentlich vorgekommen, daß der Schuldner nicht voll in den Genuß der ausgewiesenen Summe gelangt ist, somit weniger bekam. Daher ist die tatsächlich ausgezahlte Summe der Nettokredit! Die sog. »Laufzeitmonate« lassen sich am leichtesten aus dem Kreditvertrag entnehmen. Hier werden bestimmte Laufzeitenlängen verwandt: 6, 12, 24, 36, 47, 48, 54, 60 und 72 Monate. Auf den Verträgen findet sich oft: »1. Rate zu DM .... fällig am ....; 47 weitere Folgeraten zu je DM ...., jeweils fällig am ....«

So aus den einzelnen Posten des Kreditvertrages ermittelt und entsprechend in die Uniform-Formel eingesetzt, können auch Laien problemlos den effektiven Jahreszins feststellen. Falls der effektive Jahreszins auf einem Kreditvertrag fehlen sollte, oder falsch (zu niedrig) angegeben ist, sollte der Verbraucherschutzverein in Berlin eingeschaltet werden, d.h. eine Vertragskopie erhalten, damit er ggf. geeignete Schritte einleiten kann.

Berechnungsmethode zur Erkennung sittenwidriger Verträge

Zur Feststellung der Sittenwidrigkeit eines Kreditvertrages muß neben der Erhebung der »subjektiven Umstände« und der belastenden Allgemeinen Geschäftsbedingungen insbesondere eine Vergleichsberechnung durchgeführt werden. Ziel dieser Berechnung ist es, festzustellen, um wieviel Prozent der geprüfte effektive Jahreszinssatz über dem sog. »Schwerpunktzinssatz« (SPZ) liegt (d.h. dem marktüblichen, durchschnittlichen Zinssatz für vergleichbare Kredite zum Zeitpunkt des

Vertragsabschlusses; der Schwerpunktzins wird, wie erläutert, von der Deutschen Bundesbank ermittelt).

Diese Berechnung kann mittels einer von *Reifner* entwickelten Formel schnell durchgeführt werden.

Die Formel lautet:

$$\frac{10.000 \times (\text{ges. Kreditkosten} + 1/2\ \text{RSV})}{(\text{SPZ} \times \text{Laufzeitmonate} + 2) \times (\text{Nettokredit} + 1/2\ \text{RSV})} = \dots - 100$$
$$= \underline{\text{Überschreitung in \%}}$$

Das anhand der Formel ermittelte Ergebnis stellt einen Prozentwert dar. Wenn dieser Zinswert über 91 % beträgt und die weiteren Voraussetzungen erfüllt sind, dürfte mit sehr hoher Sicherheit ein sittenwidriger Kreditvertrag entdeckt worden sein. Der BGH hat 1982 festgestellt, daß Sittenwidrigkeit bei einer Überschreitung des Vergleichszinses durch den effektiven Jahreszins des zu prüfenden Kreditvertrages um über 91 % vorliegt und wenn die Allgemeinen Geschäftsbedingungen der betreffenden Bank den Schuldner besonders belastende Klauseln enthalten, oder auch die sonstigen Vertragsumstände für den Schuldner als belastend gewertet werden können (z.B. wenn eine ungünstige Umschuldung vorliegt).[75] Es kann bei Verträgen, die etwa bis 1979 abgeschlossen wurden, fast immer davon ausgegangen werden, daß belastende Umstände oder sogar unerlaubte AGB-Klauseln zu finden sind. Da bei gerichtlichen Nachprüfungen eine »Gesamtwürdigung« des Falles vorgenommen wird, sollten unbedingt auch Fakten zur »Unerfahrenheit« oder zur Ausnutzung einer Notlage zusammengestellt und einem Rechtsanwalt im Falle einer gerichtlichen Auseinandersetzung übergeben werden. Für das Gros des Klientels der Schuldnerberatung dürften sich solche Fakten schnell finden lassen.

Im folgenden wird anhand eines konkreten Beispieles der Umgang mit der Formel dargestellt. Es soll folgender Kreditvertrag überprüft werden:

a) beantragte Kreditsumme		DM 10.000,-
b) fremde Kosten (Vermittler)	DM 700,-	
c) Kreditgebühren 0,85 % p.M.	DM 5.457,-	
d) Bearbeitungsgebühr	DM 214,-	
e) Auskunftsspesen	DM 30,-	
f) RSV DM 600,-; die Hälfte je	DM 300,-	DM 300,-
gesamte Kreditkosten:	DM 6.701,-	

Nettokreditbetrag + 1/2 RSV. DM 10.300,-
Kreditkosten .... DM 6.701,-
Gesamtbetrag. .... DM 17.001,-

1. Rate zu DM 245,-; 59 Folgeraten zu je DM 284,-
Auf den Vertrag angegebener effektiver Jahreszins: 20,96 %
Abschlußdatum: 17.09.1977

Vorsichtshalber sollte zuerst der angegebene Jahreseffektivzins nachgeprüft werden:

--- Formel **B** ---

$$\text{Effektiver Jahreszins} = \frac{(\text{ges. Kreditkosten} + 1/2 \text{ RSV}) \times 2.400}{(\text{Nettokredit} + 1/2 \text{ RSV}) \times (\text{Laufzeitmonate} + 1)}$$

$$\frac{2.400 \times 6.701}{10.300 \times 61} = \frac{16.082.400}{628.300} = 25.59 \% \text{ Jahreseffektivzins}$$

Der auf dem Vertrag angegebene Wert von 20,96 % ist nicht richtig. Hier liegt folgende falsche Berechnung zugrunde:

$$\frac{2.400 \times (5.457 + 214 + 30)}{10.700 \times 61} = \frac{13.682.400}{652.700} = 20,96 \%$$

Seitens der Bank sind als Kreditkosten nur die Zinsen, die Bearbeitungsgebühr und die Auskunftsspesen berücksichtigt worden. Die Kreditvermittlerkosten sind hingegen mit in den Nettokredit einbezogen worden, was anhand der Zinsberechnung deutlich wird: 0,85 % p.M. x 60 Laufzeitmonate x DM 10.700,- Kreditsumme und fremde Kosten ergeben die ausgewiesenen Kreditgebühren i.H.v. DM 5.457,-. Diese falsche Berechnungsweise findet sich des öfteren auf alten Kreditverträgen. Die Falschangabe des effektiven Jahreszinses kann im Falle der möglichen Sittenwidrigkeit des Vertrages als ein, zwar relativ unwichtiges, weiteres belastendes Indiz verwendet werden.

Nun zur eigentlichen Überprüfungsberechnung. Der Schwerpunktzins (SPZ) der Deutschen Bundesbank (vgl. Tabelle auf S. 158) weist für den Abschlußmonat des zu prüfenden Kreditvertrages (September 1977) den Wert 0,32 % aus.

$$\frac{10.000 \times (\text{ges. Kreditkosten} + 1/2\ \text{RSV})}{(\text{SPZ} \times \text{Laufzeitmonate} + 2) \times (\text{Nettokredit} + 1/2\ \text{RSV})} = \ldots - 100$$

$$\frac{10.000 \times 6.701}{(0,32 \times 60 + 2) \times 10.300} = \frac{67.010.000}{(19,2 + 2) \times 10.300} = 306,87 - 100 = 206,87\ \%$$

206,87 % beträgt die Überschreitung des Vertragszinses (der Jahreseffektivzins auf dem geprüften Vertrag) gegenüber dem Vergleichszins.

Mit dieser Formel ist die Berechnung der prozentualen Überschreitung leicht zu ermitteln. Bei dem Wert »10.000« auf dem Bruchstrich handelt es sich um eine Konstante. Der mathematische Grundsatz »Punktrechnung vor Strichrechnung« ist unbedingt zu beachten. Bei einem Vertrag ohne Restschuldversicherung wird die hälftige Beitragssumme jeweils weggelassen.

Als »den Schuldner besonders belastende Klauseln« in den Allgemeinen Geschäftsbedingungen können vielleicht ermittelt werden: »..... im Falle einer Rechtsverfolgung erhebt die Bank einen Unkostenbeitrag von 5 % der Forderung .....«; oder »..... es werden Verzugszinsen i.H.v. 0,6 ‰ pro Tag (= 21,6 % p.a.) erhoben .....«; oder »..... im Falle der Übergabe an die Rechtsabteilung wird eine besondere Bearbeitungsgebühr bis zu DM 300,- erhoben .....«; oder »..... für Mahnungen wird ein Betrag i.H.v. DM 10,- pro Schreiben berechnet .....«. Es dürften in fast allen Kreditverträgen von Teilzahlungsbanken vor 1979 belastende AGB-Klauseln enthalten sein. Falls man selbst in Verhandlungen mit Kreditinstituten bezüglich sittenwidriger Kreditverträge nicht vorankommt (gütliche Regelungen mit hohen Forderungsnachlässen sind i.d.R. schneller zu erzielen als endgültige gerichtliche Verfahren) kann entweder ein in dieser speziellen Materie erfahrener Rechtsanwalt (zu erfragen z.B. bei der örtlichen Anwaltskammer) oder aber eine Verbraucherzentrale mit ihrem speziellen Kreditberatungsangebot eingeschaltet werden.

Man kann allerdings nur gegen noch **nicht titulierte Forderungen** aus vermutlich stittenwidrigen Kreditverträgen vorgehen! Leider werden in der Schuldnerberatung sehr viele Verträge bereits tituliert sein. Es bleibt zu hoffen, daß die Rechtsprechung in Zukunft auch Angriffen auf bereits titulierte sittenwidrige Forderungen gem. § 826 BGB stattgeben wird; die Entwicklung in diesem Bereich sollte aufmerksam beobachtet werden.

Zuletzt noch ein Hinweis: Auch ordnungsgemäß abgewickelte wucherische Kreditverträge können *nachträglich* gem. § 812 BGB (»ungerechtfertigte Bereicherung«) derart angegriffen werden, daß von der Bank sämtliche Zinsen und Gebühren zurückgefordert werden können! In manchen Fällen kann so möglicherweise noch nachträglich eine größere Summe eingebracht werden, mit der vielleicht wiederum andere neue Schulden getilgt werden können. In diesen Fällen gilt übrigens die 30-jährige Verjährungsfrist gem. § 195 BGB.

Bei sog. **Kettenverträgen** (d.h. Kreditverträge, die für Umschuldungen bzw. Ablösungen alter Verträge verwandt wurden, oder mehrmals aufgestockt worden sind) ist besondere Vorsicht geboten. In derartigen Fällen sollten spezielle Kreditberatungsstellen, etwa der Verbraucherzentralen, eingeschaltet werden.

Mancher Sozialarbeiter mag fragen, warum er derart detaillierte Vorprüfungen durchführen soll; »mit Sozialarbeit hat das doch alles gar nicht mehr zu tun.« Eine Sozialarbeit, die aber schwerpunktmäßig die Sicherung der materiellen Lebensgrundlagen der Klienten verfolgt, kann sich den hier beschriebenen Hinweisen nicht entziehen, wenn sie es ernst meint mit einem wohlverstandenen ganzheitlichen Ansatz. Neben psychosozialer Begleitung und pädagogischer Arbeit geht es entscheidend um materielle Fragen. Gerade deren Klärung verlangt auch rechtliche Grundkenntnisse. Es geht hier – wie eingangs dargestellt – nur um Vorprüfungen, deren Ergebnisse allerdings den Gläubigern ruhig mitgeteilt werden können, am besten mit konkreten Lösungsvorschlägen. Die Durchsetzung von Ansprüchen hingegen obliegt Rechtsanwälten. Diese werden i.d.R. gern mit dem vorbereiteten Material arbeiten und für diese, im Interesse der Klienten erfolgte Vorarbeit dankbar sein. Ohnehin wird eine gerichtliche Auseinandersetzung im Rahmen der Schuldnerberatung nicht die Regel sein.

4.3 Sanierungsmöglichkeiten

Die erste Phase in einem Schuldenregulierungverfahren ist gekennzeichnet durch eine umfangreiche **Tatsachenfeststellung**. Das schon erwähnte Ordnen und Sortieren der eingereichten Schuldunterlagen gibt erste Aufschlüsse über den Grad der Überschuldung und die Zusammensetzung der Schulden (Gläubigerstruktur). Um im weiteren Verlauf noch eine genaue Übersicht zu behalten, ist es unbedingt erforderlich, pro Gläubigerforderung einen separaten Untervorgang in der jeweiligen Schuldnerakte anzulegen. Gerade wenn zwanzig oder dreißig verschiedene Gläubiger ihre Forderungen gegen einen Schuldner geltend machen, würde ein anderes Ablageverfahren nur zur Desorientierung führen. Hilfreich ist es, zusätzlich noch ein **Aktendeckblatt** (S. 162), in dem nochmal sämtliche Forderungen aufgelistet sind, anzulegen, um auf einen Blick sämtliche Forderungen überschauen zu können. Außerdem gibt diese Übersicht zur gegebenen Zeit noch Auskunft über den Gesamtschuldsaldo.

Musterschreiben zu Beginn

Mit dem bereits erwähnten Musterschreiben (s.S. 160) können drei Arbeitsschritte durchgeführt werden:

1. Dem Gläubiger wird übermittelt, daß für seinen Schuldner ein Schuldenregulierungsverfahren eingeleitet werden soll. Es wird also angezeigt, daß eine dritte Stelle eingeschaltet ist und der Gläubiger nunmehr mit dieser wegen der Schuldentilgung verhandeln soll. Die Schuldnerberatungsstelle zeigt in dem Schreiben an, welche umfassenden Möglichkeiten von ihr vorgesehen sind. Es wird ausdrücklich darauf hingewiesen, daß im Falle eines Scheiterns des eingeleiteten Schuldenregulierungsverfahrens der Gläubiger umgehend hiervon in Kenntnis gesetzt wird, so daß ihm allemal die Durchführung eines gerichtlichen Mahnverfahrens oder die Einleitung von Zwangsvollstreckungsmaßnahmen offen steht. Es fehlt auch nicht der Hinweis, daß die Schuldnerberatungsstelle keine Bürgschaft für den Schuldner übernimmt, sie somit also nicht als »Zahlstelle« angesehen werden kann.

2. Es wird der genaue, aktuelle Schuldsaldo abgefragt. Es hat sich als nötig herausgestellt, eine detaillierte, d.h. nach der Hauptforderung und Zinsen nebst Kosten (vgl. § 367 BGB) aufgeschlüsselte Schuldaufstellung anzufordern. Diese aufgeschlüsselte Abrechnung ist wichtig, um z.b. auch einen Überblick über die geltend gemachte Verzugszinshöhe zu erhalten, Kenntnis von bisher geleisteten Zahlungen zu erlangen und überhaupt die genaue Höhe der Hauptforderung zu kennen, um das Verhältnis zwischen Hauptforderung und Nebenkosten zu ermitteln (dies kann für Vergleichsabschlüsse wichtig sein, s. S. 125).

3. Gggf. können mit dem Musterschreiben unter Anfügung eines Nachsatzes gleichzeitig noch fehlende Unterlagen, bei Banken etwa der Kreditvertrag, erbeten werden. Gerade Kreditverträge müssen unbedingt vorliegen und u.U. angefordert werden. In der Regel gibt es keine Schwierigkeiten, die gewünschten Unterlagen von der Gläubigerseite zu bekommen. Falls hier Differenzen auftauchen, kann der Schuldner gem. § 810 BGB selbst die gewünschten Auskünfte vom Gläubiger anfordern, da dem Schuldner ein »Einsichtsrecht in Urkunden«, wozu auch Kreditverträge zählen, zusteht.

Eine Vollmachtkopie (S. 161) ist üblicherweise nur bei der erstmaligen Korrespondenz mit Banken und Lebensversicherungsunternehmen vorzulegen. Andernfalls ist der Hinweis, daß eine ordnungsgemäße Bevollmächtigung gewährleistet ist, hinreichend. Auf Wunsch kann die Vollmachtkopie immer noch nachgereicht werden.

Wenn alle angeschriebenen Gläubiger geantwortet haben – es gibt an sich keine Schwierigkeiten mit den Antworten; gelegentlich müssen diese zwar »angemahnt« werden, aber sie kommen dann doch –, steht der aktuelle Gesamtschuldsalso fest. Die Einzelforderungen und die Gesamtsumme sind in dem Aktendeckblatt zu vermerken. Wenn weitere Prüfungen nicht anstehen (s. Kap. 4.2, S. 97 ff.) und auch sofort notwendige Maßnahmen zur Abwehr einer bedrohlichen Situation (z.B. Zwangsräumung) nicht nötig sind, beginnt nach dieser ersten Phase der eigentliche Regulierungsprozeß. Die beiden grundsätzlichen Möglichkeiten, die sog. »Einzelregulierung« und die »Fonds-Modelle«[76] werden im nachfolgenden beschrieben.

4.3.1 Einzelregulierung

Eine der grundlegenden Möglichkeiten, um Schulden wieder geordnet zu tilgen, ist die sog. **Einzelregulierung**. Natürlich kann diese Möglichkeit auch erst nach der Tatsachenerhebung und sonstigen Prüfungen erfolgen. In jedem Fall ist es eine langwierige Angelegenheit, die vom Schuldner ein großes Durchhaltevermögen verlangt, und für die Beratungsstelle ebenfalls sehr aufwendig sein kann.

Methodik der Einzelregulierung

Konkret gibt es hierfür zwei unterschiedliche Vorgehensweisen.

1. Nach Abzug der fixen mtl. Kosten und Aufwendungen für die Bestreitung des Lebensunterhaltes vom zur Verfügung stehenden Einkommen verbleibt noch ein gewisser Restbetrag. In einer Vereinbarung zwischen Schuldnerberatungsstelle und Schuldner verpflichtet sich dieser, den Restbetrag monatlich an die Beratungsstelle zu überweisen. Diese nimmt nun jeden Monat die Weiterleitung an einen oder mehrere Gläubiger vor. Um eine »Rücklage« für evtl. in einem Monat mal ausbleibende Raten (z.B. wegen eingetretener Arbeitslosigkeit oder besonderer, unvorhergesehener Ausgaben) zu bilden, kann man eine oder mehrere Monatsraten bei der Schuldnerberatungsstelle stehen lassen. Dies Verfahren ist sehr arbeitsintensiv und verlangt auch gerade eine Reihe buchhalterischer Tätigkeiten.[77] Ziel eines solchen Verfahrens sollte natürlich sein, daß dem Schuldner mehr Geld zur Verfügung bleibt, als ihm nach einer Lohnpfändung verbliebe. Allerdings kann man gerade umgekehrt Lohnpfändungen oftmals verhindern, wenn die angebotene Rate höher ist, als der dem Gläubiger aus einer Pfändung zufließende Betrag. Hier kommt es jeweils auf die Situation des Einzelfalles an (eine solche Situation kann z.B. gegeben sein, wenn mehrere Einkommen vorhanden sind). Insgesamt betrachtet ist diese Regelung allerdings nur sinnvoll für Schuldner, die »etwas Druck« brauchen, bzw. wo in besonderem Maße eine Kontrolle der Ratenzahlungen geboten ist; dies Verfahren kann also nicht die Regel sein.

2. Üblicherweise dürfte so verfahren werden: Die Schuldnerberatungsstelle handelt mit den Gläubigern entsprechende Ratenzahlungsvereinbarungen aus und der Schuldner überweist entsprechend diesen Absprachen direkt an die Gläubiger. Bei dieser Vorgehensweise weiß die Gläubigerseite auch, daß eine dritte Stelle beteiligt ist und wird meist auf begründete Ratenzahlungsvorschläge eingehen.

Beim zweiten Verfahrensvorschlag kann es gelegentlich wichtig sein, die vereinbarten Ratenzahlungen zu kontrollieren, ohne daß es jedoch eines so aufwendigen Verfahrens wie in Punkt 1 bedarf. Hierfür bieten sich an:

1. Belege zeigen lassen; besser noch: Belege mit dazugehörigem Kontoauszug vorlegen lassen.
2. Für die Ratenzahlungen wird ein Sonderkonto eingerichtet (z.B. ein Konto, auf das Einkünfte eingehen, von denen ausschließlich getilgt wird). Man kann mit dem Kreditinstitut vereinbaren, daß die Beratungsstelle Duplikate der Kontoauszüge erhält.
3. In besonders gelagerten Fällen kann es angezeigt sein, daß das Konto des Schuldners gemeinsam mit dem Berater geführt wird, d.h. Schuldner und Berater verfügen nur gemeinschaftlich über das Konto. Auf jeder Verfügung stehen also zwei Unterschriften. Dies Verfahren wird in Kap. 4.5 (S. 138) näher beschrieben.

Eine Reflexion der beschriebenen Möglichkeiten der Einzelregulierung ergibt, daß dieses Verfahren nur praktikabel ist, wenn

1. frei verfügbare monatliche Einkommensanteile über einen längeren Zeitraum zur Verfügung stehen; *und*
2. die Schuldensumme insgesamt nicht sehr hoch ist.

Wird man ersteres noch relativ häufig vorfinden oder erreichen können, wird man in der Schuldnerberatung allerdings sehr oft die Situation antreffen, daß der Gesamtschuldsaldo so hoch ist, bzw. so viele verschiedene Gläubigerforderungen vorliegen, daß es unrealistisch ist, mit monatlichen Kleinstraten diesen Schuldenberg abzutragen. Gerade auch, wenn viele Gläubiger ihre Forderungen geltend machen, wird man das Ziel, nämlich die Verhinderung von Lohnpfändungen nicht erreichen, da der »letzte« Gläubiger in der Reihe der Ratenempfänger zu lange warten müßte und seinerseits im Wege der Zwangsvollstreckung versuchen würde, die Befriedigung seiner Forderungen zu erreichen. Überhaupt ist dies Verfahren nur anwendbar, wenn alle Gläubiger mitspielen, d.h. entsprechenden Vereinbarungen bzw. einem Moratoriumsvorschlag zustimmen, damit nicht jemand einen genau austaxierten Zahlungsplan durch eine Pfändung zu Fall bringt. Daraus ergibt sich, daß die Möglichkeiten der Einzelregulierung i.d.R. nur einsetzbar sind, wenn einerseits der Gesamtschuldsalso deutlich unter DM 10.000,- liegt und andererseits nicht mehr als vier bis acht Gläubiger zu bedienen sind. Daß genügend Geld für Raten zur Verfügung stehen muß, versteht sich von selbst. Dies heißt für die Praxis, daß diese Möglichkeiten sehr häufig nicht anwendbar sind, da andere Gegebenheiten vorliegen.[78] Dennoch ist dieser methodischer Ansatz hier vorzustellen, um sämtliche Möglichkeiten aufzuzeigen.

4.3.2 Fonds-Modelle

Als weitere grundlegende Möglichkeit der Schuldnerberatung gibt es die **Fonds-Modelle bzw. die Umschuldung**. Bei der Anwendung dieser Methode geht es immer darum, alle Gläubiger »auf einen Schlag« zu befriedigen, und zwar durch Vergleichsabschlüsse. Läßt sich eine Gesamtsanierung über irgendeine Fonds-Lösung realisieren, ist dies immer die schnellste und beste Möglichkeit einer Schuldenregulierung. Der generelle Vorteil liegt schon einmal darin, daß nach dieser Umschuldung nicht mehr viele verschiedene Gläubiger zu bedienen sind, sondern der Schuldner nur noch an einen Gläubiger zu zahlen hat. Neben der viel besseren Übersichtlichkeit brauchen auch nicht mehr bei vielen Gläubigern Zinsen und Kosten bezahlt werden.

Insgesamt gibt es heute vier verschiedene Fonds-Modelle. Diese sind im einzelnen:

1. **Resozialisierungsfonds.** Diese ältesten Ansätze in der Schuldnerberatung überhaupt kommen aus der Straffälligenbetreuung und Resozialisierungsarbeit. Hier hat man schon früh erkannt, daß oftmals ein Kausalzusammenhang zwischen Verschuldung und Rück-

fall besteht.[79] Vielfach wird die These formuliert: »Schulden sind der Rückfallverursacher Nummer eins«.[80] So ist es nicht verwunderlich, daß es eine Reihe von Resozialisierungsfonds in der BRD gibt, die meist von den Justizministerien der Länder eingerichtet sind. Diese nach Größe, Arbeitsweise und Zugangsvoraussetzungen sehr unterschiedlichen Stiftungen sind mit die ältesten Fonds zur Schuldenregulierung.

2. Einige Landessozialministerien haben **Stiftungen »Familie in Not«** eingerichtet, um Familien (meist kinderreichen) oder auch alleinerziehenden Elternteilen finanziell helfen zu können. Hierbei handelt es sich aber nicht ausschließlich um Fonds zur Schuldenregulierung. Es können vielmehr auch verlorene Zuschüsse oder Darlehen bei sonstigen schwierigen Familienproblemen gewährt werden. Diese Art Fonds müssen im Kontext der jeweiligen familienpolitischen Richtung der Landesregierung gesehen werden. Die Arbeitsweise der einzelnen Fonds unterscheidet sich auch hier, z.B. hinsichtlich der maximalen Bewilligungshöhe von Fonds-Leistungen.

3. Daneben gibt es inzwischen eine ganze Reihe von kleinen, privaten oder kirchlichen Fonds, die hier unter dem Begriff der **»Regionalfonds«** subsumiert werden sollen. Zum einen sind dies auch wiederum reine Resozialisierungsfonds[81] oder Fonds zur Schuldentilgung bei »besonderen sozialen Schwierigkeiten« der Klienten.[82] Auch im angrenzenden Ausland gibt es interessante Beispiele derartiger privater Fonds.[83] Gemein ist all diesen Fonds, daß sie nur regional in einem begrenzten Gebiet agieren. Dies erhöht regelmäßig ihre Flexibilität gegenüber den meist schwerfälligen, landesweit arbeitenden Stiftungen.

4. In diese Aufzählung gehört auch der **»selbstgeschaffene Fonds«**, z.B. durch die im Einzelfall mögliche Aufnahme eines neuen Umschuldungsdarlehens bei einem örtlichen Kreditinstitut, oder die Nutzung von ausgezahlten Rückkaufswertbeträgen einer gekündigten Lebensversicherung. Wenn es gelingt, eine Verfügungssumme zu erlangen, die für eine Umschuldung zur Verfügung steht, ist der weitere Ablauf genauso wie bei anderen Fonds.

Direktvergabe oder Bürgschaftsfonds?

Hinsichtlich der Arbeitsweise von Fonds unterscheidet man grundsätzlich zwei Arten, nämlich

a) Direktvergabe-Modell,
b) Bürgschafts-Modell.

Der **Direktvergabefonds** gewährt aus seinem vorhandenen Kapital (i.d.R. Stiftungsvermögen) unmittelbar Gelder an den Antragsteller. Somit wird das vorhandene Kapital laufend reduziert und es bedarf einer ständigen Auffüllung, z.B. durch Tilgungen der Antragsteller, Spenden und erneute andere Zuwendungen. Der Direktvergabefonds wird außerdem unmittelbar zum neuen Gläubiger für den Antragsteller. Diese Situation kann ggf. dazu führen, daß der Fonds seinerseits Zwangsmaßnahmen gegen einen Schuldner einleiten muß.

Ein Fonds nach dem **Bürgschafts-Modell** arbeitet grundlegend anders. Hier werden nur Bürgschaften für neu bei Kreditinstituten aufzunehmende Umschuldungsdarlehen gewährt. Das neue Vertragsverhältnis besteht zwischen einem Kreditinstitut und dem Schuldner. Der Fonds wird lediglich als Ausfallbürge benötigt, wenn der Schuldner aus irgendwelchen Gründen nicht zahlen kann. Dies bedeutet zum einen, daß der Fonds normalerweise nicht zum Gläubiger wird und zum anderen sein Kapital nicht (oder nur in sehr geringem Maße) verbraucht wird. Mögliche Inanspruchnahme aus den Bürgschaftsverpflichtungen können ggf. sogar durch Zinseinnahmen gedeckt werden. Zuflüsse zum Fondskapital werden also i.d.R. nicht zum Auffüllen für ausgegebene Gelder benötigt, sondern erhöhen vielmehr direkt die Leistungsfähigkeit des Fonds. Zudem gewährleistet ein Fonds, der nach dem Bürgschafts-Modell arbeitet, daß der Schuldner nicht aus dem üblichen System des Geldverkehrs mit Kreditinstituten herausgenommen wird, sondern daß er vielmehr in diesem System verbleibt, was wiederum Chancen einer pädagogisch-präventiven Arbeit ermöglicht. Dieses Faktum sollte nicht unterschätzt werden.

Ein **Fonds**, gleich welcher Art, darf auf keinen Fall als »Allheilmittel« angesehen werden. Er stellt immer **nur** eine **flankierende Maßnahme** dar. Primär geht es in jedem Fall um die Schuldner*beratung*. Im übrigen kann in vielen Fällen ohne Einschaltung eines Fonds eine

Schuldenregulierung erzielt werden. Der allzu schnelle Ruf nach einem Fonds dürfte denn auch vielfach aufgrund des fehlenden Fachwissens über andere Möglichkeiten erfolgen. Neben einer Reihe von Vorteilen beinhalten Fonds auch Gefahren! Gerade überregional oder sogar landesweit arbeitende Fonds stehen in der Gefahr, von »schwarzen Schafen« unter den Gläubigern ausgenutzt zu werden. So ist es z.B. schon vorgekommen, daß ein Kredit (der binnen kürzester Zeit notleidend war!) an eine Familie vermittelt wurde unter dem Hinweis: ».....wenn Sie nicht mehr zahlen können, dann wird die Stiftung XY für Sie einspringen.....!« Man kann davon ausgehen, daß die Gläubigerseite sehr genau die Existenz und Arbeitsweise eines großen, überregional arbeitenden Fonds registriert. Schon allein deswegen scheinen kleine Regionalfonds zweckmäßiger zu sein. Zudem zeichnen sich landesweit arbeitende Fonds meist durch lange Bearbeitungszeiten aus und gelten als wenig flexibel. Regionalfonds können hier vielfach schneller und einzelfallbezogener handeln.

Gerade für Regionalfonds scheint das Direktvergabe-Modell nicht angebracht zu sein, da in diesem Fall der Fonds unmittelbar zum Gläubiger wird. Hieraus ergibt sich auf jeden Fall, daß der Fonds von der eigentlichen Schuldnerberatung getrennt sein muß. **Die Beratung muß frei bleiben von der Gläubigerrolle!** Dies gilt im übrigen auch für Fonds, die nach dem Bürgschafts-Modell arbeiten. Diese sollten auch unbedingt von der eigentlichen Beratungsstelle getrennt sein. Im Interesse des Beratungsverhältnisses muß die Beratungsstelle zwischen dem neuen Gläubiger und dem Schuldner stehen. Sie kann so jederzeit wieder in beide Richtungen agieren, z.B. hinsichtlich Ratenstundungen gegenüber dem Gläubiger als auch bei Tilgungsverzug dem Schuldner gegenüber. Daher sollten Fonds nicht von Schuldnerberatungsstellen verwaltet werden. Hierfür ist eine möglichst neutrale dritte Stelle sinnvoll. Die Vorteile einer Umschuldung liegen neben den schon aufgezeigten Punkten (schnellste Sanierungsmöglichkeit; nur noch ein zu bedienender Gläubiger; Vergleichsmöglichkeit; Wegfall von Zins- und Kostenbelastungen) insbesondere auch darin, daß nach erfolgter Sanierung mehr Zeit und Aufmerksamkeit für die notwendige pädagogisch-präventive Arbeit zur Verfügung steht, da der Schuldner zunächst den direkten »Schuldendruck« los ist. Dieser Zeitpunkt ist vielfach eine entscheidende Nahtstelle in einem Schuldenregulierungsverfahren:

Führt die erfolgte Entlastung zu einer erneuten, nicht geplanten Schuldenaufnahme, oder kann das positive »Sanierungserlebnis« zukunftsorientiert für eine prophylaktische Haushalts- und Budgetberatung genutzt werden? Leider ist zu beobachten, daß nach einer langen finanziell entbehrungsreichen Zeit, dann wenn der unmittelbare Druck durch den Schuldenberg genommen ist, ein unüberlegter »Nachholkonsum« befriedigt wird. Daher ist gerade unmittelbar nach einer erfolgten Umschulung die präventive Haushaltsberatung so wichtig, um eine erneute Überschuldung, oder auch nur eine nicht eingeplante Verschuldung zu verhindern! An dieser Stelle wird auch deutlich, warum mit einem Fonds allein noch nicht geholfen ist; die oberste Prämisse ist die Begleitung und Beratung des Schuldners! Aus dem eben Gesagten ergibt sich, daß eine Umschulung erst dann sinnvoll ist, wenn die Schuldnerberatungsstelle schon einige Zeit mit dem Schuldner gearbeitet hat und ein gutes Beratungsverhältnis besteht.

4.4 Praktische Tips für Sanierungen

Um das eigentliche Regulierungsverfahren durchführen zu können, müssen zuerst grundlegend die vorbeschriebenen Möglichkeiten auf ihre Anwendbarkeit hin untersucht werden. Hinsichtlich der Schuldhöhe kann die Einzelregulierung vielfach von vornherein ausgeschlossen sein. Falls nicht: Wie lassen sich Budgetveränderungen erreichen; sind Einnahmeerhöhungen möglich oder Ausgabensenkungen? So muß die Ermittlung des für Ratenzahlungen zur Verfügung stehenden Betrages erfolgen. Hierbei ist zu bedenken, daß ein aktueller Haushaltsplan mit den neuen Ratenzahlungsverpflichtungen nicht zu eng taxiert sein darf. Es muß unbedingt immer noch ein unverplanter Rest für Unvorhergesehenes übrig bleiben.

Umschuldungsmöglichkeiten

Für die konkrete Prüfung von Umschuldungsmöglichkeiten gilt es zunächst immer die evtl. eigenen, schlummernden **Sicherheiten des Schuldners** herauszufinden und für ein Umschuldungsdarlehen nutzbar zu machen. Hierunter fallen insbesondere, wie schon angedeutet, vermögenswirksame Verträge nach dem »624- bzw. 936 DM-Gesetz«, namentlich Ratensparverträge, Bausparverträge und Lebensversicherungen, um die wichtigsten zu nennen. Auch wenn für derartige, beim Schuldner vorhandene Verträge keine vermögenswirksame Leistungen fließen, gilt es zu prüfen, inwieweit die Verträge als Sicherheit nutzbar sind. Daher ist immer zuerst das Abschlußdatum festzustellen. Dann muß ermittelt werden, ob der Vertrag immer ordnungsgemäß bedient wurde bzw. welche Summe auf den Vertrag insgesamt schon eingezahlt ist. Um dies zu erfahren, sind vielfach direkte Auskünfte von den Unternehmen unerläßlich. Wenn als Sicherheiten verwertbare Verträge vorliegen, d.h. die Verträge schon über einen längeren Zeitraum bestehen und somit ein höherer Kapitalbetrag angesammelt ist, muß zuerst bei der »Hausbank« des Schuldners, wo er auch sein Girokonto und ggf. ein Sparbuch führt, angefragt werden, ob die vorliegenden Sicherheiten, die dann an die Bank abgetreten würden, ausreichen, um ein Umschuldungsdarlehen in der benötigten Höhe zu erhalten. Falls die Bank ablehnen sollte, müssen andere preisgünstige Universalkreditinstitute am Ort angefragt werden. Wenn es um die **Kündigung von Lebensversicherungen** geht, die immer nur mit Verlusten möglich ist, teilen die Versicherungsgesellschaften auf Anfrage (Vollmacht nicht vergessen!) mit, wann welcher Betrag aus dem Rückkaufswert zur Verfügung steht. Durch so eine Summe kann ggf. auch ein »Umschuldungsfonds« gebildet werden. Zudem kann es gelegentlich möglich sein, direkt von der Lebensversicherungsgesellschaft ein Darlehen auf das dort angesammelte Vertragskapital zu erhalten. Im gegebenen Falle müssen die Konditionen, insbesondere die Rückzahlungsmodalitäten und das Zinsniveau, genau geprüft werden. Über entsprechende Möglichkeiten findet man in den Allgemeinen Versicherungsbedingungen Hinweise.

Wichtig ist in jedem Fall, daß die für eine Umschuldung zur Verfügung stehende Summe möglichst auf ein Konto der Schuldnerberatungsstelle gelangt. Es ist schon vorgekommen, daß Schuldner, nachdem sie auf ihrem Kontoauszug eine fantastisch hohe Habensumme erblickten, in einem „Kaufrausch" binnen kürzester Zeit das für eine Umschuldung gedachte Geld ausgegeben hatten .....! Außerdem ist das Geld auf dem Konto der Beratungsstelle sicherer vor evtl. Kontenpfändungen. Die Übernahme einer Verfügungssumme auf ein Dienstkonto wird bei Behörden ausgeschlossen sein. Dies ist u.a. ein Grund dafür, warum die Ansiedlung einer Schuldnerberatungsstelle bei einem freien Wohlfahrtsverband sinnvoller ist, als bei einem öffentlichen Träger.[84] Ggf. sollte die Behörde in so einem Falle aber die Kooperation mit einem freien Träger suchen, der das Geld in Verwahrung nehmen kann.

Bürgschaften

Häufig kommt es vor, daß ein Kreditinstitut sagt, die vorgelegten Sicherheiten reichen nicht, oder nur teilweise aus, »aber wenn Sie einen Bürgen stellen können, dann kann das Darlehen herausgelegt werden.« In diesen Fällen muß seitens der Schuldnerberatung sorgsam und verantwortungsbewußt sondiert werden, ob ein Bürge gefunden werden kann und ob dies überhaupt sinnvoll ist. Zu warnen ist unbedingt vor Freunden, Bekannten, Kollegen etc., die für eine **selbstschuldnerische Bürgschaft** gewonnen werden sollen! Fremde Personen sollten aus grundsätzlichen Erwägungen nicht für eine Bürgschaft herangezogen werden. Es kann allenfalls im Rahmen eines intakten Familienverbundes angebracht sein, daß z.B. die Eltern für ein Kind bürgen. Auch seitens der Schuldnerberatung sollten die finanziellen Verhältnisse des Bürgen auf eine evtl. Inanspruchnahme aus der Bürgschaftsverpflichtung hin überprüft werden. Dabei muß auch vorausschauend gedacht werden.

Gemäß dem Prinzip der Hilfe zur Selbsthilfe sollte es generell darum gehen, daß zuerst immer alle eigenen Möglichkeiten des Schuldners für ein Regulierungsverfahren mobilisiert werden. Erst wenn diese Prüfung gar keine sinnvollen Möglichkeiten ergibt, kann daran gedacht werden, evtl. eine Stiftung in Anspruch zu nehmen. In diesen Fällen bleibt aber immer noch zu untersuchen, ob der vorliegende Fall die Zugangsvoraussetzung zu dem betreffenden Fonds überhaupt erfüllt.

Einmal pro Jahr bietet sich eine separate Lösung zur Schuldentilgung: Wie bereits erwähnt, ist es möglich, die Erstattungsbeträge aus dem Lohnsteuerjahresausgleich abzutreten oder zu pfänden. Alle Jahre wieder im Januar beginnt der Wettlauf der Gläubiger, um in schwierigen Fällen wenigstens aus dieser Quelle etwas zu erhalten. Es ist nun möglich, daß die Beratungsstelle mit einem Betrag zur Schuldentilgung ausnahmsweise in Vorlage geht, also ein Darlehen gewährt, und sich auf dem vorgeschriebenen amtlichen Formular den Erstattungsbetrag aus dem durchzuführenden Lohnsteuerjahresausgleich abtreten läßt. Das Abtretungsformular ist in den ersten Januartagen zu unterzeichnen und an das zuständige Finanzamt zu schicken. Nach Eingang einer Abtretung dem Finanzamt zugestellte Pfändungs- und Überweisungsbeschlüsse, die ebenfalls auf den Erstattungsbetrag abzielen, sind nachrangig und somit wertlos. Durch diesen »Trick« ist es vielleicht sogar möglich, sich mit dem Gläubiger zu vergleichen, der den Erstattungsbetrag pfänden wollte, durch den er nun befriedigt wird .....! Auf die Gefahren kommerzieller Abtretungen von Beträgen aus dem Lohnsteuerjahresausgleich ist schon hingewiesen worden (S. 69 u. 99).

4.4.1 Ratenzahlungen und Ratenvergleiche

Das Aushandeln von Ratenzahlungen ist jederzeit in einem Regulierungsverfahren möglich. Die Gläubigerseite wird ausnahmslos auf realistische Ratenzahlungsvorschläge eingehen. Dabei muß die Ratenhöhe selbstverständlich der Schuldenhöhe angemessen sein. DM 25.000,- Schulden können nicht mit einer monatlichen Rate von DM 30,- getilgt werden (dies würde ohne die Berechnung von Zinsen über 69 Jahre dauern!). Vielfach werden Ratenzahlungen auch von den Gläubigern selbst angeboten. Wenn deren Ratenzahlungsvorschlag zu hoch ist und vom Schuldner nicht erfüllt werden kann, sollte ruhig eine niedrigere Rate überwiesen werden und dann durch die Schuldnerberatungsstelle eine entsprechende Regelung mit dem Gläubiger getroffen werden. In der Regel wird eine kleinere Ratenzahlung akzeptiert und verhindert zunächst einmal evtl. anstehende Weiterungen in einem Zwangsvollstreckungsverfahren. Die Zahlungsbereitschaft des Schuldners muß für den Gläubiger ersichtlich werden. Es ist auch möglich, **gestaffelte Ratenzahlungsvereinbarungen** zu treffen, z.B. während der Wintermonate bezahlt der Schuldner infolge Arbeitslosigkeit nur Raten von DM 30,- und, wenn er wieder arbeitet, von DM 80,- monatlich.

Bei schwierigen Verhandlungen mit einem Gläubiger sollte man immer die Pfändungstabelle zur Hand nehmen. Wenn die frei angebotene Rate höher ist als der evtl. zu pfändende Betrag, wird der Gläubiger auf den Vorschlag der Schuldnerberatungsstelle meist eingehen. Dies Faktum muß dem Gläubiger in den Verhandlungen auch deutlich signalisiert werden (»..... durch eine Pfändung würde Ihnen lediglich ein Betrag von ca. DM ..... zufließen. Wir können Ihnen aber eine Rate von DM ..... mtl. anbieten .....«).

Zinsverzicht aushandeln!

Bei der Aushandlung von Ratenzahlungen, die möglichst nur schriftlich erfolgen sollte, ist generell folgendes zu beachten: Es sollte unbedingt eine **Zinsstillstandsvereinbarung** mit zum Verhandlungsgegenstand gemacht werden. Diese Vereinbarung sieht konkret vor, daß der Gläubiger auf die Berechnung und Fortschreibung von Verzugszinsen verzichtet, und die bis dahin berechneten Zinsen eingefroren werden. Dies hat für den Schuldner entscheidende Vorteile. Bei einer Forderung, die z.B. im Jahresmittel rd. DM 2.500,- beträgt und auf die 10 % Verzugszinsen p.a. berechnet werden, fallen demnach ca. DM 250,- Zinsen im Jahr an. Legt man eine mtl. Rate von DM 50,- zugrunde hieße dies, daß von den mtl. eingezahlten DM 50,- etwa DM 20,- nur von den Zinsen »aufgefressen« werden, oder anders: Fünf Raten werden für Zinsen aufgewendet, lediglich mit den restlichen sieben wird jährlich getilgt! Neben dem psychologischen Problem, daß der zahlungswilligste Schuldner mutlos wird und resigniert, wenn er keine Zahlungserfolge sieht und nur für Zinsen und Kosten zahlt, ohne daß die Hauptforderung spürbar niedriger wird, ist für den Gläubiger auch noch eine betriebswirtschaftliche Seite interessant: Verzichtet er auf die Berechnung von Verzugszinsen, ist die Forderung schneller getilgt und »aus den Büchern heraus«, die Buchhaltung oder Mahnabteilung also entlastet. Aus diesen Gründen sollte unbedingt versucht werden, Zinsstillstandsvereinbarungen mit auszuhandeln. Falls sich ein Gläubiger hierauf nicht einläßt, sollte hilfsweise versucht werden, auf eine 4 %ige Verzugszinsberechnung gem. § 288 BGB zu kommen.

Ratenvergleiche

Neben den Möglichkeiten der Raten**zahlung**, die insbesondere bei jungen Forderungen gängig ist, gibt es auch noch den **Ratenvergleich**. Ein Ratenvergleich kann folgendermaßen aussehen: Eine alte Forderung von z.B. DM 1.500,- wird mit vier Raten à DM 50,- vergleichsweise erledigt. Zinsen und Nebenkosten spielen hier überhaupt keine Rolle. Dies Verfahren kann speziell für die Erledigung alter Forderungen oder auch bei fast »hoffnungslosen Fällen« angewendet werden. Wenn die Forderung eines Gläubigers vielleicht schon über viele Jahre hinweg nicht realisiert werden konnte, wird er froh sein, wenigstens so noch einen kleinen Teil hereinzubekommen. Wichtig ist für derartige Verhandlungen eine Erklärung für die begrenzte Zahlungsmöglichkeit; beispielsweise: »Durch unsere Bemühungen (Schuldnerberatung) ist es jetzt möglich geworden, vier Raten aufzubringen .....«; oder: »..... die finanziellen Verhältnisse des Schuldners haben sich durch unsere Mithilfe soweit konsolidiert, daß jetzt sämtlichen Gläubigern ein Ratenzahlungsvergleich angeboten werden kann .....«. Außerdem muß immer die schwierige soziale Lage des Schuldners beschrieben werden (näheres hierzu im nächsten Abschnitt, S. 124). Ratenvergleiche sind mit allen Gläubigergruppen möglich. Selbst mit Banken können solche Vergleiche ausgehandelt werden. So ist es z.B. möglich, den Saldo bei einer Bank »einzufrieren« und gestaffelte Ratenzahlungsmodalitäten (für Winter- und Sommermonate) neu zu vereinbaren. Verzugszinsen und Nebenkosten bleiben in einem derartigen Falle unberücksichtigt, der Schuldner tilgt tatsächlich durch seine Leistungen. Ebenso ist es möglich, einen Vergleichsbetrag mit einer Bank auszuhandeln, der dann mit einer bestimmten Anzahl von Raten getilgt wird. In Einzelfällen kann auch folgende Regelung, möglicherweise auf Vorschlag des Gläubigers, zum Tragen kommen: Der Schuldner nimmt eine vereinbarte Ratenzahlung auf. Wenn er seine Zahlungsbereitschaft über einen vorher vereinbarten Zeitraum unter Beweis gestellt hat, wird über einen Teilerlaß oder den Wegfall von Verzugszinsen abschließend eine Vereinbarung getroffen. In solchen Fällen kommt der eigentliche Vergleich also erst später zustande. Dies wird insbesondere dann gelegentlich so gehandhabt, wenn der Schuldner von sich aus in der Vergangenheit bereits dem Gläubiger gegenüber schon einmal ein Zahlungsversprechen abgegeben hat, das er dann nicht einhalten konnte. Wenn die vereinbarten Ratenzahlungen regelmäßig erfolgen, wird der Gläubiger dem anvisierten Vergleich zu einem späteren Zeitpunkt auch zustimmen. Bei der Aushandlung von Ratenvergleichen, kommt es vielfach auf Ausdauer und Zähigkeit an. Man muß sich auf mehrere Verhandlungsdurchgänge einstellen. Daher müssen noch Argumentationshilfen für den zweiten oder dritten Verhandlungsschritt aufgespart bleiben, z.B. erneut drohende Arbeitslosigkeit, ggf. baldige Geburt eines weiteren Kindes, keine Pfändungsmöglichkeit etc. Neben einer eindeutigen sozialen Begründung sollten auch gewisse Vorteile für den Gläubiger erwähnt werden (einzige Möglichkeit, überhaupt an einen Teilbetrag zu kommen; Vorteil der Verlustabschreibung; Entlastung der Buchhaltung oder Mahnabteilung). Je älter die Forderung ist und je aussichtsloser die Beitreibung für den Gläubiger erscheint, je besser werden die Vergleichschancen überhaupt sein und je größer wird auch der Nachlaß ausfallen.

4.4.2 Umschuldungen und Vergleichsverhandlungen

Wie bereits erläutert, ist eine **Umschuldung** die **beste Sanierungsmöglichkeit**. Wenn eine Verfügungssumme bereitsteht oder von dritter Seite in Aussicht gestellt wird, gilt es für die Schuldnerberatungsstelle mit den Vergleichsverhandlungen zu beginnen. Hier gibt es eine Reihe von Formalien und praktischen Hinweisen zu beachten.

Vergleichsverhandlungen

Vergleichsverhandlungen sind grundsätzlich schriftlich durchzuführen und müssen auch schriftlich vom Gläubiger bestätigt werden. Ein **Musterschreiben für Vergleichsverhandlungen** ist im Anhang auf S. 165 abgedruckt. Der Aufbau des Schreibens soll hier erläutert werden. Der erste Satz: »Für die Schuldenregulierung steht *ein gewisser* Geldbetrag zur Verfügung (bzw. in Kürze zur Verfügung)«, ist enorm wichtig, da er eine klare, unmißverständliche Aussage enthält: Es steht nur ein gewisser Geldbetrag definitiv für die Umschuldung zur Verfügung. Beide Seiten müssen also von einer fixen Summe ausgehen. Fakultativ einsetzbar ist der nächste Satz: »Hieraus sollen alle z.B. 15 Gläubiger gerechterweise mit der gleichen Quote befriedigt werden.« Die Angabe der Gläubigerzahl empfiehlt sich nur dann, wenn es viele Gläubiger sind (mindestens zehn). Die gleiche Quote wird nicht immer erreichbar sein. Das eigentliche Angebot erfolgt nach einer kurzen, prägnanten Darstellung der sozialen und finanziellen Situation des Schuldners, dazu später mehr.

»Aus diesem Grunde erbitten wir Ihr Einverständnis, diese Angelegenheit mit einer einmaligen Vergleichszahlung i.H.v. DM ..... als erledigt anzusehen und uns dies verbindlich zu bestätigen.« Dies ist eindeutig, Zinsen und Nebenkosten spielen keine Rolle, da es um eine Gesamtablösung geht. Ganz wichtig ist nun noch folgender Abschnitt, der unbedingt mit zum Verhandlungsgegenstand gemacht werden sollte: »Ferner beantragen wir die Aushändigung des/der Schuldtitel(s), die Erlaubnis zur Löschung von Eintragungen im Schuldnerverzeichnis, sowie daß Ihrerseits eine SCHUFA-Erledigungsmeldung veranlaßt wird.« Die **Titelaushändigung** ist aus zwei Gründen sinnvoll: Zum einen ist es ein symbolischer Akt mit einer entlastenden psychologischen Wirkung für den Schuldner, wenn dieser sieht, daß der Schuldtitel nicht mehr im Besitz des Gläubigers ist. Zum anderen kann so verhindert werden, daß z.B. infolge eines Büroversehens beim Gläubiger nach fünf Jahren aus diesem »erledigten Schuldtitel« nochmals die Zwangsvollstreckung betrieben wird, oder der Titel weiterverkauft wird. Derartige Fehler sind natürlich auch bei Gläubigern möglich. Falls die Schuldnerberatung den erledigten Titel verwahren sollte, hat sie ihn zu entwerten (z.B. abstempeln mit ERLEDIGT oder BEZAHLT). Die Löschungsbewilligung hinsichtlich von Eintragungen im Schuldnerverzeichnis ist natürlich nur nötig, wenn eine eidesstattliche Versicherung überhaupt abgegeben wurde. Falls dies unklar ist, oder die Schuldnerberatung dies nicht genau weiß - die EV-Abgabe kann ja schon drei Jahre zurückliegen -, sollte die Bewilligung vorsorglich beantragt werden. Mit der entsprechenden Bescheinigung kann der Schuldner selbst zum Amtsgericht gehen und die Streichung veranlassen. Formal ist er dann auch wieder »kreditwürdig«. Es kann aber auch ein bewußtes Kalkül sein, eine Eintragung im Schuldnerverzeichnis stehen zu lassen und den Schuldner so vor einer erneuten Überschuldung zu schützen, z.B. dann, wenn er labil ist oder die Gefahr besteht, daß er wieder ungeplante Verpflichtungen eingeht. Dies wird aber nicht die Regel sein können. Da man im allgemeinen nicht genau weiß, welche Unternehmen alle mit der SCHUFA zusammenarbeiten, sollte die Vereinbarung über die Erledigungsmeldung vorsorglich immer mit ins Vergleichsschreiben aufgenommen werden. Bei Banken und Wohnungsbaugesellschaften ist sie obligatorisch. Erst durch diese drei zusätzlichen Vereinbarungen ist ein Vergleich im Schuldnerinteresse umfassend geregelt. Die Kreditwürdigkeit ist wieder hergestellt, der Schuldner rehabilitiert und zur Sicherheit wird der Titel ausgehändigt. Diese Generalvereinbarung gilt natürlich auch entsprechend bei Ratenzahlungen bzw. Ratenvergleichen nach Zahlungsabschluß! Es ist in jedem Fall daran zu denken, den Titel nach Erledigung einer Angelegenheit anzufordern und ggf. die anderen Fragen zu regeln.

»Sozialteil« im Vergleichsangebot

Die Darlegung der sozialen Problematik des Schuldners muß kurz und präzise ausfallen. Es darf kein Sachbericht gegeben werden. Einschlägige Fachterminologie ist zu vermeiden, da das Gegenüber ja nicht vom Fach ist. Die Darlegungen müssen leicht verständlich und schlüssig sein und vor allem dem Gläubiger die Erkenntnis vermitteln, daß er bei Nichtannahme des Vergleiches wohl nie mehr mit einer Befriedigung der ausstehenden Forderung rechnen kann. Der **»Sozialteil«** im Vergleichsangebot **dient** also **als Entscheidungshilfe für den Gläubiger.** Hierzu einige Beispiele: »Der Ernährer der kinderreichen Familie X (fünf Kinder im Alter von zwei bis zehn Jahren) ist seit sechs Monaten arbeitslos. Die Aussichten einer erneuten Arbeitsaufnahme sind in der hiesigen strukturschwachen Region äußerst gering. Die Familie lebt in bescheidenen Verhältnissen« oder: »Für die alleinerziehende Frau Y stellt der enorme Schuldenberg eine große Belastung dar. Erste ernstzunehmende gesundheitliche Beeinträchtigungen sind feststellbar. Es ist fraglich, wie lange Frau Y unter diesen Bedingungen noch ihrem anstrengenden Beruf als .... nachgehen kann«; oder: »Die total überschuldete Familie Z ist nicht in der Lage ihre finanziellen Belange allein zu regeln. Die lang andauernde finanzielle Misere hat die Eheleute resignieren lassen und auch dazu geführt, daß beide dem Alkohol zusprechen«; oder: »Die jungen Eheleute haben sich infolge totaler Fehleinschätzung ihrer finanziellen Möglichkeiten überschuldet. Diese gravierenden Probleme führen zu tiefgreifenden Spannungen. Aufgrund der hier vorliegenden subtilen Kenntnis der gesamten sozialen finanziellen Verhältnisse können wir nur die Annahme des Vergleiches dringend empfehlen.« Es müssen in jedem Fall bestimmte Erkenntnisse vermittelt werden, z.B. auf lange Sicht unpfändbar, gesundheitliche Probleme drohen, Alkoholprobleme vorhanden, Scheidung möglich etc., die den Gläubiger zum raschen Nachgeben bewegen. Die Nennung der (hohen) Gesamtschuldensumme oder der Gläubigerzahl gehört ggf. auch in diesen Teil des Schreibens. Die »strategische« Schilderung im sog. Sozialteil des Vergleichsschreibens kann mit dem Schuldner durchgesprochen und ihm transparent gemacht werden.

Verhandlungsstrategie bei Vergleichsabschlüssen

Für die **Verhandlungsstrategie bei Vergleichsabschlüssen** gibt es drei wichtige Punkte zu beachten:

1. Die **Quotenfestlegung**; d.h. wieviel soll der Gläubiger nachlassen bzw. mit welchem Satz wird abgelöst (40 % Nachlaß = Ablösung mit 60 %). Grundsätzlich gilt, wie bereits erwähnt, je älter eine Forderung und je schwieriger ihre Beitreibung ist, desto höher kann die Vergleichsquote sein. Es gilt also bei Vergleichsverhandlungen nicht zu zimperlich vorzugehen. Als **Faustregel** kann festgehalten werden: **Mindestens 40 % Nachlaß** von der Gesamtforderung. Aber hier gibt es auch Ausnahmen. Bei einem kleinen Lebensmittelladenbesitzer beispielsweise, der noch eine Forderung des Schuldners offen hat, kann nicht um einen so großen Nachlaß gebeten werden. Je größer der Gläubiger ist, um so höher kann die Quote sein; bei großen Unternehmen und Inkassobüros sind sowieso bestimmte Verlustquoten einkalkuliert. Bei Strafentlassenen können besonders hohe Nachlässe erreicht werden.

Durch die Tatsachenerhebung hat die Schuldnerberatung detaillierte Forderungsaufstellungen der Gläubiger erhalten. Es ist also ersichtlich, wie sich die Gesamtsumme zusammensetzt. Je nach Alter und entsprechend der angefallenen Nebenkosten kann es nun auch sinnvoll sein, die Quote entweder an der Hauptforderung, oder aber bewußt an den tatsächlich angefallenen Vollstreckungskosten festzumachen. Bei einer jüngeren Forderung sollte man sich an der Hauptforderung orientieren. Bei älteren, deren eigentliche Hauptforderung längst abgeschrieben ist, sollten dagegen lediglich die Kosten der letzten Zwangsvollstreckungsversuche als Quoten angeboten werden. Gleiche Quoten für alle Gläubiger scheinen nur dann angebracht, wenn die Forderungen alle aus etwa demselben

Entstehungszeitraum resultieren. Ansonsten ist es üblich, unterschiedliche Quoten gläubigerspezifisch auszuhandeln.[85] Hierbei spielt es natürlich auch eine Rolle, welche Sicherheiten etc. ein Gläubiger hat oder welche Pfändungsmöglichkeiten bestehen, bzw. an welcher Rangfolge seine Forderung steht.

2. Es ist empfehlenswert, mit Spielraum zu verhandeln, d.h. etwas von der tatsächlich zur Verfügung stehenden Summe übrig zu behalten. Wenn also als Verfügungssumme DM 10.000,- vorhanden sind und damit z.B. DM 18.000,- Schulden abgelöst werden sollen, ist es ratsam für den ersten Verhandlungsdurchgang insgesamt nur DM 9.500,- anzubieten und die restlichen DM 500,- als Sicherheit zurückzubehalten. Falls sich ein Gläubiger partout nicht auf die vorgeschlagene Vergleichssumme einlassen will, kann nun noch etwas »zugelegt« werden (erst im dritten Verhandlungsdurchgang!). Hierfür sollte in etwa folgende Aussage verwendet werden: »Nur aufgrund außerordentlicher Anstrengungen in diesem speziellen Einzelfall ist es unsererseits entgegenkommenderweise möglich, die angebotene Vergleichssumme um z.B. DM 200,- zu erhöhen. Andere Möglichkeiten sind definitiv nicht gegeben. Bei einer Ablehnung dieses Vorschlages wäre die Gesamtsanierung in Frage gestellt. Alle anderen Gläubiger haben den Vergleichsvorschlägen bisher zugestimmt.« Die Argumentationsweise der Gläubigerseite wird sich hier teilweise zu eigen gemacht. Es findet eine Umkehrung statt: Die Schuldnerberatung »kommt entgegen«, da ja zunächst von einer »definitiv vorhandenen Summe« ausgegangen wurde. Im übrigen ist es sinnvoll, einen kleinen Sicherheitsrest aus der Verfügungssumme für evtl. unvorhergesehene, später auftauchende Ereignisse zu verwahren, um die Gesamtsanierung nicht nachträglich zu gefährden. Dies Verfahren ist also nicht nur taktisch, sondern auch wegen seiner Sicherheitsfunktion legitim.

3. Auf jeden Fall, wie schon erwähnt, auch hier **mehrere Verhandlungsdurchgänge einplanen** und Argumentationshilfen zurückhalten. Es muß nicht sein, daß mehrere Verhandlungen mit einem Gläubiger notwendig sind, aber es ist nie auszuschließen. Auch bei diesen Vergleichsverhandlungen kann ruhig auf gewisse Vorteile für den Gläubiger hingewiesen werden. Kann z.B. durch einen Ver-

gleich ein Teilbetrag aus einer bereits abgeschriebenen Forderung eingebracht werden, handelt es sich für den Gläubiger um sog. »Einnahmen aus außerordentlichen Erträgen«.

Generell sollte die Herkunft der Verfügungssumme dem Gläubiger nicht mitgeteilt werden, insbesondere nicht bei selbstgeschaffenen Fonds und wegen der beschriebenen Gefahren, nicht bei Zuflüssen aus überregional arbeitenden Stiftungen, z.B. »Familie in Not«. Ausnahmen bilden hier Sanierungsverfahren, die über einen Resozialisierungsfonds abgewickelt werden, da hier die höchsten Vergleichsquoten erreicht werden können.[86] Wenn eine Schuldnerberatungsstelle, wie beschrieben, dies Verfügungskapital verwaltet und an den Gläubiger nach Vergleichsabschluß auszahlt, ist damit noch ein weiterer positiver Nebeneffekt erreicht – die Beratungsstelle wird bei dem Gläubiger positiv registriert: »Von der Beratungsstelle X haben wir schon einmal Geld bekommen.« Dieses positive Image bei bestimmten Gläubigern ist wichtig für die weitere Arbeit, bei der es ja auch immer wieder auf Entgegenkommen und »good will« des Gegenüber ankommt, da in sehr vielen Fällen eine rechtliche Durchsetzung von Schuldnerinteressen nicht gegeben ist. Die Schuldnerberatung lebt auch von ihrem guten Ruf.

4.4.3 Sonstige Möglichkeiten

Es wird in der Schuldnerberatung immer wieder vorkommen, daß die vorbeschriebenen Möglichkeiten nicht greifen, da der konkrete Einzelfall ganz anders liegt. Aber auch in solchen Situationen gibt es noch eine Reihe von Möglichkeiten, die angewandt werden können.

Falls ein Schuldner so rechtzeitig in die Beratung kommt, daß noch kein gerichtliches Mahnverfahren eingeleitet ist (also nur vom Gläubiger versandte Mahnungen vorliegen), es sich aber absehen läßt, daß es dazu kommen wird, muß alles daran gesetzt werden dies zu verhindern, um die enormen damit verbundenen Kosten zu sparen. Nach einer sorgsamen Prüfung der bestehenden Forderungen kann der Einleitung eines gerichtlichen Mahnverfahrens evtl. durch die Abgabe eines Schuldversprechens bzw. eines Schuldanerkenntnisses (§§ 780, 781

BGB) begegnet werden. Beide Verträge sind in etwa identisch. Sie bedürfen in jedem Fall der Schriftform.

Schuldanerkenntnis

Durch ein **Schuldanerkenntnis** gem. § 781 BGB erklärt der Schuldner, daß er die bestehende Schuld anerkennt. Wichtig ist, daß in diesem schriftlichen Schuldanerkenntnis Bezug auf den konkreten Schuldgrund genommen wird (z.B. »Forderungen aus Warenlieferungen vom .....«; siehe Muster auf S. 167). Aus so einem Schuldanerkenntnis kann nicht die Zwangsvollstreckung betrieben werden. Hierfür wäre eine spätere Titelerlangung unerläßlich. Falls sich das dem Schuldanerkenntnis zugrunde liegende Rechtsgeschäft z.B. als sittenwidrig herausstellt, so kann das Anerkenntnis immer noch beseitigt werden. Dies ist bei einem Vollstreckungsbescheid nicht möglich.

Des weiteren ist es möglich, ein **notariell beglaubigtes Schuldanerkenntnis** abzugeben, das dann eine Vollstreckungsklausel enthält (»..... unterwerfe ich (Schuldner) mich der sofortigen Zwangsvollstreckung aus dieser Urkunde .....«; vgl. § 794 I Nr. 5 ZPO). Aus dieser Urkunde kann der Gläubiger dann sofort vollstrecken, allerdings steht auch hier noch die Möglichkeit offen, dieses notarielle Schuldanerkenntnis zu beseitigen, falls der zugrunde liegende Vertrag sich als angreifbar herausstellen sollte. Dies ist ein entscheidender Vorteil gegenüber einem anderen Schuldtitel. Ein notarielles Schuldanerkenntnis ist selbstverständlich kostenpflichtig, aber meist billiger als ein gerichtliches Mahnverfahren.

Gerade wenn sich der Schuldner nur in einer vorübergehenden Insolvenzphase befindet (z.B. wegen befristeter Arbeitslosigkeit) wird es vielfach gelingen, durch die Abgabe eines einfachen Schuldanerkenntnisses ein kostenaufwendiges gerichtliches Mahnverfahren zu verhindern. Hiermit wäre dem Schuldner entscheidend gedient. Aber auch der Gläubiger spart zunächst einmal Kosten. Es gilt in der Schuldnerberatung unbedingt, diese Möglichkeit im gegebenen Fall ausnutzen, um Kosten und auch Zeit zu sparen. Insbesondere wenn die Schuldnerberatung beim betreffenden Gläubiger schon positiv registriert und ihre seriöse Arbeitsweise bekannt ist, wird man immer wieder mit dieser Möglichkeit im gegebenen Falle Erfolg haben können; gelegentlich vielleicht auch dann noch, wenn zwar schon ein Mahnbescheid, aber noch kein Vollstreckungsbescheid vorliegt. Vorsicht ist meist geboten bei Schuldanerkenntnisformularen, die Gläubiger (z.B. Inkassobüros) vorlegen. Hier sind vielfach noch andere ungünstige Vereinbarungen mit enthalten!

Methode »Zeitgewinn«

Falls man nach der Tatsachenerhebung und Prüfung der Forderungen keine Möglichkeit sieht, im konkreten Fall weiterzukommen, kann es sehr sinnvoll sein, die Angelegenheit erst einmal »liegen zu lassen« und auf Zeitgewinn zu setzen. In diesem Falle empfiehlt es sich, sämtlichen Gläubigern eine kurze Sachstandsmitteilung zukommen zu lassen, die auch beinhalten sollte, aus welchen Gründen momentan kein Weiterkommen möglich ist, z.B. es sind keine frei verfügbaren Einkommensanteile für Tilgungsraten aufzubringen, keine Pfändungsmöglichkeiten (Schuldner ist unpfändbar lt. Pfändungstabelle nach § 850 c ZPO), Schuldner lebt in ärmlichen, bescheidenen Verhältnissen (Ausschluß von Sachpfändung gem. § 811 ZPO), Krankheit, Arbeitslosigkeit oder hohe Kinderzahl etc. Insbesondere sollte auch auf bereits fruchtlos gebliebene Pfändungsversuche oder erfolgte Abgabe der eidesstattlichen Versicherung hingewiesen werden. Die Schuldnerberatungsstelle sollte sich auch derart erklären, daß sie »unaufgefordert auf die Angelegenheit zurückkommt«, sobald sich Änderungen für eine positive Fortsetzung des Schuldenregulierungsverfahrens ergeben würden (dies ist natürlich auch einzuhalten). In so einer Situation bräuchte der Schuldner nicht die »nicht notwendigen«[87] **Kosten für erkennbar ergebnislose Zwangsvollstreckungsversuche** seitens des Gläubigers zu zahlen; vgl. § 788 I ZPO. Falls nach entsprechender Mitteilung durch die Schuldnerberatungsstelle dennoch erkennbar fruchtlose Zwangsvollstreckungsversuche unternommen würden, sollte der Schuldner beim zuständigen Vollstreckungsgericht ein entsprechendes Gesuch einreichen mit dem Ziel, die Kosten für einen erkennbar ergebnislosen Zwangsvollstreckungsversuch dem Gläubiger aufzugeben. Falls schon kostentreibende unsinnige Zwangsvollstreckungsversuche durchgeführt wurden, kann sich evtl. für den Schuldner ein Kostenerstattungsanspruch ergeben. In derartigen Fällen sollte ein Rechtsanwalt eingeschaltet werden, um z.B. zu prüfen, ob der Schuldner einen Kostenfestsetzungsbeschluß erlangen kann.

Die somit eintretende Wartezeit kann gut für pädagogisch-präventive Maßnahmen genutzt werden. Häufig ändert sich im Laufe der Zeit das Einkommen oder es ergeben sich andere relevante Ereignisse (Wegfall von Verpflichtungen, Erbschaft etc.), die dann, oftmals erst nach vielen Monaten, eine weitere Schuldenregulierung ermöglichen. Wenn man sich dann bei den Gläubigern (oder auch nur einem vorrangigen, oder aus anderen Gründen vorrangig zu befriedigenden Gläubiger) mit konkreten Regulierungsvorschlägen meldet, wird man angesichts der langen, bislang ergebnislosen Zeitspanne i.d.R. immer zu annehmbaren und einvernehmlichen Regelungen kommen. Überhaupt gilt der Grundsatz: Je älter eine Forderung ist, je leichter läßt sie sich auch (vergleichsweise) regulieren. Daher sollte in der Schuldnerberatung nicht sofort, wenn momentan keine Sanierungsmöglichkeiten gesehen werden, eine Bearbeitung abgebrochen werden. Gerade geduldige Ausdauer, verbunden mit prophylaktischer Zusammenarbeit mit dem betreffenden Schuldner, führen vielfach überhaupt nur zu Resultaten. Mit Zeitgewinn zu arbeiten ist durchaus eine »Methode« der Schuldnerberatung.

Wenn nichts mehr geht: Ausbuchung

Sollte sich nach der Tatsachenerhebung und Prüfung der Forderung herausstellen, daß hier ein »hoffnungsloser Fall« vorliegt, sollte nicht davor zurückgescheut werden, dies auch dem Gläubiger mitzuteilen. Wann kann diese Situation nun gegeben sein? Rentner und sonstige Bezieher von Kleinstrenten, die unter der Pfändungsfreigrenze liegen, speziell ältere Sozialhilfeempfänger (Bezieher von laufender Hilfe) und Hilfeempfänger, die aller Voraussicht nach immer von Sozialhilfe leben müssen (z.B. Personen mit besonderen sozialen Schwierigkeiten, hier auch insbesondere ältere), oder auch total überschuldete Haushalte (z.B. arme Leute ohne Sicherheiten mit rd. DM 100.000,- Schulden) können hier genannt werden. Bedingt gehören auch Alleinerziehende (die z.B. von Sozialhilfeleistungen leben) in diese Aufzählung. Wichtigstes Kriterium bei der Darstellung eines »hoffnungslosen Falles« ist es, dem Gläubiger deutlich zu vermitteln, daß er auf viele Jahre hin nicht mit der Realisierung seiner Forderung rechnen kann. Dies müßte eindeutig belegbar sein. Bei den o.g. Personenkreisen ist dies meist der Fall. Kein Gläubiger wird eine kostenverschlingende Forderungssache über viele Jahre hinweg verfolgen, die erfolglos bleiben muß. Der alte kaufmännische Grundsatz, daß man dem »schlechten Geld kein gutes hinterherwerfen sollte«, kommt hier voll zum Tragen. Solche Eintreibungsversuche sind unökonomisch, zeit- und arbeitsaufwendig. In so einem Falle werden dann eher die steuerlichen Vorteile der **Verlustabschreibung** als einzig erzielbares Ergebnis akzeptiert, meist widerwillig. In seltenen Fällen werden Verfahren wegen Betrugsverdacht angestrengt. Gelegentlich kommt es vor, daß so eine Forderung seitens der Gläubiger (hier meist bei Inkassobüros) »auf Eis gelegt wird«, um dann nach einigen Jahren vielleicht doch noch eine Forderungsbefriedigung zu erzielen. In der Praxis tauchen aber relativ selten Forderungen (wieder) auf, die älter sind als ca. sieben Jahre.

Bei so einem tatsächlich »hoffnungslosen Fall« gibt es folgende Möglichkeiten der Beendigung eines Schuldenregulierungsverfahrens: Zum einen kann ein Erlaßvertrag gem. § 397 BGB geschlossen werden, d.h. der Gläubiger erklärt dem Schuldner durch Vertrag, daß er ihm die Schuld erläßt. Dies ist nicht unbedingt schriftlich erforderlich, der Vertragsabschluß ist formfrei möglich. Bei mündlichem Vertragsabschluß kann es allerdings im Streitfalle Beweisschwierigkeiten geben. Außerdem kann auch ein vertragliches sog. negatives Schuldanerkenntnis, aus dem hervorgeht, daß ein Schuldverhältnis nicht besteht, vom Gläubiger abgegeben werden. In der Praxis wird es aus verständlichen Gründen zu solchen Verträgen wohl nicht kommen. Praktikabler ist dagegen, daß die Schuldnerberatung unter ausführlicher Begründung des betreffenden Falles darum bittet, die **Forderung als »uneinbringlich auszubuchen«**. Eine entsprechende Bestätigung des Gläubigers ist im Sinne des § 397 BGB zu verstehen. Diese Verfahrensweise ist erprobt, sie entspricht kaufmännischen Gepflogenheiten. Hingegen wird ein Gläubiger wohl einen vorbereiteten Erlaßvertrag kaum unterzeichnen und zurückschicken. In schwierigen diesbezüglichen Verhandlungen sollte dezent auf die steuerlichen Vorteile der Verlustabschreibung hingewiesen werden. In der Regel wird man aber bei betreffenden Einzelfällen die gewünschte und sinnvolle Ausbuchung erwirken können und somit de facto einen Erlaß erzielen.

Der Schuldner ist unbedingt darauf aufmerksam zu machen, daß eine weitere Verschuldung den Tatbestand des Betruges erfüllen kann.

In ganz seltenen Fällen kann es vorkommen, daß der Schuldner selbst Gläubiger ist und auf bestimmte Geldsummen wartet (z.B. aus der Vollstreckung eines zur Entscheidung anstehenden Gerichtsurteils). Gelegentlich ist diese Situation im Verlauf eines Arbeitsgerichtsprozesses vorzufinden. Diese Forderung kann dann gem. §§ 398 ff. BGB auf einen anderen übertragen werden. Auch mag es Situationen geben, daß sich ein Dritter zur Schuldübernahme gem. §§ 414 ff. BGB bereit erklärt. In so einem Falle tritt dieser an die Stelle des bisherigen Schuldners. Derartige Möglichkeiten sollten immer nur unter Hinzunahme von anwaltlicher Hilfe geregelt werden, falls sie tatsächlich einmal in der Praxis auftreten sollten.

Gem. § 364 BGB erlischt ein Schuldverhältnis, »wenn der Gläubiger eine andere als die geschuldete Leistung an Erfüllungs Statt annimmt«. Dies kann für die Schuldnerberatung gelegentlich in seltenen Einzelfällen bedeuten, daß ein Schuldner z.B. eine bestehende Forderung bei einem Gläubiger »abarbeitet«, oder mit möglicherweise vorhandenen Naturalien bezahlt. Für einen arbeitslosen Handwerker ließen sich so vielleicht Vereinbarungen mit einem kleinen örtlichen Gläubiger erzielen. Auch an eine Reinigungstätigkeit etc. ist zu denken. Falls ein Schuldner noch einen kleinen landwirtschaftlichen Nebenerwerbsbetrieb unterhält, oder irgendwelche andere Naturalien, etwa aus dem Garten zur Verfügung hat, ließen sich so ggf. auch entsprechende Regelungen mit einem Gläubiger erzielen. Dies geht allenfalls dann, wenn die ausstehende Forderung nicht allzu hoch ist und es sich um kleine, örtliche Gläubiger handelt, Schuldner und Gläubiger sich kennen und mit ihnen direkt verhandelt werden kann. Hierbei wird es sich immer nur um ganz besonders gelagerte Einzelfälle handeln können. Der Schuldnerberatung obliegt es in derartigen Situationen, daß klare und beide Seiten nicht belastende Regelungen getroffen werden. Es darf keine Situation provoziert werden, die an den »mittelalterlichen Schuldturm« erinnert. Insbesondere ist darauf zu achten, daß der Schuldner durch eine solche Vereinbarung (am besten schriftlich) nicht geknebelt wird. Forderung und Gegenleistung müssen in einem angemessenen Verhältnis stehen. Der Gläubiger ist nicht verpflichtet, einem derartigen Vorschlag zuzustimmen. Er muß dies ausdrücklich tun, damit eine andere als die vereinbarte Leistung eine Tilgung herbeiführt. Fantasie ist in der Schuldnerberatung immer gefordert. Diese Möglichkeit mag in Einzelfällen vielleicht auch eine sinnvolle Verbindung zwischen Schuldentilgung und wünschenswerter Aktivierung eines schon lange Zeit arbeitslosen Schuldners darstellen.

4.4.4 Grenzen der Schuldnerberatung

In der Praxis wird es immer wieder einmal vorkommen, daß alle beschriebenen Möglichkeiten nicht greifen oder der spezielle Einzelfall so gelagert ist, daß kein Schuldenregulierungsverfahren durchgeführt werden kann. Dies ist durchaus möglich! Die Schuldnerberatung ist kein »Allheilmittel« für finanzielle Probleme. Sie hat ihre Grenzen.

Diese ergeben sich möglicherweise aus der Schuldenhöhe. Wenn einem astronomischen Schuldsaldo kein adäquates Einkommen oder sonstiges verwertbares Vermögen gegenüber steht, wird sich in vielen Fällen kein Regulierungsverfahren durchführen lassen. Dabei kann hier nicht von festen Werten oder Schuldobergrenzen ausgegangen werden, sondern es kommt auf eine **differenzierte Einzelfallbetrachtung** an. Eine alleinstehende, ältere Sozialhilfeempfängerin (oder Kleinstrentnerin), die laufende Leistungen zum Lebensunterhalt erhält und rd. DM 3.500,- Schulden hat, ist nicht in der Lage, diese von ihrem das Existenzminimum darstellenden Einkünften zu tilgen. Außerdem sind ihre Einkünfte unpfändbar. Für sie ist ein Regulierungsverfahren i.d.R. nicht angezeigt. Ein fünfköpfiger Angestelltenhaushalt mit ca. DM 50.000,- Schulden kann u.U. saniert werden, wenn bestimmte Voraussetzungen gegeben sind, z.B.: die Ehefrau verdient mit, es stehen höhere Beträge aus dem Rückkaufswert von Lebensversicherungen zur Verfügung, Eltern könnten ggf. für ein Umschuldungsdarlehen bürgen, der Arbeitgeber wäre bereit ein Darlehen zu geben, es lassen sich Ausgaben senken (etwa Autoverkauf), der Schuldner hat selbst noch Forderungen (etwa aus einem sittenwidrigen Kreditvertrag), etc.. Daher ist jeder Einzelfall sorgfältig zu prüfen. Diese Betrachtung kann aber durchaus in das Ergebnis münden, daß im vorliegenden Falle ein Regulierungsverfahren derzeit nicht durchführbar ist.

Grenzen können sich aber auch aus der Person des Schuldners ergeben. Dann nämlich, wenn er nicht motiviert ist, ein Schuldenregulierungsverfahren auch wirklich mit allen Konsequenzen durchzuziehen. Es kommt hin und wieder vor, daß Schuldner meinen, mit der Übernahme eines Regulierungsverfahrens durch die Schuldnerberatung sei »schon alles erledigt« und er könne nun neue Verpflichtungen eingehen. Die Motivation der Klienten zur Mitarbeit ist die wichtigste Voraussetzung für ein Regulierungsverfahren (s. Kapitel 2.2, S. 25).

Schuldnerberatung - mehr als ein Regulierungsverfahren

Nun heißt Schuldnerberatung aber nicht die Durchführung eines Regulierungsverfahrens um jeden Preis. Die letzte Möglichkeit der Schuldnerberatung lautet, **den Schuldner zu befähigen, an der Pfändungsfreigrenze zu leben!** Auch das ist Schuldnerberatung. Schon die Terminologie beinhaltet ja, daß es um eine umfassende Beratung eines Schuldners geht und nicht lediglich um die Sanierung. Daher gehört gerade in Fällen, bei denen eine Sanierung aussichtslos ist, die Wirtschafts- und Budgetberatung des privaten Haushaltes zu den vordringlichsten Aufgaben der Schuldnerberatung. Aber es gehört auch dazu, den Schuldner vor unnötigen und aussichtslosen Zwangsvollstreckungsmaßnahmen zu schützen. Trotz Schuldtiteln, der Abgabe einer eidesstattlichen Versicherung und die damit zusammenhängende Aufnahme in das Schuldnerverzeichnis, und vielleicht sogar einer laufenden Pfändung, ist es doch möglich, ein zwar bescheidenes Leben zu führen - mit Schulden. Niemand wird meinen, daß dies ein erstrebenswerter Zustand ist! Aber die momentanen, vor allem auch rechtlichen Gegebenheiten, lassen derzeit in manchen Fällen keine andere Möglichkeit zu. Ohne qualifizierte Hilfe fällt der insolvente Bürger in den »modernen Schuldturm« (*Bender*)[88].

Änderungen sind hier dringend nötig. Die am 1. April 1984 erfolgte Anhebung der Pfändungsfreigrenzen muß als ein wesentlicher Schritt in die richtige Richtung angesehen werden. Zum einen verbleibt dem Schuldner mehr zum Leben, zum anderen wird sich diese Anhebung auch prophylaktisch auswirken, denn die Kreditgeber dürften nun bei der Kreditierung vorsichtiger werden, da ihre Beitreibungsaussichten in einem Pfändungsverfahren schlechter werden.[89]

Daneben wird die Schuldnerberatung mit großem Interesse beobachtet, was in Richtung »Konsumentenschutzgesetz«, oder auch hinsichtlich »richterlicher Vertragshilfe«[90] beim Gesetzgeber in Gang kommt und selbstverständlich auch eigene Vorstellungen beisteuern.[91] Zu bedenken ist bei allen Entwürfen, daß sie nicht allein auf Problemfälle des Konsumentenkredites abzielen dürfen, sondern die Verbraucherüberschuldung in ihrer Gesamtheit zum Gegenstand haben müssen, um dem Schuldner umfassend zu helfen.

4.5 Prävention in der Schuldnerberatung

Der präventive Bereich in der Schuldnerberatung muß unterteilt werden in einen individuellen und einen strukturellen. Zuerst sollen einige Möglichkeiten und Ansätze zum individuellen Teil vorgestellt werden.

Dieser **pädagogisch-präventive Bereich** gehört von Anfang an zu einem unverzichtbaren, ganz wichtigen Teil der Arbeit. Er ist durchgängig durch alle Phasen der Schuldnerberatung, besonders auch im Rahmen der Nachbetreuung. Gerade während Zeiträumen, in denen kein Regulierungsprozeß durchgeführt werden kann, kommt dieser Aufgabe eine wichtige Bedeutung zu und insbesondere auch, wie beschrieben, unmittelbar nach erfolgter Vergleichssanierung.

Hilfen für die Haushaltsführung

Der pädagogisch-präventive Bereich meint u.a. das Erlernen und Einüben von Haushaltsführung inklusive der Aufstellung eines Haushaltsplanes. Hier gibt es einen **Mikro-** und einen **Makrobereich**. Häufig zeichnet sich das Klientel der Schuldnerberatung, z.B. aufgrund sozialisationsbedingter Defizite, durch eine weitreichende wirtschaftliche Planlosigkeit aus. Ein Indiz hierfür sind z.B. die in hohem Maße zu beobachtenden »Haustürkäufe«, die bekanntlich nicht geplant werden können. Gerade für Verbraucher, die sowieso nur »von der Hand in den Mund« leben, ist derartig ungeplanter Konsum finanziell meist nicht zu verkraften. Daher ist die kontinuierliche Aufstellung bzw. Fortschreibung eines monatlichen Haushaltsplanes erforderlich (s.S. 163). Dieser Plan wird schon beim Erstgespräch aufgestellt und muß von da ab ständig aktualisiert werden. Der Schuldner sollte auch jeweils ein Exemplar für sich mit nach Hause bekommen. Ein eingängiger Slogan wie z.B. »Wer planen kann, ist besser dran« hilft vielleicht das auf den ersten Blick lästige Formular doch selbst fortzuschreiben. Geldeinteilung und -planung ist wohl auch ein wichtiger Schritt, um »**Kompensations-Konsum**« zu verhindern, den z.B. langfristig Arbeitslose aufgrund der bewußt oder unbewußt wahrgenommenen Diskrepanz zwischen persönlichen Lebenswünschen und Realität praktizieren. Dieses auch »Frust-Konsum« genannte Einkaufsverhalten gerade armer Bevölkerungsschichten muß bei den präventiven Bemühungen der Schuldnerberatung gebührend beachtet werden. Daher wird es meist nötig sein, eine **Veränderung des Einkaufsverhaltens** beim Schuldner herbeizuführen. Wer die teuersten Kredite aufgenommen und einen Staubsauger an der Haustür gekauft hat, wird meist auch nicht die günstigsten Einkaufsquellen für den Bedarf des täglichen Lebens nutzen. Vielfach wird in teuren Einzelhandelsgeschäften gekauft, preiswerte Discountläden werden gemieden. Simpelste »Einkaufstechniken«, z.B. vorher den Warenbedarf aufschreiben, müssen häufig vermittelt werden. Daneben muß gelegentlich sondiert werden, was wann gekauft wird. Überhaupt gilt es vielfach Einkäufe auf ihre Notwendigkeit hin zu hinterfragen und anhand solcher konkreter Beispiele langsam ein bewußtes Einkaufsverhalten einzuüben (Mikrobereich).

An diesem Punkt kann sich die Zusammenarbeit mit den örtlichen Verbraucherberatungsstellen der Verbraucherzentralen als hilfreich erweisen. Waren die Budgetberatungsangebote der Verbraucherzentralen bisher meist mittelschichtsorientiert, so scheint sich hier langsam eine Wende zu vollziehen. Vielfach suchen auch Verbraucherberatungsstellen den Kontakt zu Sozialarbeitern und es gibt schon einige gelungene Kooperationsmodelle in diesem Bereich.

Einnahmen erhöhen - Ausgaben senken

Im Rahmen der Präventivmaßnahmen muß allerdings auch immer untersucht werden, ob sich generelle finanzielle Verbesserungen erreichen lassen (Makrobereich). Hier geht es entweder darum, die **Einnahmen** zu **erhöhen** oder die **Ausgaben** zu **senken**.

Möglichkeiten der Einkommenserhöhung:

- Mitarbeit von Familienangehörigen erwägen
- alle Möglichkeiten der Antragstellung zur Erlangung von Leistungen nach dem Sozialgesetzbuch nutzen
- Rentenantragsstellungen prüfen
- Untervermietmöglichkeiten erwägen
- richtige Steuerklasse wählen
- Kindergeld richtig beantragen (»Zählkinder«)
- Antrag auf Lohnsteuerjahresausgleich stellen
- Nutzung von Gelegenheits- oder Aushilfsarbeiten prüfen
- Unterhaltsleistungen in Anspruch nehmen
- die Realisierung eigener Forderungen betreiben etc.

Möglichkeiten der Ausgabenreduzierung:

- Alle Möglichkeiten von Veräußerungen prüfen (z.B. KFZ)
- Versicherungen kündigen
- Abonnements (z.B. von Zeitschriften) kündigen
- Kündigung von Vereinsmitgliedschaften erwägen
- eine preiswertere Wohnung anmieten
- Energieverbrauch reduzieren
- eine Fahrgemeinschaft bilden
- das Telefon abmelden etc.

Das sog. **Haushaltsgeld**, oder auch »Geld zum Leben«, sollte **für überschaubare Zeiträume** eingeteilt werden. Ein ganzer Monat ist viel zu lang! Daher sollten kürzere Zeitspannen festgelegt werden: 14 Tage oder sogar wöchentlich, im Einzelfall sollte sogar 2 x in der Woche ein »Auszahlungstag« vereinbart werden. Für etliche Klienten sind sieben Tage ein zu langer Zeitraum, um die sachgerechte Einteilung von z.B. DM 200,- Haushaltsgeld vorzunehmen. Probleme stellen auch immer wieder Mietzahlungen bei Arbeitslosen dar, die ihre AFG-Leistungen 14-tägig ausgezahlt bekommen. Man sollte sich in derartigen Fällen nicht scheuen, die Miete auch in zwei Raten zu überweisen! Allerdings muß darauf geachtet werden, daß die laufende Miete auch im laufenden Monat beim Vermieter eingeht. Diese Zahlungsweise dürfte sicherlich von Vermietern moniert werden – ignorieren, denn wie sollen Arbeitslose sonst zahlen und »überleben«? Im übrigen wird häufig das Wohngeld direkt an den Vermieter überwiesen, dieser erhält seine Miete sowieso schon gestückelt.

Gemeinsame Kontoführung

In besonders gelagerten Einzelfällen, in denen Schuldner gravierende Probleme haben, mit dem Geld zu haushalten, kann eine **gemeinsame Kontoführung** sinnvoll sein. Dies bewährte Verfahren gestaltet sich folgendermaßen: Ein Mitarbeiter der Schuldnerberatung verfügt gemeinsam mit dem Schuldner über dessen Girokonto. Auf jeder Kontoverfügung (z.B. Auszahlung, Überweisung) stehen also immer zwei Unterschriften. Keiner von beiden kann allein über das Konto verfügen. Diese Regelung geschieht auf freiwilliger Basis. Der Vorteil dieses Verfahrens liegt zum einen darin, daß der Umgang mit dem Girokonto und dem bargeldlosen Zahlungsverkehr gelernt werden kann. Das Instrument der bewußten kurzfristigen Überziehung, das »Stehenlassen« von Summen für weitere Verfügungen und auch nur das richtige Ausfüllen des Formularwesens kann eingeübt werden. Zudem ist so auch eine direkte Budgetplanung möglich. Zum anderen findet bei diesem Verfahren keine »Systemausgrenzung« statt. Der Schuldner bleibt in unserem Bank- und Zahlungssystem, bzw. lernt überhaupt erst einmal den Umgang damit. Mit den fertig ausgefüllten (und erläuterten) unterschriebenen Formularen geht der Schuldner zum Kreditinstitut und gewinnt Sicherheit im Umgang mit dieser Institution. Er bleibt »mit seiner Bank« in Kontakt. Diese Form der gemeinsamen Kontoführung kann beinahe schon als soziales Training bezeichnet werden. Wie eingangs erwähnt, kann dieses Verfahren nicht die Regel sein und es muß so angelegt werden, daß der Schuldner nach einer bestimmten Lernphase selbständig mit seiner Kontoführung zurecht kommt.

Gruppenarbeit

Um dem gefährlichen Kompensations- oder Frust-Konsum – oder auch dem »Konsum als einer Art Sucht« (*Jürgen Suter*) – wirkungsvoll begegnen zu können, ist es überaus sinnvoll, methodisch **Gruppenarbeit** einzusetzen.[92] Generelle Fragen des eben dargestellten pädagogisch-präventiven Bereiches, Konsumverhalten und andere Verhaltensmuster können in der Gruppe angesprochen und gemeinsam aufgearbeitet werden. Die Scheu der Klienten, über eigene finanzielle Probleme in einer Gruppe zu sprechen, ist gering. Es liegen inzwischen erste interessante Erfahrungsberichte solcher präventiven Gruppenarbeitsergebnisse vor. Zum Teil sind solche Angebote auch als Wochenendseminare (mit der ganzen Familie incl. Kinderbetreuung) durchgeführt worden. Die Lern- und Erfahrungsmöglichkeiten solcher Gruppenangebote sind für diesen Bereich groß.

Notwendig: Strukturelle Prävention

Genauso wichtig wie individuell ausgerichtete Präventivangebote sind aber auch strukturelle. Hierunter fällt z.B. die **Einleitung von Abmahnverfahren** wegen unlauterer Werbung (UWG-Verstöße) durch den Verbraucherschutzverein (VSV) in Berlin. Dieser, von den Verbraucherzentralen der Länder und der Arbeitsgemeinschaft der Verbraucher (AgV) 1966 ins Leben gerufene Verein zur Bekämpfung von Wettbewerbsverstößen, ist interessiert an einer Zusammenarbeit mit örtlichen Beratungsstellen. Konkret kann dies so aussehen, daß Zeitungsanzeigen aus der dem Berliner Verein nicht zugänglichen Regionalpresse mit genauer Quellenangabe und Datum zugeschickt werden, aus denen UWG-Verstöße ersichtlich sind. Verbotene Aussagen sind z.B. bei Kreditvermittlern: Werbung mit dem Passus, daß »Hausbesuche« durchgeführt werden (vgl. § 56 I Nr. 6 GewO); eine Werbung mit dem Hinweis, daß »Umschuldungen durchgeführt werden«, ist ebenso angreifbar. Vielfach können auch Werbebriefe angegriffen werden, gerade dann, wenn in ihnen eine schon bestehende Geschäftsbeziehung vorgetäuscht wird, oder wenn sie in einer besonders emotionalen Form gehalten sind. In gegebenen Fällen sollten derartige Unterlagen auch dem VSV übersandt werden (mit genauer Fundstelle).

Auch wegen AGB-Verstößen kann man sich an den VSV wenden. Der VSV kann eine Überprüfung von Allgemeinen Geschäftsbedingungen auf ihre Rechtmäßigkeit hin vornehmen. Wenn Verstöße vorliegen sollten, wird der VSV ein Abmahnverfahren durchführen oder ggf. prozessuale Schritte einleiten. Somit kann im Vorfeld von Kreditaufnahmen in bescheidenem Rahmen präventiv gewirkt werden. Daher sollte die sorgfältige Beobachtung des einschlägigen Anzeigenteils der Lokalpresse für jede Schuldnerberatungsstelle selbstverständlich sein. Die Adresse des VSV ist im Anhang abgedruckt.

Daneben muß mit aller Entschiedenheit gegen **kommerzielle Umschuldungsbüros** vorgegangen werden. Falls man im lokalen Bereich die Existenz eines derartigen Unternehmens in Erfahrung bringt, sollte prophylaktisch jeweils die Staatsanwaltschaft eingeschaltet werden (am besten mit konkreten Unterlagen). Wenn Rechtsanwälte in solchen dubiosen Firmen mitarbeiten, sollte zusätzlich die zuständige Rechtsanwaltskammer benachrichtigt werden (Adresse ist bei den Landgerichten oder örtlichen Rechtsanwälten zu erfragen), und außerdem sollte eine Information an die AgV in Bonn erfolgen. Die AgV kann solche Angelegenheiten sammeln und später auswerten.

Neben den Möglichkeiten der Zusammenarbeit mit dem VSV sollte aber auch eine generelle **Aufklärungsarbeit**, z.B. durch Pressekampagnen, Informationsblätter etc., betrieben werden. Hierfür ist es auch angebracht, interessierten Stellen, etwa Schulen, Volkshochschulen, Landfrauenverbänden, politischen Parteien, Gewerkschaften, Kirchengemeinden, Selbsthilfegruppen etc., Vorträge anzubieten, um eine breite Öffentlichkeit für dieses Problemgebiet zu sensibilisieren.

Wenn tatsächlich gesetzeswidriges Vorgehen von z.B. Kreditvermittlern oder Werbefirmen nachgewiesen werden kann, ist es eine ganz wichtige strukturell-präventive Aufgabe, diese Methoden öffentlich anzuprangern. Die Presse kann angeregt werden, über angestrengte Verfahren zu berichten, oder bei »ganz großen Sachen« könnten Rundfunk oder sogar Fernsehen eingeschaltet werden. Nur so scheint in diesem Bereich ein wirkungsvoller Verbraucherschutz möglich. Die Zusammenarbeit mit den Verbraucherzentralen ist an diesem Punkt sicher sinnvoll.

Auch auf die Möglichkeiten der Selbsthilfegruppenbewegung sei hingewiesen. Nachdem es in sehr verschiedenartigen Bereichen Selbsthilfegruppen gibt, muß auch darüber nachgedacht werden, ob es nicht möglich und sinnvoll erscheint, eine »**Schuldner-Selbsthilfe**« entstehen zu lassen. Die vorbeschriebenen gruppenpädagogischen Ansätze könnten sich bei der Initiierung solcher Gruppen als sehr sinnvoll erweisen.[93] Durch solche Selbsthilfegruppen würden auch engagierte

Mitstreiter für eine weitere Öffentlichkeitsarbeit bereitstehen, die von ihren »Leidenserfahrungen« her in besonderer Weise präventiv agieren könnten. Vielleicht läßt sich durch solche Gruppen auch partiell »Gegenmacht«[94] aufbauen, um zu sinnvollen und nötigen Verbesserungen des Verbraucherschutzes zu kommen, der die Probleme der »neuen Armen unserer Zeit«, der vielen überschuldeten Mitbürger, zum Ziel hat.

Fortbildung und Erfahrungsaustausch

Abschließend sei bemerkt, daß selbstverständlich eine **kontinuierliche Fortbildung** und ein ständiger überregionaler Erfahrungsaustausch von Mitarbeitern der verschiedensten Schuldnerberatungsstellen dringend erforderlich ist.[95] Die Angleichung von Arbeitsweisen kann sich als sehr sinnvoll herausstellen, da viele Gläubiger ja bundesweit zentralgesteuert agieren. Eine weit gespannte, überregionale Vernetzung aller Fachberatungstellen im Bereich Schuldnerberatung ist anzustreben.[96]

5 Anhang

5.1 Sammlung von Gesetzestexten

5.1.1 Rechtsberatungsgesetz (RBerG) – Auszug –

Artikel 1

§ 1

(1) Die Besorgung fremder Rechtsangelegenheiten, einschließlich der Rechtsberatung und der Einziehung fremder oder zu Einziehungszwecken abgetretener Forderungen, darf geschäftsmäßig – ohne Unterschied zwischen haupt- und nebenberuflicher oder entgeltlicher und unentgeltlicher Tätigkeit – nur von Personen betrieben werden, denen dazu von der zuständigen Behörde die Erlaubnis erteilt ist.
Die Erlaubnis wird jeweils für einen Sachbereich erteilt:
1. Rentenberatern,
2. Frachtprüfern für die Prüfung von Frachtrechnungen und die Verfolgung der sich hierbei ergebenden Frachterstattungsansprüche,
3. vereidigten Versteigerern, soweit es für die Wahrnehmung der Aufgaben als Versteigerer erforderlich ist,
4. Inkassounternehmern für die außergerichtliche Einziehung von Forderungen (Inkassobüros),
5. Rechtskundigen in einem ausländischen Recht für die Rechtsbesorgung auf dem Gebiet dieses Rechts und des Rechts der Europäischen Gemeinschaften.

Sie darf nur unter der der Erlaubnis entsprechenden Berufsbezeichnung ausgeübt werden.

(2) Die Erlaubnis darf nur erteilt werden, wenn der Antragsteller die für den Beruf erforderliche Zuverlässigkeit und persönliche Eig-

nung sowie genügende Sachkunde besitzt und das Bedürfnis nicht bereits durch eine hinreichende Zahl von Rechtsberatern gedeckt ist.

§ 3

Durch dieses Gesetz werden nicht berührt:
1. die Rechtsberatung und Rechtsbetreuung, die von Behörden ....., von Körperschaften des öffentlichen Rechts ..... im Rahmen ihrer Zuständigkeit ausgeübt wird;
2. die Berufstätigkeit der Notare und sonstigen Personen, die ein öffentliches Amt ausüben, sowie der Rechtsanwälte, Verwaltungsratsrechtsräte und Patentanwälte; .....
8. die außergerichtliche Besorgung von Rechtsangelegenheiten von Verbrauchern durch für ein Bundesland errichtete, mit öffentlichen Mitteln geförderte Verbraucherzentralen im Rahmen ihres Aufgabenbereiches.

§ 6

(1) Die Vorschriften dieses Gesetzes stehen ferner dem nicht entgegen,
1. daß Angestellte Rechtsangelegenheiten ihres Dienstherrn erledigen;
2. daß Angestellte, die bei Personen oder Stellen der in den §§ 1, 3 und 5 bezeichneten Art beschäftigt sind, im Rahmen dieses Anstellungsverhältnisses Rechtsangelegenheiten erledigen.

(2) Die Rechtsform des Angestelltenverhältnisses darf nicht zu einer Umgehung des Erlaubniszwangs mißbraucht werden.

§ 8

(1) Ordnungswidrig handelt, wer
1. fremde Rechtsangelegenheiten geschäftsmäßig besorgt, ohne die nach diesem Artikel erforderliche Erlaubnis zu besitzen, ...
3. unbefugt die Berufsbezeichnung »Rechtsbeistand« oder eine ihr zum Verwechseln ähnliche Bezeichnung führt.

(2) Die Ordnungswidrigkeit kann mit einer Geldbuße bis zu zehntausend Deutsche Mark geahndet werden.

5.1.2 Gewerbeordnung (GewO) – Auszug –

§ 34 c Makler, Bauträger, Baubetreuer (1) Wer gewerbsmäßig
1. den Abschluß von Verträgen über
   a) Grundstücke, grundstücksgleiche Rechte, gewerbliche Räume, Wohnräume oder Darlehen, ...

vermitteln oder die Gelegenheit zum Abschluß solcher Verträge nachweisen, ...
will, bedarf der Erlaubnis der zuständigen Behörde. Die Erlaubnis gilt für den Geltungsbereich des Gesetzes. Sie kann inhaltlich beschränkt und zum Schutze der Allgemeinheit und der Auftraggeber unter Auflagen erteilt werden; die nachträgliche Beifügung, Änderung oder Ergänzung von Auflagen ist zulässig.

§ 56 Im Reisegewerbe verbotene Tätigkeiten (1) Im Reisegewerbe sind verboten .....
6. der Abschluß sowie die Vermittlung von Rückkaufgeschäften (§ 34 Abs. 4) und von Darlehensgeschäften; dies gilt nicht für Darlehensgeschäfte, die in Zusammenhang mit einem Warenverkauf oder mit dem Abschluß eines Bausparvertrages stehen;

5.1.3 Gesetz gegen den unlauteren Wettbewerb (UWG) – Auszug –

§ 1 Wer im geschäftlichen Verkehr zu Zwecken des Wettbewerbs Handlungen vornimmt, die gegen die guten Sitten verstoßen, kann auf Unterlassung und Schadensersatz in Anspruch genommen werden.

§ 3 Wer im geschäftlichen Verkehr zu Zwecken des Wettbewerbs über geschäftliche Verhältnisse, insbesondere über die Beschaffenheit, den Ursprung, die Herstellungsart oder die Preisbemessung einzelner Waren oder gewerblicher Leistungen oder des gesamten Angebots, über Preislisten, über die Art des Bezuges oder die Bezugsquelle von Waren, über den Besitz von Auszeichnungen, über den Anlaß oder den Zweck des Verkaufs oder über die Menge der Vorräte irreführende Angaben macht, kann auf Unterlassung der Angaben in Anspruch genommen werden.

§ 4 (1) Wer in der Absicht, den Anschein eines besonders günstigen Angebots hervorzurufen, in öffentlichen Bekanntmachungen oder in

Mitteilungen, die für einen größeren Kreis von Personen bestimmt sind, über geschäftliche Verhältnisse, insbesondere über die Beschaffenheit, den Ursprung, die Herstellungsart oder die Preisbemessung von Waren oder gewerblichen Leistungen, über die Art des Bezugs oder die Bezugsquelle von Waren, über den Besitz von Auszeichnungen, über den Anlaß oder den Zweck des Verkaufs oder über die Menge der Vorräte wissentlich unwahre und und zur Irreführung geeignete Angaben macht, wird mit Freiheitsstrafe bis zu einem Jahr oder mit Geldstrafe bestraft.

(2) Werden die im Absatz 1 bezeichneten unrichtigen Angaben in einem geschäftlichen Betrieb von einem Angestellten oder Beauftragten gemacht, so ist der Inhaber oder Leiter des Betriebs neben dem Angestellten oder Beauftragten strafbar, wenn die Handlung mit seinem Wissen geschah.

5.1.4 Strafgesetzbuch (StGB) - Auszug -

§ 170 b Verletzung der Unterhaltspflicht Wer sich einer gesetzlichen Unterhaltspflicht entzieht, so daß der Lebensbedarf des Unterhaltsberechtigten gefährdet ist oder ohne die Hilfe anderer gefährdet wäre, wird mit Freiheitsstrafe bis zu drei Jahren oder mit Geldstrafe bestraft.

§ 263 Betrug (1) Wer in der Absicht, sich oder einem Dritten einen rechtswidrigen Vermögensvorteil zu verschaffen, das Vermögen eines anderen dadurch beschädigt, daß er durch Vorspiegelung falscher oder durch Entstellung oder Unterdrückung wahrer Tatsachen einen Irrtum erregt oder unterhält, wird mit Freiheitsstrafe bis zu fünf Jahren oder mit Geldstrafe bestraft.

(2) Der Versuch ist strafbar.

(3) In besonders schweren Fällen ist die Strafe Freiheitsstrafe von einem Jahr bis zu zehn Jahren.

(4) § 243 Abs. 2 sowie die §§ 247 und 248 a gelten entsprechend.

(5) Das Gericht kann Führungsaufsicht anordnen (§ 68 Abs. 1 Nr. 2).

§ 302 a Wucher (1) Wer die Zwangslage, die Unerfahrenheit, den Mangel an Urteilsvermögen oder die erhebliche Willensschwäche eines anderen dadurch ausbeutet, daß er sich oder einem Dritten

1. für die Vermietung von Räumen zum Wohnen oder damit verbundener Nebenleistungen,
2. für die Gewährung eines Kredites;,
3. für eine sonstige Leistung oder
4. für die Vermittlung einer der vorbezeichneten Leistungen

Vermögensvorteile versprechen oder gewähren läßt, die in einem auffälligen Mißverhältnis zu der Leistung oder deren Vermittlung stehen, wird mit Freiheitsstrafe bis zu drei Jahren oder mit Geldstrafe bestraft. Wirken mehrere Personen als Leistende, Vermittler oder in anderer Weise mit und ergibt sich dadurch ein auffälliges Mißverhältnis zwischen sämtlichen Vermögensteilen und sämtlichen Gegenleistungen, so gilt Satz 1 für jeden, der die Zwangslage oder sonstige Schwäche des anderen für sich oder einen Dritten zur Erzielung eines übermäßigen Vermögensvorteils ausnutzt.

(2) In besonders schweren Fällen ist die Strafe Freiheitsstrafe von sechs Monaten bis zu zehn Jahren. Ein besonders schwerer Fall liegt in der Regel vor, wenn der Täter
1. durch die Tat den anderen in wirtschaftliche Not bringt,
2. die Tat gewerbsmäßig begeht,
3. sich durch Wechsel wucherische Vermögensvorteile versprechen läßt.

5.1.5 Sozialgesetzbuch, Allgemeiner Teil (SGB I) - Auszug -

§ 53 Übertragung und Verpfändung

(1) Ansprüche auf Dienst- und Sachleistungen können weder übertragen noch verpfändet werden.

(2) Ansprüche auf Geldleistungen können übertragen und verpfändet werden
1. zur Erfüllung oder zur Sicherung von Ansprüchen auf Rückzahlungen von Darlehen und auf Erstattung von Aufwendungen, die im Vorgriff auf fällig gewordene Sozialleistungen zu einer angemessenen Lebensführung gegeben oder gemacht worden sind, oder
2. wenn der zuständige Leistungsträger feststellt, daß die Übertragung oder Verpfändung im wohlverstandenen Interesse des Berechtigten liegt.

(3) Ansprüche auf laufende Geldleistungen, die der Sicherung des Lebensunterhalts zu dienen bestimmt sind, können in anderen Fällen

übertragen und verpfändet werden, soweit sie den für Arbeitseinkommen geltenden unpfändbaren Betrag übersteigen.

§ 54 Pfändung

(1) Ansprüche auf Dienst- und Sachleistungen können nicht gepfändet werden.

(2) Ansprüche auf einmalige Geldleistungen können nur gepfändet werden, soweit nach den Umständen des Falles, insbesondere nach den Einkommens- und Vermögensverhältnissen des Leistungsberechtigten, der Art des beizutreibenden Anspruchs sowie der Höhe und der Zweckbestimmung der Geldleistung, die Pfändung der Billigkeit entspricht.

(3) Ansprüche auf laufende Geldleistungen können wie Arbeitseinkommen gepfändet werden
1. wegen gesetzlicher Unterhaltsansprüche,
2. wegen anderer Ansprüche nur, soweit die in Absatz 2 genannten Voraussetzungen vorliegen und der Leistungsberechtigte dadurch nicht hilfebedürftig im Sinne der Vorschriften des Bundessozialhilfegesetzes über die Hilfe zum Lebensunterhalt wird.

§ 55 Kontenpfändung und Pfändung von Bargeld

(1) Wird eine Geldleistung auf das Konto des Berechtigten bei einem Geldinstitut überwiesen, ist die Forderung, die durch die Gutschrift entsteht, für die Dauer von sieben Tagen seit der Gutschrift der Überweisung unpfändbar. Eine Pfändung des Guthabens gilt als mit der Maßgabe ausgesprochen, daß sie das Guthaben in Höhe der in Satz 1 bezeichneten Forderung während der sieben Tage nicht erfaßt.

(2) Das Geldinstitut ist dem Schuldner innerhalb der sieben Tage zur Leistung aus dem nach Absatz 1 Satz 2 von der Pfändung nicht erfaßten Guthaben nur soweit verpflichtet, als der Schuldner nachweist oder als dem Geldinstitut sonst bekannt ist, daß das Guthaben von der Pfändung nicht erfaßt ist. Soweit das Geldinstitut hiernach geleistet hat, gilt Absatz 1 Satz 2 nicht.

(3) Eine Leistung, die das Geldinstitut innerhalb der sieben Tage aus dem nach Absatz 1 Satz 2 von der Pfändung nicht erfaßten Guthaben an den Gläubiger bewirkt, ist dem Schuldner gegenüber unwirksam. Das gilt auch für eine Hinterlegung.

(4) Bei Empfängern laufender Geldleistungen sind die in Absatz 1 genannten Forderungen nach Ablauf von sieben Tagen seit der Gut-

schrift sowie Bargeld insoweit nicht der Pfändung unterworfen, als ihr Betrag dem unpfändbaren Teil der Leistungen für die Zeit von der Pfändung bis zum nächsten Zahlungstermin entspricht.

5.1.6 Tabellen zu § 850 c ZPO (Pfändungstabellen)

Nachfolgend ist die sog. »Pfändungstabelle« abgedruckt. Sie soll vorab kurz erläutert werden. Diese Pfändungsfreigrenzen sind seit dem 1.4.84 in Kraft.
Man ermittelt den pfändbaren Betrag lt. Tabelle wie folgt:

(Beispiel: Arbeitnehmer, verh., 2 Kinder, mtl. Nettolohn 1.750,- DM)

Nettolohn monatlich	Pfändbarer Betrag bei der Unterhaltspflicht für					
	0	1	2	3	4	5 und mehr Personen
	in DM					
1 740,00 bis 1 759,99	690,20	324,00	165,60	54,00	-	-

Dem Arbeitnehmer können 54,- DM gepfändet werden.
Spalte »O« steht für den Schuldner selbst, Spalte »1« für seine Ehefrau und ab Spalte »2« werden die Kinder berücksichtigt.
 Einem Schuldner mit gleichem Einkommen, lediglich verheiratet, könnten 324,- DM gepfändet werden.
 Einem Witwer z.B. mit 2 Kindern und gleichem Einkommen könnten 165,60 DM gepfändet werden. Die beiden folgenden Tabellen beziehen sich auf Monats- bzw. Wochenlohn.

Anlage 2 zu § 850 c ZPO

Nettolohn monatlich	Pfändbarer Betrag bei Unterhaltspflicht* für					
	0	1	2	3	4	5 und mehr Personen
	in DM					
bis 759,99	–	–	–	–	–	–
760,00 bis 779,99	4,20	–	–	–	–	–
780,00 bis 799,99	18,20	–	–	–	–	–
800,00 bis 819,99	32,20	–	–	–	–	–
820,00 bis 839,99	46,20	–	–	–	–	–
840,00 bis 859,99	60,20	–	–	–	–	–
860,00 bis 879,99	74,20	–	–	–	–	–
880,00 bis 899,99	88,20	–	–	–	–	–
900,00 bis 919,99	102,20	–	–	–	–	–
920,00 bis 939,99	116,20	–	–	–	–	–
940,00 bis 959,99	130,20	–	–	–	–	–
960,00 bis 979,99	144,20	–	–	–	–	–
980,00 bis 999,99	158,20	–	–	–	–	–
1 000,00 bis 1 019,99	172,20	–	–	–	–	–
1 020,00 bis 1 039,99	186,20	–	–	–	–	–
1 040,00 bis 1 059,99	200,20	–	–	–	–	–
1 060,00 bis 1 079,99	214,20	–	–	–	–	–
1 080,00 bis 1 099,99	228,20	–	–	–	–	–
1 100,00 bis 1 119,99	242,20	4,00	–	–	–	–
1 120,00 bis 1 139,99	256,20	14,00	–	–	–	–
1 140,00 bis 1 159,99	270,20	24,00	–	–	–	–
1 160,00 bis 1 179,99	284,20	34,00	–	–	–	–
1 180,00 bis 1 199,99	298,20	44,00	–	–	–	–
1 200,00 bis 1 219,99	312,20	54,00	–	–	–	–
1 220,00 bis 1 239,99	326,20	64,00	–	–	–	–
1 240,00 bis 1 259,99	340,20	74,00	–	–	–	–
1 260,00 bis 1 279,99	354,20	84,00	–	–	–	–
1 280,00 bis 1 299,99	368,20	94,00	–	–	–	–
1 300,00 bis 1 319,99	382,20	104,00	–	–	–	–
1 320,00 bis 1 339,99	396,20	114,00	–	–	–	–
1 340,00 bis 1 359,99	410,20	124,00	5,60	–	–	–
1 360,00 bis 1 379,99	424,20	134,00	13,60	–	–	–
1 380,00 bis 1 399,99	438,20	144,00	21,60	–	–	–
1 400,00 bis 1 419,99	452,20	154,00	29,60	–	–	–
1 420,00 bis 1 439,99	466,20	164,00	37,60	–	–	–
1 440,00 bis 1 459,99	480,20	174,00	45,60	–	–	–
1 460,00 bis 1 479,99	494,20	184,00	53,60	–	–	–
1 480,00 bis 1 499,99	508,20	194,00	61,60	–	–	–
1 500,00 bis 1 519,99	522,20	204,00	69,60	–	–	–
1 520,00 bis 1 539,99	536,20	214,00	77,60	–	–	–
1 540,00 bis 1 559,99	550,20	224,00	85,60	–	–	–
1 560,00 bis 1 579,99	564,20	234,00	93,60	–	–	–
1 580,00 bis 1 599,99	578,20	244,00	101,60	6,00	–	–
1 600,00 bis 1 619,99	592,20	254,00	109,60	12,00	–	–
1 620,00 bis 1 639,99	606,20	264,00	117,60	18,00	–	–

* Zu berücksichtigen sind Unterhaltsleistungen des Schuldners gegenüber seinem Ehegatten, einem früheren Ehegatten, einem Verwandten oder der Mutter eines nichtehelichen Kindes nach § 1615 l, 1615 n des Bürgerlichen Gesetzbuches.

Nettolohn monatlich	Pfändbarer Betrag bei Unterhaltspflicht* für					
	0	1	2	3	4	5 und mehr Personen
	in DM					
1 640,00 bis 1 659,99	620,20	274,00	125,60	24,00	-	-
1 660,00 bis 1 679,99	634,20	284,00	133,60	30,00	-	-
1 680,00 bis 1 699,99	648,20	294,00	141,60	36,00	-	-
1 700,00 bis 1 719,99	662,20	304,00	149,60	42,00	-	-
1 720,00 bis 1 739,99	676,20	314,00	157,60	48,00	-	-
1 740,00 bis 1 759,99	690,20	324,00	165,60	54,00	-	-
1 760,00 bis 1 779,99	704,20	334,00	173,60	60,00	-	-
1 780,00 bis 1 799,99	718,20	344,00	181,60	66,00	-	-
1 800,00 bis 1 819,99	732,20	354,00	189,60	72,00	1,20	-
1 820,00 bis 1 839,99	746,20	364,00	197,60	78,00	5,20	-
1 840,00 bis 1 859,99	760,20	374,00	205,60	84,00	9,20	-
1 860,00 bis 1 879,99	774,20	384,00	213,60	90,00	13,20	-
1 880,00 bis 1 899,99	788,20	394,00	221,60	96,00	17,20	-
1 900,00 bis 1 919,99	802,20	404,00	229,60	102,00	21,20	-
1 920,00 bis 1 939,99	816,20	414,00	237,60	108,00	25,20	-
1 940,00 bis 1 959,99	830,20	424,00	245,60	114,00	29,20	-
1 960,00 bis 1 979,99	844,20	434,00	253,60	120,00	33,20	-
1 980,00 bis 1 999,99	858,20	444,00	261,60	126,00	37,20	-
2 000,00 bis 2 019,99	872,20	454,00	269,60	132,00	41,20	-
2 020,00 bis 2 039,99	886,20	464,00	277,60	138,00	45,20	-
2 040,00 bis 2 059,99	900,20	474,00	285,60	144,00	49,20	1,20
2 060,00 bis 2 079,99	914,20	484,00	293,60	150,00	53,20	3,20
2 080,00 bis 2 099,99	928,20	494,00	301,60	156,00	57,20	5,20
2 100,00 bis 2 119,99	942,20	504,00	309,60	162,00	61,20	7,20
2 120,00 bis 2 139,99	956,20	514,00	317,60	168,00	65,20	9,20
2 140,00 bis 2 159,99	970,20	524,00	325,60	174,00	69,20	11,20
2 160,00 bis 2 179,99	984,20	534,00	333,60	180,00	73,20	13,20
2 180,00 bis 2 199,99	998,20	544,00	341,60	186,00	77,20	15,20
2 200,00 bis 2 219,99	1 012,20	554,00	349,60	192,00	81,20	17,20
2 220,00 bis 2 239,99	1 026,20	564,00	357,60	198,00	85,20	19,20
2 240,00 bis 2 259,99	1 040,20	574,00	365,60	204,00	89,20	21,20
2 260,00 bis 2 279,99	1 054,20	584,00	373,60	210,00	93,20	23,20
2 280,00 bis 2 299,99	1 068,20	594,00	381,60	216,00	97,20	25,20
2 300,00 bis 2 319,99	1 082,20	604,00	389,60	222,00	101,20	27,20
2 320,00 bis 2 339,99	1 096,20	614,00	397,60	228,00	105,20	29,20
2 340,00 bis 2 359,99	1 110,20	624,00	405,60	234,00	109,20	31,20
2 360,00 bis 2 379,99	1 124,20	634,00	413,60	240,00	113,20	33,20
2 380,00 bis 2 399,99	1 138,20	644,00	421,60	246,00	117,20	35,20
2 400,00 bis 2 419,99	1 152,20	654,00	429,60	252,00	121,20	37,20
2 420,00 bis 2 439,99	1 166,20	664,00	437,60	258,00	125,20	39,20
2 440,00 bis 2 459,99	1 180,20	674,00	445,60	264,00	129,20	41,20
2 460,00 bis 2 479,99	1 194,20	684,00	453,60	270,00	133,20	43,20
2 480,00 bis 2 499,99	1 208,20	694,00	461,60	276,00	137,20	45,20
2 500,00 bis 2 519,99	1 222,20	704,00	469,60	282,00	141,20	47,20
2 520,00 bis 2 539,99	1 236,20	714,00	477,60	288,00	145,20	49,20

* Zu berücksichtigen sind Unterhaltsleistungen des Schuldners gegenüber seinem Ehegatten, einem früheren Ehegatten, einem Verwandten oder der Mutter eines nichtehelichen Kindes nach § 1615 l, 1615 n des Bürgerlichen Gesetzbuches.

Nettolohn monatlich	Pfändbarer Betrag bei Unterhaltspflicht* für					
	0	1	2	3	4	5 und mehr Personen
	in DM					
2 540,00 bis 2 559,99	1 250,20	724,00	485,60	294,00	149,20	51,20
2 560,00 bis 2 579,99	1 264,20	734,00	493,60	300,00	153,20	53,20
2 580,00 bis 2 599,99	1 278,20	744,00	501,60	306,00	157,20	55,20
2 600,00 bis 2 619,99	1 292,20	754,00	509,60	312,00	161,20	57,20
2 620,00 bis 2 639,99	1 306,20	764,00	517,60	318,00	165,20	59,20
2 640,00 bis 2 659,99	1 320,20	774,00	525,60	324,00	169,20	61,20
2 660,00 bis 2 679,99	1 334,20	784,00	533,60	330,00	173,20	63,20
2 680,00 bis 2 699,99	1 348,20	794,00	541,60	336,00	177,20	65,20
2 700,00 bis 2 719,99	1 362,20	804,00	549,60	342,00	181,20	67,20
2 720,00 bis 2 739,99	1 376,20	814,00	557,60	348,00	185,20	69,20
2 740,00 bis 2 759,99	1 390,20	824,00	565,60	354,00	189,20	71,20
2 760,00 bis 2 779,99	1 404,20	834,00	573,60	360,00	193,20	73,20
2 780,00 bis 2 799,99	1 418,20	844,00	581,60	366,00	197,20	75,20
2 800,00 bis 2 819,99	1 432,20	854,00	589,60	372,00	201,20	77,20
2 820,00 bis 2 839,99	1 446,20	864,00	597,60	378,00	205,20	79,20
2 840,00 bis 2 859,99	1 460,20	874,00	605,60	384,00	209,20	81,20
2 860,00 bis 2 879,99	1 474,20	884,00	613,60	390,00	213,20	83,20
2 880,00 bis 2 899,99	1 488,20	894,00	621,60	396,00	217,20	85,20
2 900,00 bis 2 919,99	1 502,20	904,00	629,60	402,00	221,20	87,20
2 920,00 bis 2 939,99	1 516,20	914,00	637,60	408,00	225,20	89,20
2 940,00 bis 2 959,99	1 530,20	924,00	645,60	414,00	229,20	91,20
2 960,00 bis 2 979,99	1 544,20	934,00	653,60	420,00	233,20	93,20
2 980,00 bis 2 999,99	1 558,20	944,00	661,60	426,00	237,20	95,20
3 000,00 bis 3 019,99	1 572,20	954,00	669,60	432,00	241,20	97,20
3 020,00 bis 3 039,99	1 586,20	964,00	677,60	438,00	245,20	99,20
3 040,00 bis 3 059,99	1 600,20	974,00	685,60	444,00	249,20	101,20
3 060,00 bis 3 079,99	1 614,20	984,00	693,60	450,00	253,20	103,20
3 080,00 bis 3 099,99	1 628,20	994,00	701,60	456,00	257,20	105,20
3 100,00 bis 3 119,99	1 642,20	1 004,00	709,60	462,00	261,20	107,20
3 120,00 bis 3 139,99	1 656,20	1 014,00	717,60	468,00	265,20	109,20
3 140,00 bis 3 159,99	1 670,20	1 024,00	725,60	474,00	269,20	111,20
3 160,00 bis 3 179,99	1 684,20	1 034,00	733,60	480,00	273,20	113,20
3 180,00 bis 3 199,99	1 698,20	1 044,00	741,60	486,00	277,20	115,20
3 200,00 bis 3 219,00	1 712,20	1 054,00	749,60	492,00	281,20	117,20
3 220,00 bis 3 239,99	1 726,20	1 064,00	757,60	498,00	285,20	119,20
3 240,00 bis 3 259,99	1 740,20	1 074,00	765,60	504,00	289,20	121,20
3 260,00 bis 3 279,99	1 754,20	1 084,00	773,60	510,00	293,20	123,20
3 280,00 bis 3 299,99	1 768,20	1 094,00	781,60	516,00	297,20	105,20
3 300,00 bis 3 302,00	1 782,20	1 104,00	789,60	522,00	301,20	127,20
Der Mehrbetrag über 3 302,00 DM ist voll pfändbar.						

* Zu berücksichtigen sind Unterhaltsleistungen des Schuldners gegenüber seinem Ehegatten, einem früheren Ehegatten, einem Verwandten oder der Mutter eines nichtehelichen Kindes nach § 1615 l, 1615 n des Bürgerlichen Gesetzbuches.

Nettolohn wöchentlich	Pfändbarer Betrag bei Unterhaltspflicht* für					
	0	1	2	3	4	5 und mehr Personen
	in DM					
bis 174,99	-	-	-	-	-	-
175,00 bis 179,99	0,70	-	-	-	-	-
180,00 bis 184,99	4,20	-	-	-	-	-
185,00 bis 189,99	7,70	-	-	-	-	-
190,00 bis 194,99	11,20	-	-	-	-	-
195,00 bis 199,99	14,70	-	-	-	-	-
200,00 bis 204,99	18,20	-	-	-	-	-
205,00 bis 209,99	21,70	-	-	-	-	-
210,00 bis 214,99	25,20	-	-	-	-	-
215,00 bis 219,99	28,70	-	-	-	-	-
220,00 bis 224,99	32,20	-	-	-	-	-
225,00 bis 229,99	35,70	-	-	-	-	-
230,00 bis 234,99	39,20	-	-	-	-	-
235,00 bis 239,99	42,70	-	-	-	-	-
240,00 bis 244,99	46,20	-	-	-	-	-
245,00 bis 249,99	49,70	-	-	-	-	-
250,00 bis 254,99	53,20	-	-	-	-	-
255,00 bis 259,99	56,70	1,50	-	-	-	-
260,00 bis 264,99	60,20	4,00	-	-	-	-
265,00 bis 269,99	63,70	6,50	-	-	-	-
270,00 bis 274,99	67,20	9,00	-	-	-	-
275,00 bis 279,99	70,70	11,50	-	-	-	-
280,00 bis 284,99	74,20	14,00	-	-	-	-
285,00 bis 289,99	77,70	16,50	-	-	-	-
290,00 bis 294,99	81,20	19,00	-	-	-	-
295,00 bis 299,99	84,70	21,50	-	-	-	-
300,00 bis 304,99	88,20	24,00	-	-	-	-
305,00 bis 309,99	91,70	26,50	-	-	-	-
310,00 bis 314,99	95,20	29,00	1,60	-	-	-
315,00 bis 319,99	98,70	31,50	3,60	-	-	-
320,00 bis 324,99	102,20	34,00	5,60	-	-	-
325,00 bis 329,99	105,70	36,50	7,60	-	-	-
330,00 bis 334,99	109,20	39,00	9,60	-	-	-
335,00 bis 339,99	112,70	41,50	11,60	-	-	-
340,00 bis 344,99	116,20	44,00	13,60	-	-	-
345,00 bis 349,99	119,70	46,50	15,60	-	-	-
350,00 bis 354,99	123,20	49,00	17,60	-	-	-
355,00 bis 359,99	126,70	51,50	19,60	-	-	-
360,00 bis 364,99	130,20	54,00	21,60	-	-	-
365,00 bis 369,99	133,70	56,50	23,60	1,50	-	-
370,00 bis 374,99	137,20	59,00	25,60	3,00	-	-
375,00 bis 379,99	140,70	61,50	27,60	4,50	-	-
380,00 bis 384,99	144,20	64,00	29,60	6,00	-	-
385,00 bis 389,99	147,70	66,50	31,60	7,50	-	-
390,00 bis 394,99	151,20	69,00	33,60	9,00	-	-

* Zu berücksichtigen sind Unterhaltsleistungen des Schuldners gegenüber seinem Ehegatten, einem früheren Ehegatten, einem Verwandten oder der Mutter eines nichtehelichen Kindes nach § 1615 l, 1615 n des Bürgerlichen Gesetzbuches.

Nettolohn wöchentlich	Pfändbarer Betrag bei Unterhaltspflicht* für					
	0	1	2	3	4	5 und mehr Personen
	in DM					
395,00 bis 399,99	154,70	71,50	35,60	10,50	–	–
400,00 bis 404,99	158,20	74,00	37,60	12,00	–	–
405,00 bis 409,99	161,70	76,50	39,60	13,50	–	–
410,00 bis 414,99	165,20	79,00	41,60	15,00	–	–
415,00 bis 419,99	168,70	81,50	43,60	16,50	0,20	–
420,00 bis 424,99	172,20	84,00	45,60	18,00	1,20	–
425,00 bis 429,99	175,70	86,50	47,60	19,50	2,20	–
430,00 bis 434,99	179,20	89,00	49,60	21,00	3,20	–
435,00 bis 439,99	182,70	91,50	51,60	22,50	4,20	–
440,00 bis 444,99	186,20	94,00	53,60	24,00	5,20	–
445,00 bis 449,99	189,70	96,50	55,60	25,50	6,20	–
450,00 bis 454,99	193,20	99,00	57,60	27,00	7,20	–
455,00 bis 459,99	196,70	101,50	59,60	28,50	8,20	–
460,00 bis 464,99	200,20	104,00	61,60	30,00	9,20	–
465,00 bis 469,99	203,70	106,50	63,60	31,50	10,20	–
470,00 bis 474,99	207,20	109,00	65,60	33,00	11,20	0,20
475,00 bis 479,99	210,70	111,50	67,60	34,50	12,20	0,70
480,00 bis 484,99	214,20	114,00	69,60	36,00	13,20	1,20
485,00 bis 489,99	217,70	116,50	71,60	37,50	14,20	1,70
490,00 bis 494,99	221,20	119,00	73,60	39,00	15,20	2,20
495,00 bis 499,99	224,70	121,50	75,60	40,50	16,20	2,70
500,00 bis 504,99	228,20	124,00	77,60	42,00	17,20	3,20
505,00 bis 509,99	231,70	126,50	79,60	43,50	18,20	3,70
510,00 bis 514,99	235,20	129,00	81,60	45,00	19,20	4,20
515,00 bis 519,99	238,70	131,50	83,60	46,50	20,20	4,70
520,00 bis 524,99	242,20	134,00	85,60	48,00	21,20	5,20
525,00 bis 529,99	245,70	136,50	87,60	49,50	22,20	5,70
530,00 bis 534,99	249,20	139,00	89,60	51,00	23,20	6,20
535,00 bis 539,99	252,70	141,50	91,60	52,50	24,20	6,70
540,00 bis 544,99	256,20	144,00	93,60	54,00	25,20	7,20
545,00 bis 549,99	259,70	146,50	95,60	55,50	26,20	7,70
550,00 bis 554,99	263,20	149,00	97,60	57,00	27,20	8,20
555,00 bis 559,99	266,70	151,50	99,60	58,50	28,20	8,70
560,00 bis 564,99	270,20	154,00	101,60	60,00	29,20	9,20
565,00 bis 569,99	273,70	156,50	103,60	61,50	30,20	9,70
570,00 bis 574,99	277,20	159,00	105,60	63,00	31,20	10,20
575,00 bis 579,99	280,70	161,50	107,60	64,50	32,20	10,70
580,00 bis 584,99	284,20	164,00	109,60	66,00	33,20	11,20
585,00 bis 589,99	287,70	166,50	111,60	67,50	34,20	11,70
590,00 bis 594,99	291,20	169,00	113,60	69,00	35,20	12,20
595,00 bis 599,99	294,70	171,50	115,60	70,50	36,20	12,70
600,00 bis 604,99	298,20	174,00	117,60	72,00	37,20	13,20
605,00 bis 609,99	301,70	176,50	119,60	73,50	38,20	13,70
610,00 bis 614,99	305,20	179,00	121,60	75,00	39,20	14,20
615,00 bis 619,99	308,70	181,50	123,60	76,50	40,20	14,70

* Zu berücksichtigen sind Unterhaltsleistungen des Schuldners gegenüber seinem Ehegatten, einem früheren Ehegatten, einem Verwandten oder der Mutter eines nichtehelichen Kindes nach § 1615 l, 1615 n des Bürgerlichen Gesetzbuches.

Nettolohn wöchentlich	Pfändbarer Betrag bei Unterhaltspflicht* für					
	0	1	2	3	4	5 und mehr Personen
	in DM					
620,00 bis 624,99	312,20	184,00	125,60	78,00	41,20	15,20
625,00 bis 629,99	315,70	186,50	127,60	79,50	42,20	15,70
630,00 bis 634,99	319,20	189,00	129,60	81,00	43,20	16,20
635,00 bis 639,99	322,70	191,50	131,60	82,50	44,20	16,70
640,00 bis 644,99	326,20	194,00	133,60	84,00	45,20	17,20
645,00 bis 649,99	329,70	196,50	135,60	85,50	46,20	17,70
650,00 bis 654,99	333,20	199,00	137,60	87,00	47,20	18,20
655,00 bis 659,99	336,70	201,50	139,60	88,50	48,20	18,70
660,00 bis 664,99	340,20	204,00	141,60	90,00	49,20	19,20
665,00 bis 669,99	343,70	206,50	143,60	91,50	50,20	19,70
670,00 bis 674,99	347,20	209,00	145,60	93,00	51,20	20,20
675,00 bis 679,99	350,70	211,50	147,60	94,50	52,20	20,70
680,00 bis 684,99	354,20	214,00	149,60	96,00	53,20	21,20
685,00 bis 689,99	357,70	216,50	151,60	97,50	54,20	21,70
690,00 bis 694,99	361,20	219,00	153,60	99,00	55,20	22,20
695,00 bis 699,99	364,70	221,50	155,60	100,50	56,20	22,70
700,00 bis 704,99	368,20	224,00	157,60	102,00	57,20	23,20
705,00 bis 709,99	371,70	226,50	159,60	103,50	58,20	23,70
710,00 bis 714,99	375,20	229,00	161,60	105,00	59,20	24,20
715,00 bis 719,99	378,70	231,50	163,60	106,50	60,20	24,70
720,00 bis 724,99	382,20	234,00	165,60	108,00	61,20	25,20
725,00 bis 729,99	385,70	236,50	167,60	109,50	62,20	25,70
730,00 bis 734,99	389,20	239,00	169,60	111,00	63,20	26,20
735,00 bis 739,99	392,70	241,50	171,60	112,50	64,20	26,70
740,00 bis 744,99	396,20	244,00	173,60	114,00	65,20	27,20
745,00 bis 749,99	399,70	246,50	175,60	115,50	66,20	27,70
750,00 bis 754,99	403,20	249,00	177,60	117,00	67,20	28,20
755,00 bis 759,99	406,70	251,50	179,60	118,50	68,20	28,70
760,00 bis 762,00	410,20	254,00	181,60	120,00	69,20	29,20
Der Mehrbetrag über 762,00 DM ist voll pfändbar.						

* Zu berücksichtigen sind Unterhaltsleistungen des Schuldners gegenüber seinem Ehegatten, einem früheren Ehegatten, einem Verwandten oder der Mutter eines nichtehelichen Kindes nach § 1615 l, 1615 n des Bürgerlichen Gesetzbuches.

5.2 Urteilssammlung

Im folgenden sind 7 Urteile, aus einer unübersehbaren Fülle von Entscheidungen, die für die Praxis relevant sein können, abgedruckt. Sie dienen der eigenen Orientierung und der Sensibilisierung für bestimmte spezifische Problemgebiete und sie mögen gelegentlich als Argumentationshilfe Anwendung finden.
Neben dem Entscheidungsgericht und dem Aktenzeichen ist jeweils auch eine Fundstelle angegeben. Bei den Urteilserläuterungen handelt es sich nicht um amtliche Leitsätze.

BGH, Urt. v. 12.3.81 - III ZR 92/79
(NJW 1981, 1206 ff.)

Ein Ratenkreditvertrag ist sittenwidrig und damit nichtig, wenn:
- zwischen Leistung und Gegenleistung ein »auffälliges Mißverhältnis« besteht. Dies wird durch einen Marktvergleich anhand des sog. Schwerpunktzinses (ausgewiesen in den Monatsberichten der Deutschen Bundesbank) ermittelt;
- die wirtschaftlich schwächere Lage des Darlehnsnehmers bzw. seine Unerfahrenheit vom Darlehnsgeber ausgenutzt worden ist, bzw. er sich leichtfertig der Einsicht verschlossen hat, daß sich der Darlehnsnehmer nur aufgrund seiner wirtschaftlich schwächeren Lage auf den Kreditvertrag eingelassen hat;
- die »Gesamtwürdigung« ergibt, daß die sonstigen vertraglichen Regelungen einschließlich der Allgemeinen Geschäftsbedingungen den Darlehnsnehmer unangemessen belasten.

BGH, Urt. v. 8.7.82 - III ZR 60/81
(NJW 1982, 2433 ff.)

Ein Ratenkreditvertrag ist sittenwidrig und damit nichtig, wenn eine Gesamtwürdigung ergibt, daß:
- zwischen Leistung und Gegenleistung ein auffälliges Mißverhältnis offenbar wird (im vorliegenden Falle: 91 %);
- den Kreditnehmer besonders belastende Kreditbedingungen in den Allgemeinen Geschäftsbedingungen enthalten sind, wobei es hier nicht darauf ankommt, welche Rechte der Darlehnsgeber daraus geltend macht, sondern welche Rechte er aus dem Wortlaut der Kreditbedingungen herleiten kann;

- die wirtschaftlich schwächere Lage des Darlehnsnehmers ausgenutzt wurde.

Bestätigende Rechtsprechung des BGH.

BGH, Urt. v. 30.6.83 - III ZR 114/82
(NJW 1983, 2692 ff.)

Bestätigende Rechtsprechung des BGH zur Sittenwidrigkeit von Ratenkreditverträgen; Begründung wie vor.
Zur Feststellung des »auffälligen Mißverhältnisses zwischen Leistung und Gegenleistung« ist (neben den anderen Faktoren) ein Überschreiten des Marktzinses »um knapp 100 %« (im vorliegenden Falle: 97 %) ausreichend.
Auch aus nach 1978 ordnungsgemäß abgewickelten Kreditgeschäften können sich für den Darlehnsnehmer Bereicherungsansprüche ergeben (z.B. wenn sich der Kreditvertrag als sittenwidrig herausstellt).
In diesen Fällen gilt die 30-jährige Verjährungsfrist gem. § 195 BGB.

BGH, Urt. v. 22.5.78 - III ZR 153/76
(NJW 1978, 1970 ff.)

Ein im Reisegewerbe verbotenerweise abgeschlossener oder vermittelter Kreditvertrag ist wegen eines Verstoßes gegen § 56 I Nr. 6 GewO gesetzeswidrig und somit gem. § 134 BGB nichtig.
Dem steht es gleich, wenn im Hausbesuch oder auf einer Werbeveranstaltung lediglich eine für das Darlehnsgeschäft werbende oder vorbereitende Tätigkeit außerhalb der eigenen Geschäftsräume des Vermittlers durchgeführt wird.

OVG Münster, Urt. v. 4.2.82 - 2 A 1590/80
(NJW 1982, 1662)

Bei der Pfändung von Kindergeld wegen anderer als gesetzlicher Unterhaltsansprüche bedarf es jeweils der Prüfung, ob gegen die in § 54 III Nr. 2 i.V.m. II SGB I normierten Voraussetzungen verstoßen wird und ob die Pfändung deshalb im Einzelfall zulässig ist.

LG Trier, Beschl. v. 8.11.80 - 8 T 146/80
(MDR 1981, 326 f.)

Die Pfändung von Kindergeld entspricht nur dann der Billigkeit, wenn die der Pfändung zugrundeliegende Forderung in Zusammenhang mit Zuwendungen für die Kinder steht, für die Kindergeld gezahlt wird. Hierbei muß es sich um einen unmittelbaren, direkten Zusammenhang handeln (z.B. Kinderkleidung, Jugendzimmermöbel; U.G.), aber auch: Heizöl zur Beheizung der Familienwohnung.[1]

BAG, Urt. v. 4.11.81 - 7 AZR 264/79
(NJW 1981, 1062 ff.)

Das Vorliegen vieler Lohnpfändungen oder -abtretungen (hier: 20) rechtfertigt für sich allein keine ordentliche, »sozial gerechtfertigte Kündigung« gem. § 1 II KSchG. Jede schematische, nur auf die Anzahl der Lohnpfändungen abgestellte Kündigungsbegründung ist verfehlt, es hat vielmehr eine einzelfallbezogene Abwägung der Interessen beider Arbeitsvertragsparteien zu erfolgen (z.B. beim Arbeitnehmer: Lebensalter, Unterhaltspflichten, Wiedereinstellungschancen, finanzielle Notlage etc.).

Der Arbeitgeber ist in vollem Umfang detailliert darlegungs- und beweispflichtig, daß die vielen vorliegenden Pfändungen zu einer wesentlichen und unvertretbaren Störung des betrieblichen Ablaufs führen.

---

[1] Insgesamt betrachtet ist die Rechtsprechung hinsichtlich der Pfändung von Kindergeld kontrovers. Es sollten daher ggf. die möglichen Rechtsmittel ausgenutzt werden, um zu versuchen, daß Kindergeldpfändungen unterbleiben bzw. einer strengen Billigkeitsprüfung (s.o.) unterzogen werden.

5.2.1 Schwerpunktzinstabelle

(Quelle: Monatsberichte der Deutschen Bundesbank)

1980

Januar	0,48 %	Juli	0,61 %
Februar	0,49 %	August	0,60 %
März	0,54 %	September	0,60 %
April	0,56 %	Oktober	0,60 %
Mai	0,59 %	November	0,60 %
Juni	0,60 %	Dezember	0,60 %

1981

Januar	0,61 %	Juli	0,70 %
Februar	0,61 %	August	0,70 %
März	0,67 %	September	0,71 %
April	0,68 %	Oktober	0,70 %
Mai	0,69 %	November	0,70 %
Juni	0,70 %	Dezember	0,68 %

1982

Januar	0,67 %	Juli	0,59 %
Februar	0,67 %	August	0,59 %
März	0,66 %	September	0,57 %
April	0,63 %	Oktober	0,56 %
Mai	0,60 %	November	0,53 %
Juni	0,59 %	Dezember	0,49 %

1983

Januar	0,48 %	Juli	0,43 %
Februar	0,48 %	August	0,43 %
März	0,47 %	September	0,43 %
April	0,43 %	Oktober	0,43 %
Mai	0,43 %	November	0,43 %
Juni	0,43 %	Dezember	0,43 %

1984

Januar	0,43 %	Juli	0,43 %
Februar	0,43 %	August	0,43 %

März	0,43 %	September	0,43 %
April	0,43 %	Oktober	0,43 %
Mai	0,43 %	November	0,43 %
Juni	0,43 %	Dezember	0,43 %

1985

Januar	0,43 %	Juli	0,43 %
Februar	0,43 %	August	0,41 %
März	0,43 %	September	0,40 %
April	0,43 %	Oktober	0,39 %
Mai	0,43 %	November	0,39 %
Juni	0,43 %	Dezember	0,39 %

1986

Januar	0,39 %	Juli	0,37 %
Februar	0,39 %	August	0,37 %
März	0,38 %	September	0,37 %
April	0,38 %	Oktober	0,37 %
Mai	0,38 %	November	0,37 %
Juni	0,37 %	Dezember	0,37 %

1987

Januar	0,37 %	Juli	0,35 %
Februar	0,37 %	August	0,35 %
März	0,36 %	September	0,35 %
April	0,35 %	Oktober	0,36 %
Mai	0,35 %	November	0,36 %
Juni	0,35 %	Dezember	0,35 %

1988

Januar	0,35 %	Juli	%
Februar	0,35 %	August	%
März	%	September	%
April	%	Oktober	%
Mai	%	November	%
Juni	%	Dezember	%

5.3 Formulare und Musterschreiben

Musterschreiben zu Beginn eines Schuldenregulierungsverfahrens:

Zeichen: ..... (Kontonummer, Aktenzeichen, EDV-Nummer etc.)
Schuldner: ..... (Name und Anschrift)

Sehr geehrte Damen und Herren!

Die Familie ..... wird von uns im Rahmen der »persönlichen Hilfe« (§ 8 II BSHG) in sozialen und Vermögensangelegenheiten betreut. Eine entsprechende Vollmacht liegt hier vor/ist beigefügt.

Derzeit bemühen wir uns darum, ein Schuldenregulierungsverfahren einzuleiten. Naturgemäß dauert es eine gewisse Zeit, bis ein solches Verfahren in Gang kommt.

Unsererseits werden wir in diesem Schuldenregulierungsverfahren folgendes beachten:

1. Nach der oftmals aufwendigen Tatsachenfeststellung werden von uns hinsichtlich der Begleichung Ihrer Forderung geeignete Schritte in die Wege geleitet, die sowohl den wirtschaftlichen Verhältnissen der Familie, als auch den Interessen der Gläubiger Rechnung tragen.
2. Nach der evtl. Erstellung eines Zahlungsplanes werden wir nach Kräften dafür Sorge tragen, daß dieser regelmäßig eingehalten wird.
   Auch die Möglichkeiten einer evtl. Umschuldung werden von uns sorgsam sondiert und Ihnen dann möglicherweise entsprechende Vorschläge unterbreitet.
3. Wir geben Ihnen im Falle eines Scheiterns unserer Bemühungen umgehend Kenntnis, so daß Ihnen dann die Beschreitung des Rechtsweges immer noch offensteht, bzw. Weiterungen im Zwangsvollstreckungsverfahren Ihrerseits eingeleitet werden können.
4. Durch die Aufnahme unserer Bemühungen übernehmen wir keine Bürgschaft für Ihren Schuldner.

Wir sind überzeugt, daß die von uns vorgesehenen Regelungen den gesamten wirtschaftlichen und familiären Verhältnissen des Schuldners dienen. Ebenso meinen wir, Ihnen als Gläubiger mit diesem Verfahren einen wesentlichen Dienst zu erweisen.

Wir bitten Sie daher höflich, uns die z.Zt. bestehende Gesamtforderung gegen den o.a. Schuldner detailliert mitzuteilen (aufgeschlüsselt nach Hauptforderung, Zinsen und Kosten i.S.d. § 367 BGB) und vorerst nicht weiter gegen den Schuldner vorzugehen.

Möglichst schnell werden wir unaufgefordert auf diese Angelegenheit zurückkommen.

Wir hoffen auf Ihr Verständnis für unsere vielfältigen Bemühungen.

M. f. G.

Vollmachtformular für die Schuldnerberatung:

VOLLMACHT

Hiermit erteile(n) ich/wir der ..... (Dienststelle), -Schuldnerberatung-, vertreten durch Sozialarbeiter(in) ..... und Sachbearbeiter(in)/Schuldnerberater(in) ..... bis auf Widerruf, Vollmacht zur Wahrnehmung unserer sozialen und Vermögensangelegenheiten im Rahmen der »persönlichen Hilfe« (§ 8 II BSHG).

Die Vollmacht erstreckt sich auch darauf, für mich/uns im Rahmen der sozialen und finanziellen Rehabilitationsbemühungen Verhandlungen zu führen oder Erklärungen abzugeben oder wegen bestehender Forderungen Vereinbarungen zu treffen im Hinblick auf Anerkennung oder Ablehnung, auf Stundung, Erlaß, Ratenzahlungen oder Vergleiche.

Hierzu entbinde(n) ich/wir Banken, Sparkassen und andere Kreditinstitute vom Bankgeheimnis bzw. von der Einschränkung durch das Datenschutzgesetz. Entsprechendes gilt auch für den oder die Arbeitgeber, öffentliche Stellen und für Auskunftsbüros, einschließlich der SCHUFA.

Ort/Datum

1. ..... (Unterschrift) 2. ..... (Unterschrift)

Name(n), Vorname(n), Anschrift

Aktendeckblatt; zugleich Übersichtsblatt aller Forderungen

lfd. Nr.	Gläubiger; Forderung	erfragte Gesamtforderung Hauptford. → Zins. + Kost.			regul. Rate	Verzugs-zinssatz	rechtl. Prüfung nötig	Titel nein / ja X	Vergleich/ Raten-zahlung	Bemerkung
	Beispiel:									
01	XYZ-Versand; Ratenkauf	1.698,50	1.350,–	348,50	100,–	10,5 %	nein	X	1000,–	Vergl. angen.

162

Monatlicher Haushaltsplan (Finanzplan):

Name: .....   Stand per: .....

EINNAHMEN		AUSGABEN	
Lohn/Gehalt	.... DM	Miete	.... DM
ALG/ALHi		Energie	.... DM
(... DM/Woche		Versicherungen	.... DM
x 4,3 =)	.... DM	Versicherungen	.... DM
Sozialhilfe	.... DM	Versicherungen	.... DM
Rente...	.... DM	Versicherungen	.... DM
Rente...	.... DM	GEZ	.... DM
Kindergeld, mtl	.... DM	Zeitung/Zeitschriften	
Wohngeld/		Vereinsbeiträge etc.	.... DM
Lastenzuschuß	.... DM	Telefon	.... DM
Beihilfen	.... DM	Kreditrate	.... DM
Unterhalt	.... DM	Kreditrate	.... DM
Sonstiges	.... DM	sonstige Rate	.... DM
Sonstiges	.... DM	sonstige Rate	.... DM
Gesamteinnahmen	=====	Sonstiges	.... DM
		Sonstiges	.... DM
		Gesamtausgaben	=====

Ges.ausgaben	.... DM		
- Ges.einnahmen	.... DM		
Zwischensumme	.... DM	→	Geld zum Leben (GzL) (Minimum: 60,- DM pro Person/Woche) ..... Haushaltsangeh. x 60,- = ... DM ..... DM GzL/Woche x 4,3 = ... DM GzL/mtl.
- GzL/monatlich	.... DM		
REST	=====		..... freiverfügbarer Einkommensanteil (z.B. für zusätzliche Raten), Minusbetrag: Höhe des mtl. Überschuldungsbetrages

Anmerkung: Man errechnet einen Monatsbetrag mit dem Wert 4,3, da ein Monat mehr als 4 Wochen hat. Öffentliche Stellen verwenden meist folgende Formel: $\frac{..... \text{DM/Woche} \times 13}{3}$

(Ein Vierteljahr hat 13 Wochen)

Widerspruch gegen Mahnbescheid (Beispiel)

Anschrift des Antragsgegners/ges. Vertreters/Prozeßbevollmächtigten	2 B 789/84
Schuldner Straße Stadt	Geschäftsnummer des Amtsgerichts Bei Schreiben an das Gericht stets angeben

An das Amtsgericht X - Stadt
Postfach
1234 X - Stadt
Plz / Ort

Hinweis für den Antragsgegner:
Bitte überlegen Sie sorgfältig, ob Sie im Recht sind, und beachten Sie die Hinweise auf der Rückseite des Mahnbescheids.

Mahnsache	Antragsteller (Name)	Antragsgegner (Name, Vorname)	Datum d. Mahnbescheids
	XYZ-Inkasso	Schuldner	5.4.84

Gegen den Mahnbescheid erhebe ich Widerspruch □ als Prozeßbevollmächtigter des Antragsgegners. Ordnungsgemäße Bevollmächtigung wird versichert. □ als gesetzlicher Vertreter des Antragsgegners.

Der Widerspruch richtet sich gegen
□ den Anspruch insgesamt.
☒ den nachfolgend bezeichneten Teil des Anspruchs (bitte Teilbetrag der Hauptforderung/Nebenforderung/Zinsen/Kosten genau bezeichnen):

Der Widerspruch richtet sich gegen die geltend gemachten Inkassokosten i.H.v. 185,-- und gegen die Verzugszinsen i.H.v. 19 % p.a.. Diese werden als überhöht angesehen.

Sollte bereits ein Vollstreckungsbescheid ergangen sein, so möge dieses Vorbringen als Teileinspruch betrachtet werden.

Ort, Datum: Stadt, 2o.4.84

Durchschrift/Abschrift für den Antragsteller füge ich bei.
- Schuldner - (Unterschrift)
Unterschrift des Antragsgegners/Vertreters/Prozeßbevollmächtigten

Blatt 1: Urschrift des Widerspruchs

Anmerkung: Die Schuldnerberatung kann im gegebenen Falle beim Aufsetzen des Widerspruches behilflich sein, darf selber aber nicht als »Prozeßbevollmächtigter« auftreten. Der Schuldner muß unbedingt selbst unterschreiben.
Ein Widerspruch kann auch formlos eingereicht werden (zweifach).

Musterschreiben für das Rechtsmittel der »Erinnerung«;
ggf. kann dies Schreiben auch als Vordruck bereitgehalten werden:

> Absender: ....
> Anschrift: ....
> ....

An das Ort/Datum: ....
Amtsgericht .....

Geschäftszeichen: .....M...../.....

Hiermit lege ich gem. § 766 ZPO *Erinnerung* gegen ..... (z.B. Pfändungs- und Überweisungsbeschluß) vom ..... (Datum) ein.
Begründung (Beispiel):

Aufgrund einer auswärts durchgeführten Umschulungsmaßnahmen entstehen mir erhöhte Aufwendungen, die ich nicht vom Arbeitsamt erstattet bekomme (s. in Fotokopie beigefügte Belege).
Ich bitte daher den pfändbaren Betrag gem. § 850 f ZPO festzulegen.

> Unterschrift
> (unbedingt vom Schuldner selbst!)

Musterschreiben für einen Vergleichsabschluß:

Sehr geehrte Damen und Herren!

Für die Schuldenregulierung der Familie ..... steht uns ein gewisser Geldbetrag zur Verfügung. Hieraus sollen alle Gläubiger (z.B. 15) gerechterweise mit der gleichen Quote befriedigt werden. Die Zahlung kann umgehend erfolgen.

(Soziale Begründung einfügen; s. Kap. 4.4.2)

Aus diesem Grunde erbitten wir Ihr Einverständnis, diese Angelegenheit mit einer einmaligen Vergleichszahlung i.H.v.

..... DM

als erledigt anzusehen und uns dies verbindlich zu bestätigen. Ferner beantragen wir die Aushändigung des Schuldtitels, die Erlaubnis zur Löschung von Eintragungen im Schuldnerverzeichnis sowie, daß Ihrerseits eine SCHUFA-Erledigungsmeldung veranlaßt wird.

Ermittlungsbogen zur Feststellung sittenwidriger Kreditverträge:
Name: .....   Abschlußmonat/-jahr d. Vertrages: .....

Nettokredit: .....DM

    Vermittlergebühr   .....DM
    (fremde Kosten; Courtage)

    Kreditgebühr/Zinsen   .....DM

    Inkassogebühren   .....DM

    Antrags-/Bearbeitungsgeb.   .....DM

    Sonstige Kosten
    (Auskunftsgebühren etc.)   .....DM

                                   =... DM   gesamte Kreditkosten

Restschuldversicherung (RSV)
..... (Prämie) : 2 = ...DM   hälftige RSV-Prämie

Laufzeitmonate (lt. Vertrag)   ....

Schwerpunktzins (SPZ) (lt. Monatsberichte der Deutschen Bundesbank)   0,.....%

effektiver Jahreszins:

$$\frac{(\text{ges. Kreditkosten} + 1/2\ \text{RSV}) \times 2400}{(\text{Nettokredit} + 1/2\ \text{RSV}) \times (\text{Laufzeitmon.} + 1)}$$

Überschreitung:

$$\frac{10\,000 \times (\text{ges. Kreditkosten} + 1/2\ \text{RSV})}{(\text{SPZ} \times \text{Laufzeitmon.} + 2) \times (\text{Nettokredit} + 1/2\ \text{RSV})} = \ldots\ -\ 100\ =\ \text{Überschreitung in \%}$$

$$\frac{X\ 2400}{X\ (\quad +1)}$$

$$\frac{10\,000\ x}{([0,\quad x] + 2)\ x} = \ldots\ -\ 100\ =$$

= _____ % Jahreseffektivzins   _____ % Überschreitung gegen-
                                                                übermarktüblichen Zins

- Belastende AGB-Klauseln, oder Vertragsumstände belastend ja/nein
- Darlehnsnehmer wirtschaftlich unerfahren oder in Notlage gewesen etc. ja/nein

Schuldanerkenntnis
gem. § 781 BGB

Hiermit erkenne ich ..... (Schuldner) .....
wohnhaft ..... (Anschrift) .....
die Forderung der Firma ..... (Gläubiger) .....
in ..... (Gläubigeranschrift) .....
lt. ..... (Vertrag, Bestellung, Kontoauszug etc.) .....
vom ..... (Datum) .....
Zeichen ..... (Kontonr., Aktenzeichen, Rechnungsnummer etc.)
in Höhe von ..... (Betrag) .....
(ggf.: zzgl. ..... % Zinsen seit .....) an.

Ort/Datum   Unterschrift des/der Schuldner(s)

5.3.1 Formulierungshilfen

Persönliche Verhältnisse des Schuldners

..... aufgrund der hier vorliegenden subtilen Kenntnisse der gesamten sozialen und finanziellen Verhältnisse der Familie ..... empfehlen wir .....

Betriebswirtschaftliche Aspekte

..... u.E. ist der jetzt unterbreitete Ratenzahlungsvergleich auch für Sie betriebswirtschaftlich sinnvoll. Aus einer Lohnpfändung würden Ihnen lediglich ..... DM monatlich zufließen .....

Unnötige Zwangsvollstreckungskosten

..... in den letzten Jahren haben Sie wiederholt fruchtlose Zwangsvollstreckungsversuche durchgeführt und deren Kosten dem Schuldner belastet. Diese erscheinen uns nicht alle als notwendig i.S.d. § 788 ZPO.

Dessen ungeachtet können wir Ihnen heute folgendes Angebot unterbreiten .....

Ausbuchung

..... nach alledem können wir Ihnen nur empfehlen, die Forderung als uneinbringlich auszubuchen und im Interesse eigener Kostenersparnis keine Weiterungen gegen den Schuldner vorzunehmen.....

Hausbesuch (bei Kreditabschluß)

..... bei unserer Überprüfung haben wir den Eindruck gewonnen, daß der Kreditvertrag entgegen dem § 56 I Nr. 6 GewO im Hausbesuch abgeschlossen wurde.

Wir bitten um Überprüfung und eine entsprechende Stellungnahme .....

Mögliche Sittenwidrigkeit bei Kreditverträgen

..... unsere Überprüfung hat ergeben, daß der Kreditvertrag möglicherweise sittenwidrig ist.

Nach unseren Berechnungen beträgt der effektive Jahreszins 26,47 % (und nicht 21,25 % wie angegeben). Der Vertragszins überschreitet nach unseren Berechnungen den Vergleichszins um 118,57 %. U.E. liegt hier ein auffälliges Mißverhältnis zwischen Leistung und Gegenleistung vor. Ein solches Mißverhältnis darf nach höchstrichterlicher Rechtsprechung bekanntlich ab 91 % Überschreitung angenommen werden.

In Ihren Kreditbedingungen befinden sich Klauseln, die in ähnlicher Ausgestaltung von der Rechtsprechung als besonders belastend für den Kreditnehmer angesehen wurden.

Der Kreditnehmer ist nachweislich im Wirtschaftsleben unerfahren. Eine Gesamtwürdigung des Kreditvertrages dürfte u.E. dazu führen, daß dieser vor der Rechtsprechung keinen Bestand haben könnte. Wir bitten höflich um Überprüfung und Stellungnahme ...

5.4. Nützliche Adressen

Schuldnerberatungsstellen (Auswahl)

Diakonisches Werk Duisburg
-Schuldnerberatung-
Postfach 21 03 53
4100 Duisburg

Diakonisches Werk Norden
-Schuldnerberatungsstelle-
Norddeicher Str. 144
2980 Norden 1

Diakonisches Werk Stade
-Schuldnerberatung-
Löffel Str. 2-4
2160 Stade

SKF Ratingen
-Schuldnerberatung-
Kirchgasse 3
4030 Ratingen

SKM Köln
-Schuldnerberatung-
Gr. Telegraphenstr. 31
5000 Köln 1

Lichtblick e.V.
Gem. Verein zur Beratung
von Schuldnern
Sudetenlandstraße 15 d
2350 Neumünster

Stadtverwaltung Ludwigshafen
-Schuldnerberatung-
Postfach 21 12 25
6700 Ludwigshafen/Rh.

Stadt Kassel
Sozialamt
-Schuldnerberatung Bettenhausen-
Rathaus
3500 Kassel

Diakonisches Werk
Lüneburg
-Schuldnerberatung-
Johannisstr. 36
2120 Lüneburg

Landeshauptstadt München
-ASD, Hauswirtsch.
Beratungsdienst-
Orleansplatz 11
8000 München

Verbraucherorganisationen

Verbraucherzentralen (VZ) der Länder (mit speziellen Beratungsangeboten: KB = Kreditberatung; CO = Computernachberechnungsmöglichkeit):

VZ Baden-Württemberg e.V. Augustenstr. 6 7000 Stuttgart 1	KB, CO
VZ Bayern e.V. Haydnstr. 7 8000 München 2	
VZ Berlin e.V. Bayreuther Str. 40 1000 Berlin 30	KB, CO

VZ Bremen e.V.   KB
Ansgaritorstr. 3
2800 Bremen

VZ Hamburg e.V.   KB, CO
Große Bleichen 23/27
2000 Hamburg 36

VZ Hessen e.V.   KB
Berliner Straße 27
6000 Frankfurt/M. 1

VZ Niedersachsen e.V.   KB, CO
Georgswall 7
3000 Hannover 1

VZ Nordrhein-Westfalen e.V.   KB, CO
Mintropstr. 27
4000 Düsseldorf

VZ Rheinland-Pfalz e.V.   KB
Große Langgasse 16
6500 Mainz 1

VZ Schleswig-Holstein e.V.
Bergstr. 24
2300 Kiel

VZ Saarland e.V.
Hohenzollernstr. 11
6600 Saarbrücken 1

Verbraucherschutzverein (VSV)
Lützowplatz 11-13
1000 Berlin 30

Arbeitsgemeinschaft der Verbraucher e.V. (AgV)
Heilsbach Str. 20
5300 Bonn 1

Aufsichtsbehörden; staatliche Dienststellen

Bundesaufsichtsamt für das Versicherungswesen (BAV)
Ludwigkirchplatz 3-4
1000 Berlin 15

Bundesaufsichtsamt für das Kreditwesen (BAK)
Reichpietschufer 72-76
1000 Berlin 30

Deutsche Bundesbank
Postfach 26 33
6000 Frankfurt/M. 1

Bankenverbände

Bankenfachverband Konsumenten- und gewerbliche
Spezialkredite e.V. (BKG)
Bonn-Center H I 1104
Bundeskanzlerplatz
5300 Bonn 1

Bundesverband Deutscher Banken e.V.
Postfach 10 02 46
5000 Köln 1

Bundesverband der Deutschen Volksbanken und
Raiffeisenbanken (BVR)
Heussallee 5
5300 Bonn 1

Deutscher Sparkassen- und Giroverband
Simrock Str. 4
5300 Bonn 1

Sonstige Verbände

Deutscher Mieterbund e.V. Bund der Versicherten e.V.
Spichernstr. 61 Postfach 76 02 04
5000 Köln 1 2000 Hamburg 76

SCHUFA-Geschäftsstellen

SCHUFA GmbH
Peterstr. 48
5100 Achen

- Wallstr. 1
  8900 Augsburg

- Motzstr. 89
  1000 Berlin 30

- Bahnhofstr. 40
  4800 Bielefeld 1

- Bismarckplatz
  4630 Bochum 6

- Bankplatz 8
  3300 Braunschweig

- Martinistr. 12-16
  2800 Bremen

- Florianstr. 1
  4600 Dortmund 1

- Graf-Adolf-Str. 37-37 a
  4000 Düsseldorf

- Düsseldorfer Str. 22
  4100 Duisburg

- Zeil 29/31
  6000 Frankfurt/M. 1

- Salzstr. 15
  7800 Freiburg

- Groner-Tor-Str. 32 a
  3400 Göttingen

- Bahnhofstr. 43
  5800 Hagen

- Altstädter Str. 6
  2000 Hamburg 1

- Georgstr. 11
  3000 Hannover 1

- Helmholtzstr. 13
  7500 Karlsruhe

- Obere Königstr. 22
  3500 Kassel

- Muhliusstr. 40
  2300 Kiel 1

- Kurfürstenstr. 44
  5400 Koblenz

- Hansaring 97
  5000 Köln 1

- Wahmstr. 13/15
  2400 Lübeck

- Kaiserring 14/16
  6800 Mannheim

- Eickener Str. 141
  4050 Mönchengladbach

- Bayernstr. 45
  8000 München 2

- Beelertstiege 5
  4400 Münster

- Christianstr. 6
  2350 Neumünster 1

- Laufer Torgraben 10
  8500 Nürnberg 1

- Schillerstr. 17
  4500 Osnabrück

- Saaruferstr. 16
  6600 Saarbrücken 2

- Königstr. 84
  7000 Stuttgart 1

- Taunusstr. 9
  6200 Wiesbaden

- Neumarkt 5-13
  5600 Wuppertal

Bundes-SCHUFA e.V.
Kronprinzenstr. 28
6200 Wiesbaden

5.5 Weiterführende Literatur

Bücher

Udo Reifner, Alternatives Wirtschaftsrecht am Beispiel der Verbraucherverschuldung, Luchterhand-Vlg.
Klaus Röder (Hrsg.), Geld – woher nehmen und nicht stehlen, Freitag-Vlg. (nur bedingt geeignet!)
Heinz Müller-Dietz, Rechtsberatung und Sozialarbeit, Athenäum-Vlg.
Hans Dieter Meyer, Ratgeber Versicherung, Vlg. für Versicherungsinformation (s. auch bei ›Broschüren‹

Beck-Rechtsberater im dtv:
Rechtsgeschäfte des täglichen Lebens von A–Z (dtv 5045)
Wie teuer ist mein Recht? (dtv 5253)
Meine Rechte als Verbraucher (dtv 5220)
Meine Rechte und Pflichten als Versicherungsnehmer (dtv 5216)
Mietrecht von A–Z (dtv 5044)
So schütze ich mich vor Mahnung, Pfändung und Vollstreckung (dtv 5218)

Gesetze (Textausgaben):
BGB (z.B. dtv 5001; mit AGB-Gesetz und AbzG)
ZPO (z.B. dtv 5005; mit Pfändungstabelle)
AO (z.B. dtv 5522)
BSHG
SGB I

Broschüren

Rechtsentscheide – Entscheidende Rechte für Mieter und Vermieter, 40 S.
Hrsg. und Bezug: Deutscher Mieterbund, Postfach 19 03 80, 5000 Köln 1

Versicherung – ja aber mit Köpfchen, 48 S.
Hrsg. Bund der Versicherten e.V./VZ Hamburg e.V.
Bezug: Bund der Versicherten, Postfach 76 02 04, 2000 Hamburg 76 und
VZ Hamburg, Große Bleichen 23/27, 2000 Hamburg 36

Alles was recht ist – Verbraucher-Handbuch für den Kauf, 136 S.
Hrsg. und Bezug: Niedersächsischer Minister für Wirtschaft und Verkehr, Referat Öffentlichkeitsarbeit, Friedrichswall 1, 3000 Hannover 1

Sittenwidrige Ratenkredite, 32 S.
Hrsg. und Bezug: VZ Hamburg e.V. (Adr. wie vor)

Probleme des Ratenkreditvertrages. Ein Rechtsprechungsüberblick, 66 S.
Hrsg. und Bezug: VZ Nordrhein-Westfalen e.V., Mintropstr. 27, 4000 Düsseldorf 1

Borgen ohne Sorgen, 42 S.
Hrsg. und Bezug: VZ Niedersachsen e.V. Georgswall 7, 3000 Hannover 1

Monatsberichte der Deutschen Bundesbank
Hrsg. und Bezug: Deutsche Bundesbank, Postfach 26 33, 6000 Frankfurt/M. 1

Informationsbroschüren der Bundesregierung
z.B. »Tips für Arbeitnehmer«
»Guter Rat muß nicht teuer sein« (Beratungshilfegesetz)
»Mehr Schutz vor den Tücken des Kleingedruckten«
Bezug: Presse- und Informationsdienst der Bundesregierung, Postfach, 5300 Bonn 1

Faltblätter des Verbraucherschutzvereins
z.B. »Mahnbescheid«
»Kaffeefahrten«
»Zusendung unbestellter Ware«
Bezug: VSV, Lützowplatz 11-13, 1000 Berlin 30

Anmerkungen

1 Reifner, Soziale Abhängigkeit durch Verbraucherverschuldung – Möglichkeiten zum Schutze der verschuldeten Verbraucher durch Fürsorge, Beratung und Gegenmacht, in: Ev. Akademie Loccoum (Hrsg.), Konsumenten am finanziellen Abgrund-Verbraucherverschuldung: Herausforderung an die Sozialarbeit, Loccumer Protokolle 19/81, S. 125.
2 Bellgardt, Erfahrungen mit der Schuldnerberatung, in: Loccumer Protokolle 19/81, S. 36; vgl. auch: Groth, Mit dem Einkommen auskommen lernen, in: Diakonie 82/83, Jahrbuch des Diakonischen Werkes der EKD, S. 58 f.
3 Vgl. Bellgardt, Wir bieten Hilfe zur Selbsthilfe, in: Deutsches Allgemeines Sonntagsblatt Nr. 19 vom 9.5.1982, S. 27
4 Vgl. Reifner, Soziale Abhängigkeit
5 ebd., S. 144
6 Holzscheck/Hörmann/Daviter, Die Praxis des Konsumentenkredites, S. 58
7 ebd., S. 123
8 ebd., S. 284
9 In den USA hat die enorme Zunahme des bargeldlosen Zahlungsverkehrs in Form von Kreditkarten bewirkt, daß Kreditkartenbesitzer ihre finanzielle Situation nicht mehr überschauen können. Dadurch sind im Jahre 1980 ca. zwei Milliarden US-Dollar Verluste entstanden; s.: Hendriks, Die Geschäftspolitik der privaten Banken im Konsumentenkreditgeschäft, in: Loccumer Protokolle 19/81, S. 103
10 S. Statistik (Stichprobenerhebung) der Schuldnerberatungsstelle des Diakonischen Werkes Norden:
70 % des Klientels sind Arbeiter. Nur 15 % sind Angestellte. Der Arbeitslosenanteil liegt bei ca. 50 %.
Das monatliche Durchschnittseinkommen liegt unter DM 1.500,-
11 Vgl. hierzu: Reifner, Alternatives Wirtschaftsrecht am Beispiel der Verbraucherverschuldung (zitiert: Verbraucherverschuldung), S. 157, 299, 315
12 Die »Stiftung Verbraucherinstitut« hat zu diesem Bereich eine Unterrichtshilfe entwickelt: Geld und Kredit, Unterrichtsmodell (Verbraucherbildung in Schulen, Band 3), Vlg. J. Klinkhardt, Bad Heilbrunn 1983
13 Abgedruckt in: Knopp/Fichtner, Komm. zum BSHG, 5. Aufl. 1983, § 8 Rdnr. 29 a

14 Schellhorn/Jirasek/Seipp, Komm. zum BSHG, 10. Aufl. 1981, § 8 Rdnr. 16; Knopp/Fichtner, § 8 Rdnr. 18; Gottschick/Giese, Komm. zum BSHG, 7. Aufl. 1981, § 8 Anm. 8 b; Mergler/Zink, Komm. zum BSHG, 3. Aufl. 1981, § 8 Anm. 38
15 Mergler/Zink, § 8 Anm. 23: »Beratung in sonstigen sozialen Angelegenheiten umfaßt die Sanierung der wirtschaftlichen Verhältnisse und sozialen Verhältnisse wie die Regulierung der Schulden des Hilfesuchenden, als auch die Verhandlung mit dessen Gläubigern«; Müller-Dietz, Rechtsberatung und Sozialarbeit, S. 65; speziell für den Bereich der Straffälligenresozialisierung: Calliess/Müller-Dietz, Strafvollzugsgesetz (Beck'sche Kurzkommentare), 2. Aufl. 1979, § 73 Rdnr. 3
16 Knopp/Fichtner, § 8 Rdnr. 21
17 BGHZ 36, 321 (322): Stundung wird als Umgestaltung eines rechtlichen Verhältnisses gesehen; OLG Saarbrücken, NJW 1969, 284: Umschuldung wird als Rechtsbesorgung gesehen; BGH, NJW 1962, 2010: Wegen außergerichtlicher Einigung mit Gläubigern zwecks Umschuldung
18 OLG Köln, NJW 1973, 437 (438)
19 BVerfGE 46, 73 (85)
20 Vgl. auch BVerfG, NJW 1980, 1895 (1897)
21 Rechtsbetreuung ist weit auszulegen »als umfassende Rechtsbesorgung«, so: v. Aulock, Rechtshilfe für untere soziale Schichten, S. 151; der Auffassung von Altenhoff/Busch/Kampmann, Komm. zum Rechtsberatungsgesetz, 5. Aufl. 1978, Art. 1 § 3 Rdnr. 65 kann nur bedingt beigepflichtet werden.
22 Müller-Dietz, S. 39 ff.; insbesondere S. 43 bis 45
23 So auch: Altenhoff/Busch/Kampmann, Art. 1 § 1 Rdnr. 15
24 ebd., Rdnr. 15
25 BGHZ 36, 321; BGH, MDR 1970, 656
26 Roscher, Rechtshilfe in der sozialen Arbeit und die besondere Bedeutung der kirchlichen Träger, in: Gefährdetenhilfe 3/82, Dokumentation Jahrestagung EFN 82, S. 11
27 Vgl. hierzu: Klinge, Komm. zum Beratungshilfegesetz, 1. Aufl. 1980, § 2 Rdnr. 1
28 Einzelfallbezogen können andere Regelungen getroffen werden, z.B.: Der Schuldner behält seine Unterlagen selbst in einer Akte und die Schuldnerberatung führt nur eine Nebenakte mit Kopien und Durchschriften. Nach Absprache führt der Schuldner bestimmte Verhandlungen selbständig. In diesen Fällen wird das Handlungspotential und die Eigenverantwortlichkeit des Schuldners gefördert. I.d.R. wird aber das unter Punkt 8 beschriebene Verfahren, schon einmal wegen der komplexen Zusammenhänge, Anwendung finden müssen.
29 Vgl. z.B. Best, Schuldenregulierung als Arbeitsfeld der Bewährungshilfe – Ansätze und Perspektiven, in: Zs. für Bewährungshilfe 1981, S. 150
30 Knopp/Fichtner, § 8 Rdnr. 31
31 OLG Celle, Urt. v. 17.12.1980, 3 U 62/80; Urt. v. 3.4.1981, 3 U 199/80

32 Thomas - Putzo, Zivilprozeßordnung, 11. Aufl., § 765 a, Anm. 3 b und c
33 Schellhorn/Jirasek/Seipp, § 15 a Rdnr. 1 und 4
34 ebd., Rdnr. 6; vgl. auch: Mergler/Zink, § 15 a Anm. 8
35 Schellhorn/Jirasek/Seipp, § 15 a Rdnr. 8
36 ebd., Rdnr. 10
37 ebd., Rdnrn. 7 und 8; s. auch: Knopp/Fichtner, § 15 a Rdnr. 4
38 Auf Bausparkassen und Hypothekenbanken etc. wird hier nicht eingegangen
39 Monatsberichte der Deutschen Bundesbank, Januar 1984, Statistischer Teil, S. 45
40 ebd., S. 45
41 Ein weiterer größerer Zusammenschluß ist der »Arbeitskreis der Werksfinanzierungsgesellschaften«, in dem sich die Banken der Automobilkonzerne zusammengeschlossen haben
42 Schöttl, Die Stellung der Teilzahlungsbanken im Kreditgewerbe, S. 2
43 Hörmann/Holzscheck, Rechtstatsachen zum Konsumentenkredit, in: ZIP 1982, S. 1172
44 Holzscheck/Hörmann/Daviter, S. 58 f.
45 ebd., S. 1175
46 ebd., S. 1175; vgl. auch: Schöttl, S. 41
47 Näheres hierzu in: »Test« 1981, S. 702 f.
48 Schöttl, S. 46 f.
49 ebd., S. 71
50 ebd., S. 43
51 Holzscheck/Hörmann/Daviter, S. 105
52 ebd., S. 107
53 ebd., S. 108
54 ebd., S. 75 und 88
55 Schöttl, S. 12
56 Vgl. auch: ebd., S. 47; und: Groth, Sozialarbeit durch Schuldnerberatungsstellen. Wenn das Wasser bis zum Hals steht, in: Deutsches Allgemeines Sonntagsblatt, Nr. 19 vom 9.5.1982, S. 26
57 Näheres hierzu bei: Holzscheck/Hörmann/Daviter, S. 259 ff.
58 Reifner, Verbraucherverschuldung, S. 124
59 Holzscheck/Hörmann/Daviter, S. 237
60 Einige eindrückliche Beispiele:
NordFinanzbank AG, Provisionseinnahme aus Vermittlung von Restschuldversicherungen DM 1.000.000,- (Quelle: FLF 1982, S. 211 ff.);
WIFAG, Provisionseinnahme aus Vermittlung von Restschuldversicherungen DM 2.790.000,- (Quelle: Geschäftsbericht für 1982);
KKB-Bank, Provisionseinnahme überwiegend aus Vermittlung von Restschuldversicherungen DM 76.474.126,-
(Quelle: Geschäftsbericht für 1983)

61 Teilzahlungsbanken haben verschiedentlich ihre Bereitschaft zu Individualabsprachen bekundet; vgl. z.B.: »Die KKB ... wird wie bisher in jedem Notfall, z.B. bei Arbeitslosigkeit oder Krankheit ... verhandeln und eine gemeinsame Lösung finden ...« (FLF 1984, S. 42)
62 Holzscheck/Hörmann/Daviter, S. 71
63 Alle Angaben lt. Reifner, Verbraucherverschuldung, S. 257; und: »Wer gehört zu wem«, 14. Aufl., Hrsg. Commerzbank AG
64 Schöttl, S. 71
65 ebd., S. 71; eigene Erhebungen des Verfassers
66 Auch in Großbritannien sind ähnliche Entwicklungen zu beobachten; vgl.: TW 1974, S. 20
67 Zum Betreiben eines Inkassobüros bedarf es einer Genehmigung des zuständigen Amtsgerichtspräsidenten (gem. Art. 1 § 1 I Nr. 4 RBerG)
68 Hörmann, Vollstreckungsökologie, uv. Manuskript, Bremen 1983, S. 32
69 Palandt, Komm. zum BGB, 42. Aufl., § 286 Anm. 2 b
70 BVerfG, NJW 1978, 368
71 Wertvolle Hilfen erhielt der Autor durch Manuskripte von Dr. Wolfhart Kohte, Ruhr-Universität Bochum, der sich detailliert mit diesen Fragen auseinandergesetzt hat.
72 Eine Übersicht hierzu findet sich bei: Reifner, Verbraucherverschuldung, S. 388 ff.
73 Vgl. BGH, NJW 1982, 2433 (2435)
74 BGH, NJW 1982, 2433 (2435)
75 BGH, NJW 1982, 2433 ff.
76 Erstmals beschrieben für den Bereich der Schuldenregulierung bei Strafentlassenen bei: Einzinger/Salgo, Die Schuldenregulierung Strafentlassener, in: Zs. für Strafvollzug und Straffälligenhilfe 1978, 130 f.
77 Seit langem wird dieses Verfahren beim »Hamburger Fürsorgeverein von 1948 e.V.« für Strafentlassene praktiziert.
Eine ausführliche Darstellung erfolgte durch: Siekmann, Entschuldungsverfahren – Hilfe bei der Resozialisierung, in: Gefährdetenhilfe 4/1978, S. 22 ff.
78 Andererseits darf nicht übersehen werden, daß Gläubiger für diese beschriebene Möglichkeit wiederum offen sind, wenn es sich um fast »hoffnungslose Fälle« handelt.
79 Siehe hierzu: Best, »Resozialisierungsfonds« in Niedersachsen, in: Schwind/Steinhilper (Hrsg.), Modelle zur Kriminalitätsvorbeugung und Resozialisierung, S. 221 ff.
80 Z.B. Maelicke, Entlassung und Resozialisierung, Untersuchungen zur Sozialarbeit mit Straffälligen
81 Z.B. Stiftung »Die Brücke«, Bödeker Straße 30, 3000 Hannover 1; beschrieben in: Materialien zur Schuldenregulierung, Hrsg. ISS Frankfurt, S. 66 ff.
82 Z.B. Entschuldungs-Fonds des Sozialdienstes katholischer Männer (SKM), Köln; beschrieben in: Entschuldungshilfe – ein integriertes Angebot in der

Beratung und Hilfe des SKM e.V. Köln, Hrsg. SKM Köln, Große Telegraphen Straße 31, 5000 Köln 1
83 Z.B. »Neustart«, Verein für Bewährungs- und Kredithilfe für Strafentlassene, Therwielerstraße 7, CH-4054 Basel; beschrieben in: Materialien zur Schuldenregulierung, S. 91 ff.
84 Das Beratungsverhältnis in einer Schuldnerberatung eines öffentlichen Trägers kann z.B. dadurch belastet werden, daß die Behörde selbst Gläubiger sein kann (z.b. Eintreibung von überzahlten Beträgen, oder von Steuerschulden etc.)
85 Vgl. z.B. Best, »Resoizalisierungsfonds« in Niedersachsen, S. 264
86 ebd., S. 263; neue Zahlen aus der Arbeit des Resozialisierungsfonds bestätigen dies:

Jahr	Fallzahl	ursprünglicher Ges.-Schuldbetrag	Gläubiger	Nachlaß in DM	Erlaß-/Restquote
1983	59	DM 1.416.479,23	209	953.363,77	67,31 %
					32,69 %
1984 (bis 15.2.)	17	DM 665.524,06	86	512.591,74	77,03 %
					22,97 %

Quelle: Stiftung »Resozialisierungsfonds beim niedersächsischen Minister der Justiz«

87 »Nicht notwendige« und damit nicht vom Schuldner zu zahlende Kosten wären z.B.: »Mehrere getrennte Pfändungsanträge, wenn einer ausreicht; in kurzen Abständen wiederholte Vollstreckungsaufträge ohne hinreichende Erfolgsaussicht«; auch: »Kosten für ein neben dem RA beauftragtes Inkassobüro«; s.: Thomas-Putzo, § 778 Anm. 4
88 S. de With/Nack, Der moderne Schuldturm, ZRP 1984, S. 1
89 Die Forderung nach Anhebung der Pfändungsfreigrenzen wurde schon auf einer sozialpolitischen Tagung der Ev. Akademie Loccum zum Thema »Armut in der Bundesrepublik Deutschland« im Jahre 1982 nachdrücklich erhoben; s.: Loccumer Protokolle 25/82, S. 136
90 Es handelt sich hierbei um eine aus der Schweiz kommende Idee, derzufolge in bestimmten Problemsituationen ein Richter ermächtigt werden soll, für einen insolventen Schuldner (z.B. bei Arbeitslosigkeit) dessen zu zahlende Ratenhöhe neu, der Notsituation angepaßt, festzulegen und auch über die Berechnung von Verzugszinsen zu entscheiden; s. hierzu: de With/Nack, S. 3
91 Z.B. geschehen bei einem Hearing der SPD-Bundestagsfraktion zum Thema: »Moderner Schuldturm« am 7.2.1984 in Bonn
92 S. z.B. Erdweg/Wimmer, Erfahrungen mit der Schuldnerberatung – Praxisbericht, in: Loccumer Protokolle 19/81, S. 60
93 Vgl. hierzu: Groth, Recht haben, Recht bekommen, Geld und Hilfe fordern, in: Sozialmagazin 3/1980, S. 15 ff., spez. S. 17
94 Reifner, Soziale Abhängigkeit, S. 143 ff.
95 Vgl. auch: Best, »Resozialisierungsfonds« in Niedersachsen, S. 225
96 Erste diesbezügliche Ansätze sind im Bereich des Diakonischen Werkes un-

ternommen worden. Es sind inzwischen »Arbeitskreise Schuldnerberatung« in verschiedenen Landesverbänden (z.B. Hannover, Rheinland) gegründet worden, die eine ständige Fortbildungs- und Austauschmöglichkeit bieten.

Literatur

Altenhoff, Rudolf/Busch, Hans/Kampmann, Kurt: Kommentar zum Rechtsberatungsgesetz, 5. Aufl. 1978

v. Aulock, Götz: Rechtshilfe für untere soziale Schichten, 1977

Bellgardt, Horst: Erfahrungen mit der Schuldnerberatung, in: Loccumer Protokolle 19/81, S. 31 ff.

- Wir bieten Hilfe zur Selbsthilfe, in: Deutsches Allgemeines Sonntagsblatt Nr. 19 vom 9.5.1982, S. 27

Best, Peter: Schuldenregulierung als Arbeitsfeld der Bewährungshilfe - Ansätze und Perspektiven, in: Zs. für Bewährungshilfe 1981, S. 150

- »Resozialisierungsfonds« in Niedersachsen. Entschuldungshilfe für Straffällige. Ein Praxisbericht, in: Schwind/Steinhilper (Hrsg.), Modelle zur Kriminalitätsvorbeugung und Resozialisierung. Beispiele praktischer Kriminalpolitik in Niedersachsen, Heidelberg 1982. S. 221 ff.

Calliess, Rolf-Peter/Müller-Dietz, Heinz: Strafvollzugsgesetz (Beck'sche Kurzkommentare), 2. Aufl. 1979

Commerzbank AG (Hrsg.): Wer gehört zu wem?, 14. Aufl. Frankfurt/M. 1982

Deutsche Bundesbank (Hrsg.): Monatsberichte der Deutschen, Bundesbank

Einzinger, Bernd M./Salgo, Ludwig: Die Schuldenregulierung Strafentlassener, in: Zs. für Strafvollzug und Straffälligenhilfe 3/78, S. 130 ff.

Erdweg, Brigitte/Wimmer, Berthold: Erfahrungen mit der Schuldnerberatung - Praxisbericht -, in: Loccumer Prokolle 19/81, S. 60 ff.

Evangelische Akademie Loccum (Hrsg.): Konsumenten am finanziellen Abgrund - Verbraucherverschuldung: Herausforderung an die Sozialarbeit, Loccumer Protokolle 19/81

- Armut in der Bundesrepublik Deutschland, Loccumer Protokolle 25/82

Gottschick, Hermann/Giese, Dieter: Kommentar zum Bundessozialhilfegesetz, 7. Aufl. 1981

Groth, Ulf: Mit dem Einkommen auskommen lernen, in: Diakonie 82/83, Jahrbuch des Diakonischen Werkes der EKD, Stuttgart 1983, S. 58 f.

- Sozialarbeit durch Schuldnerberatungsstellen. Wenn das Wasser bis zum Hals steht, in: Deutsches Allgemeines Sonntagsblatt Nr. 19 von 9.5.1982, S. 26

- Recht haben, Recht bekommen, Recht und Hilfe fordern, in: Sozialmagazin 3/80, S. 15 ff.

Hendriks, Martin: Die Geschäftspolitik der privaten Banken im Konsumentenkreditgeschäft, in: Loccumer Protokolle 19/81, S. 103 ff.

Holzscheck, Knut/Hörmann, Günter/Daviter, Jürgen: Die Praxis des Konsumentenkredits in der Bundesrepublik Deutschland – Eine empirische Untersuchung zur Rechtssoziologie und Ökonomie des Konsumentenkredits, Köln 1982

Hörmann, Günter/Holzscheck, Knut: Rechtstatsachen zum Konsumentenkredit, in: Zs. für Wirtschaftsrecht und Insolvenzpraxis (ZIP) 1982, S. 1172 ff.

Hörmann, Günter: Vollstreckungsökologie, unv. Manuskript, Bremen 1983

Institut für Sozialarbeit und Sozialpädagogik – ISS – (Hrsg.): Materialien zur Schuldenregulierung, Frankfurt/M. 1980

Klinge, Erich: Kommentar zum Gesetz über Rechtsberatung und Vertretung für Bürger mit geringem Einkommen, 1. Aufl. 1980 (zit. Kommentar zum Beratungshilfegesetz)

Knopp, Anton/Fichtner, Otto: Kommentar zum Bundessozialhilfegesetz, 5. Aufl. 1983

Kühne, Adelheid: Die Schuldensituation bei Strafgefangenen – Eine Untersuchung aus dem niedersächsischen Justizvollzug, in: Schwind/Steinhilper, a.a.O., S. 203 ff.

Maelicke, Bernd: Entlassung und Resozialisierung. Untersuchungen zur Sozialarbeit mit Straffälligen, Heidelberg/Karlsruhe 1977

Mergler, Otto/Zink, Günther: Kommentar zum Bundessozialhilfegesetz, 3. Aufl. 1981

Müller-Dietz, Heinz: Rechtsberatung und Sozialarbeit, Königsstein/Ts. 1980

Palandt: Kommentar zum Bürgerlichen Gesetzbuch, 42. Aufl. 1983

Reifner, Udo: Soziale Abhängigkeit durch Verbraucherverschuldung – Möglichkeiten zum Schutze der verschuldeten Verbraucher durch Fürsorge, Beratung und Gegenmacht, in: Loccumer-Protokolle 19/81, S. 125 ff. (zit. Soziale Abhängigkeit)

- Alternatives Wirtschaftsrecht am Beispiel der Verbraucherverschuldung. Realitätsverleugnung oder soziale Auslegung im Zivilrecht, Neuwied und Darmstadt 1979 (zit. Verbraucherverschuldung)

Roscher, Falk: Rechtshilfe in der sozialen Arbeit und die besondere Bedeutung der kirchlichen Träger, in: Gefährdetenhilfe 3/82, Dokumentation Jahrestagung EFN 82, S. 11 ff.

Schellhorn, Walter/Jirasek, Hans/Seipp, Paul: Kommentar zum Bundessozialhilfegesetz, 10. Aufl. 1981

Schöttl, Peter: Die Stellung der Teilzahlungsbanken im Kreditgewerbe. Eine Strukturanalyse unter besonderer Berücksichtigung der Wettbewerbssituation, Frankfurt/M. 1981

Schwind, Hans-Dieter/Steinhilper, Gernot: Modelle zur Kriminalitätsvorbeugung und Resozialisierung. Beispiele praktischer Kriminalpolitik in Niedersachsen, Heidelberg 1982

Siekmann, Gerd: Entschuldungsverfahren – Hilfe bei der Resozialisierung, in: Gefährdetenhilfe 4/78, S. 22 ff.

Sozialdienst kath. Männer (Hrsg.): Entschuldungshilfe – Ein integriertes Angebot in der Beratung und Hilfe des SKM, Reihe »Bausteine«, Köln 1982

Thomas, Heinz/Putzo, Hans: Zivilprozeßordnung (Kommentar), 11. Aufl. München 1980

de With, Hans/Nack, Armin: Der moderne Schuldturm, in: Zs. für Rechtspolitik (ZRP) 1984, S. 1 ff.

Sachregister

Abmahnverfahren 139 f.
Abtretung 44 f.
Abzahlungsgesetz 98 f.
- Widerrufsrecht 98
Anerkenntnisurteil 37
Armutsproblem 18
Ausbuchung 130 ff.

Banken 65 ff.
- Bankenverbände 65
Beratung
- persönliche Hilfe 20 ff.
Beratungshilfegesetz 24
Bürgschaft 73, 118

Credit-Scoring 72

Darlehen 66 ff.
- auf Verrechnungsbasis 68
Drittschuldner 41
- Erklärungspflicht 41 f.

Effektiver Jahreszins 73
- Berechnungsmethode 102
Eidesstattliche Versicherung 49 ff.
Einreichergeschäft 67 ff.
Energieschulden 57 ff.
Erinnerung, sofortige 48
Erlaß von Schulden 131
Erstgespräch 93 ff.

Freihändiger Verkauf 92
Fristen
- Erinnerung / Beschwerde 48

- Kontenpfändungen 46
- Kündigungsschutzklage 97
- Räumungsverfahren 56 f.
- Widerrufsrecht 98
- Wider- bzw. Einspruch im Mahnverfahren 36 ff.
- Zwangsversteigerungsverfahren 91
Fristlose Kündigung von Wohnraum 53
Fonds 112 ff.

Geldstrafen 88
Geschäftsschulden 27

Haftbefehl 50
Haftungsfragen 29 f.
Hausbesuch (Kreditabschluß) 100 f.
Haushaltsberatung 115 f., 135 ff.
Haushaltsplan 26, 93, 136 ff.
Haustürgeschäfte 89

Inkassobüros 85 ff.
- Strategien 86

Kettenverträge 107
Konsumentenkredit 66
Kontoführung, gemeinsame 138
Kredit
- Gebühren 70 f.
- Gebührenrückrechnung 76
- Kosten 70 f., 73 f., 102, 105
- Kündigung 75 f.

- Sicherung 73
- Würdigkeitsprüfung 72
- Vermittler 67 ff.
- Vertragsprüfung 99 ff.

Lebensversicherungen 61 f.
- als Kreditsicherheit 117

Lohn- und Gehaltspfändung 41
- Abtretung 44

Lohnsteuerhilfevereine 69
Lohnsteuerjahresausgleich 69, 118 f.
- Vorfinanzierung 69, 99

Mahnbescheid 33 ff.
- Widerspruch 36 f.

Mahnung 32 f.
Miete 52 ff.
- Mietzahlungen 53, 137 f.

Münzautomaten (bei Energieversorgung) 58 f.

Öffentliche Gläubiger 87 ff.
- Behörden 88
- Gerichtskassen 88

»Packing« 70 f.
Pfändung 40 ff.
- Pfändungsfreibetrag 41
- von Kindergeld 43
- von Sozialleistungen 43
- Pfändungstabelle 42
- von Unterhaltsansprüchen 45
- Zusammenrechnung mehrerer Einkommen 43

Pfändungs- und Überweisungsbeschluß 41
Prävention 14, 60, 116, 130, 134, 135 ff.
- strukturelle 139 ff.

Prolongation 76 f.

Räumung (von Wohnraum) 57
- Räumungsfrist 56 f.
- Räumungsklage, -urteil 56

Ratenvergleich 120 ff.
Ratenzahlung 119 f.
Regionalfonds 113
Rechtsanwälte 24, 59, 87, 107, 130, 140
Rechtsberatung, RBerG 20 ff.
Resozialisierungsfonds 112 f.
Restschuldversicherung 74, 103
Risikolebensversicherung 61, 63, 74
Rückkaufswert 62, 113

Sammelbesteller 83 f.
SCHUFA 72 f.
- Selbstauskunft 73

Schuldanerkenntnis 128 f.
- notarielles 128

Schuldnerberatung 13 ff.
- Grundsätze 25

Schuldnerverzeichnis 49 f., 123
Schwerpunktzins 101 f.
Selbsthilfegruppen 140 f.
Sicherheiten (bei Krediten) 73
Sittenwidrigkeit von Kreditverträgen 101 ff.
- Grundsätze der Rechtsprechung 101
- Feststellung und Berechnung 103 ff.

Sozialhilfe 55 ff.
Sparguthaben 46
Stundung 76, 88

Teilzahlungsbanken 65 ff.
Titel (Schuldtitel) 38 ff.
- Herausgabe 123

Überschuldung 16 ff.
Umschuldung 112, 116 ff.
- Fonds-Modelle 112 ff.
- kommerzielle 92, 139 f.
- Verhandlungsstrategien 122 ff.

Ungerechtfertigte Bereicherung 107
Unterhaltsvorschußgesetz 89 f.

Vergleiche 112, 88
- Ablösungen 122 ff.
- Ratenvergleiche 120 ff.
- Verhandlungen 121, 122 ff.
Verrechnungsstellen 87
Versandhäuser 80 ff.
- Konzernaufbau 81 f.
- Sammelbesteller 83 f.
Versäumnisurteil 38
Verzug 33
- Verzugszinsen 33, 37
Vollmacht 27, 95
Vollstreckungsbescheid 37 f.
Vollstreckungsschützende Maßnahmen 47 ff.

Vorpfändung (vorläufiges Zahlungsverbot) 40 f.

Wohngeld 54
Wohnungsbaugesellschaften 53 ff.

Zinsen
- bei Verzug 33
- Jahreseffektivzins 73, 102
Zinsstillstandsvereinbarungen 120
Zwangsversteigerungen (von Häusern) 90 ff.
Zwangsvollstreckung 40 ff.
- Eidesstattliche Versicherung 49
- Haftbefehl 50 f.
- nicht notwendige Kosten 129 f.
- Pfändung 41 ff.
- Vollstreckungsschutz 47 ff.

Aus unserem Programm:

Raoul Wortmann, Regina Berg
Gratwanderungen
Erfahrungen in der offenen Jugendhilfe
1983. 200 Seiten

»*Unser Begriff von Hilfe setzt nicht auf der einen Seite den wissenden, machtvollen Helfer und auf der anderen den hilflosen Hilfsempfänger. Wir versuchen, ein soziales Feld aufzubauen - als Schonraum und Schutz, zugleich als Lernfeld für uns und für die Jugendlichen. Dabei agieren wir als Mittler zwischen verschiedenen sozialen Welten, weil wir über das Wissen und die Erfahrung im Bereich institutioneller Macht verfügen. Das ist eine unserer Gratwanderungen.*« *(Aus dem Vorwort)*
Das Kernstück einer offenen Jugendhilfe ist die Jugendberatung. Die Autoren sind Mitglieder eines Teams, das ab 1978 in München ein derartiges Projekt aufgebaut hat: die Jugendberatung Mariahilfstraße. In deren Zentrum steht der Betrieb einer Teestube - eines Treffpunkts von z.T. massiv gefährdeten Jugendlichen, eines Mittelpunktes im Netzwerk sozialer Beziehungen innerhalb des Stadtteils.

Dieter Baumhoff, Heidi Depil
Projektträume
Geschichte und Alltag eines
sozialpädagogischen Mädchenwohnkollektivs
1982. 256 Seiten, 7 Abb.

Die Autoren berichten über ein sozialpädagogisches Wohnprojekt mit weiblichen Jugendlichen, das sich als Alternative zur herkömmlichen Heimerziehung versteht.
»*Ihr Bericht zeigt Phantasie und Mut, und er macht Phantasie und Mut. Er kommt nicht mit geschönter Propaganda daher und mit Durchhalteparolen. Er macht das Innenleben eines schwierigen Projekts in einer kaum zu überbietenden Dichte und Konkretheit durchschaubar und nachvollziehbar.*« *(Aus dem Vorwort von Manfred Liebel)*
Das Wohnprojekt, um das es hier geht, ist aus einem kirchlichen Fürsorgeheim hervorgegangen und gegen die »zuständigen« Behörden erkämpft worden. Heute leben 20 junge Frauen in mehreren Wohnungen eigenverantwortlich zusammen. Mit Hilfe sozialpädagogischer Berater (darunter die Autoren) wollen sie ihrer desolaten Familiensituation entkommen.

Reihe Demokratie und Rechtsstaat im Campus Verlag

U. Reifner/B.-R. Sonnen (Hg.)
Strafjustiz und Polizei im Dritten Reich
1984. 232 S.

Udo Reifner (Hg.)
Das Recht des Unrechtsstaates
Institutionen des faschistischen Rechtssystems in Deutschland
1981. 272 S.

Karl-Jürgen Bieback, Martin Kutscha
Politische Rechte der Beamten
Ein Handbuch für Lehrer, Richter, Soldaten, Verwaltungs- und Vollzugsbeamte
1984, 243 S.

Norman Paech, Gerhard Stuby (Hg.)
Wider die „herrschende Meinung"
Beiträge für Wolfgang Abendroth
1982. 228 S.

Rohderich Wahsner, Hans-Udo Borgaes
Der folgenlose Rechtsbruch
Recht und Praxis der Bußgeldbestimmungen im Betriebsverfassungsgesetz
1982. 172 S.

Götz Frank
Sozialstaatsprinzip und Gesundheitssystem
1983. 166 S.